本书为教育部人文社科基金项目"现代汉语情态动词的提升与控制研究"

（批准号：12YJC740031）成果

胡波 ◎ 著

汉语情态助动词 的句法分析

中国社会科学出版社

图书在版编目(CIP)数据

汉语情态助动词的句法分析／胡波著 . —北京：中国社会科学出版社，2016. 12
ISBN 978-7-5161-9614-4

Ⅰ.①汉…　Ⅱ.①胡…　Ⅲ.①汉语—助动词—句法分析　Ⅳ.①H146.3

中国版本图书馆 CIP 数据核字（2016）第 308583 号

出 版 人	赵剑英	
责任编辑	王　茵　马　明	
责任校对	胡新芳	
责任印制	王　超	

出　　版	中国社会科学出版社
社　　址	北京鼓楼西大街甲 158 号
邮　　编	100720
网　　址	http：//www. csspw. cn
发 行 部	010-84083685
门 市 部	010-84029450
经　　销	新华书店及其他书店

印　　刷	北京明恒达印务有限公司
装　　订	廊坊市广阳区广增装订厂
版　　次	2016 年 12 月第 1 版
印　　次	2016 年 12 月第 1 次印刷

开　　本	710×1000　1/16
印　　张	16
插　　页	2
字　　数	262 千字
定　　价	68.00 元

凡购买中国社会科学出版社图书,如有质量问题请与本社营销中心联系调换
电话:010-84083683

前　言

　　情态助动词是表达说话者对命题或事件的观点态度的一类词，其研究是新中国成立后才逐渐发展起来的。

　　20 世纪 60 年代，《中国语文》先后刊登三篇文章探讨情态助动词的句法特征及其范围，掀起了第一个研究高潮。到 20 世纪末，情态助动词的研究取得较大进展，但对于情态助动词的名称、词汇范畴、范围并未达成统一的认识，情态助动词仍是一个"有问题的类"（吕叔湘，1979：41）。近 15 年，汉语情态助动词研究又迎来了一个新的高潮，以此为主题的专著不断出版，极大地推动了相关问题研究的深入，如李明（2001）的《汉语助动词的历史演变研究》、朱冠明（2002）的《〈摩诃僧祇律〉情态动词研究》、李韧之（2003）的《英语与汉语的情态：类型学视角》、彭利贞（2007）的《现代汉语情态研究》、宋永圭（2007）的《现代汉语情态动词否定研究》、周有斌（2010）的《现代汉语助动词研究》、杨贝（2014）的《汉语儿童情态动词早期习得研究》、杨黎黎（2015）的《汉语情态助动词的主观化与主观性》、崔靖靖（2015）的《现代汉语情态动词的句法语义研究》、向二兰（2015）的《汉英助动词句法比较研究》等。这些研究从不同视角探讨了情态助动词的相关现象，极大地推动了相关研究的发展。但这些研究在情态助动词的范围及其判断标准上仍存在分歧，在相关句法形态特征分析上不能达成一致。这充分说明情态助动词研究的复杂性。为此，本书认为汉语情态词需区分不同词汇范畴，并提出情态助动词的判断标准，依此在形式句法框架下从提升与控制的角度探讨了情态助动词的句法特征，探讨不同句法现象背后的制约机制及其联系。

　　基于吕叔湘（1979）的观点，情态助动词是"辅助性的动词"，依此我们提出判断情态助动词的句法标准：带主谓结构的不及物动词或带非主谓结构的及物动词；不能受时间副词"正（在）"修饰或不能带"地"

作状语；可以单独作谓语；不可以带时体助词"了、着、过"，区别于情态动词、情态副词和情态助词。依此，情态助动词包括"能（能够）、可以、会、可能、敢、肯、要、应该（应当）"，语义上主要包括认知、道义和动力情态三类，对应不同的句法特征。

认知情态助动词可以带非定式子句或定式子句，属于提升动词。其非定式子句主语强制提升到主句主语位置，属于论元移位，其定式子句主语可提升到句子的左边界充当话题，属于非论元移位。两类提升结构在子句宾语移位、话题化、复现代词、情态连用等方面表现出不同的句法属性。句法上，道义情态可再分为直接道义情态与间接道义情态。其中，直接道义情态助动词和动力情态助动词带非定式 TP 子句，语义选择有生命主语，属于控制动词。其子句空主语 PRO 受最近成分统治它的先行语控制，遵循最小连接条件，不能与附加语子句的名词短语同标，也不能与名词短语的领属成分同标，与词汇名词短语/脱落主语 pro 呈互补分布。间接道义情态助动词和动力情态助动词带无生命主语，属于提升动词。提升与控制表现出系统的句法差异：提升情态助动词为带命题或事件子句论元的一元动词，强制或非强制子句主语提升，不限制提升主语的语义特征，不可以用"没、没有"否定，其子句表达主动态或被动态具有相同的真值条件。控制情态助动词为带事件子句论元和非典型施事论元的二元动词，可以用"没、没有"否定，其子句表达主动态或被动态真值条件不等价。

本书内容覆盖面广，部分观点尚不成熟，且存在纰漏和粗浅之处，恳请广大读者予以批评指教。本书的撰写得到教育部人文社科基金项目的支持，在此表示最诚挚的感谢。在书稿完成之际，本人亦衷心感谢中国社会科学出版社的领导和马明老师等，本书的面世离不开他们的支持与帮助；同时感谢澳门城市大学基金会对本书出版的资助，使之得以顺利出版。

目　录

第一章

绪　论

第一节　问题由来

本书主要探讨了现代汉语情态助动词的相关句法现象。根据莱昂斯（Lyons，1977：452）、帕尔默（Palmer，2001：8）、波特纳（Portner，2009：1）等学者的观点，情态助动词是表达说话者对命题或事件态度的一类词，主要包括可能性、义务、许可、能以、意愿等语义内涵，广泛存在于各种语言之中。

现代汉语情态助动词的研究始于黎锦熙（1956［1924］：134 – 147）的《新著国语文法》。黎锦熙参照西方语言学研究，将情态助动词①归入动词的子类，与内动词、外动词、同动词并列为动词的四个子类。黎锦熙把"要、欲、想、打算、愿意、愿、肯、敢"等词归入表意志的前附情态助动词，将这些词与表可能的"可以、可、不妨、何妨、能够、能、会、配"、表当然的"应该、应、该、宜、应当、当、应得、须要、须、要"、表必然的"一定、必定、必、定、决定、决、决计、断、断然、断乎、一准、准"、表或然的"许、或许、或者、容或、恐怕、怕"等都归为情态助动词。该分析与奥托·叶斯柏森（Otto Jesperson，1988［1924］：461）在情态助动词可以表意志（意愿）这一点上相似。不同的是，叶斯柏森采用二分法，以是否具有意愿特征将情态助动词分为两类。黎锦熙则将情态助动词多分，基本包括了认知、道义和动力三种情态语义类型，这对后来的研究影响较大。但黎锦熙仅列举了各类情态助动词，并未说明其语法

---

① 黎锦熙在其书中使用"助动词"这一术语，与本书略有不同。为方便讨论，除特别需要外，我们在书中统一使用"情态助动词"这一术语，而不另作说明。

特征。

中国科学院语言研究所语法小组（1953，转引自丁声树等 1961：89-94，简称语法小组）第一次探讨了现代汉语情态助动词的句法形态特征，明确指出情态助动词通常位于动词前，能单独作谓语，属于动词，但又在重叠、带"了₁、着、过"字尾、带体词宾语等句法特征上区别于一般动词。该文确立了情态助动词的词汇范畴及基本范围，为该类词研究的长足发展奠定了基础。相关问题在 1960 年的《中国语文》上还引发了一系列讨论，研究焦点集中在范围和句法特征两个方面。在此后的几十年，赵元任、李纳和汤普森（Li & Thompson）、朱德熙、李临定、马庆株、郑贵友、傅雨贤、周小兵、许和平、陶炼、孙德金、李明、朱冠明、李纳、彭利贞、宋永圭、周有斌等从不同视角描写了情态助动词的句法形态特征，极大地推动了情态助动词研究的发展，深化了对情态助动词的认识。但这些研究大都以描写为主，对情态助动词句法特征的解释不足，忽视了语言现象之间的内在联系。此外，不同的学者对情态助动词范围的朴素认识各不相同，提出了不同的判断标准，在情态助动词的描写上不能达成一致。部分研究对情态助动词句法形态特征的描述与其所概括的情态助动词上也存有偏差，如朱德熙（1982：61）所概括的"得、许"并不具有他所描写的"可以单说"的特征。这些现象充分说明情态助动词研究的复杂性，其词汇范畴、判断标准和范围仍是当前研究亟待解决的问题。

相比传统语法研究，基于现代语言学理论的情态助动词研究比较薄弱，特别是形式语言理论下的研究。目前，情态助动词的形式句法研究以论文为主，数量不多，但影响较大，主要包括黄正德（1988）、林若望和汤志真（Lin & Tang）、黄小柚（Huang，2009）、蔡维天（2010）、林宗宏（Lin，2011，2012）等；部分研究是专著中的章节，如曹逢甫（2005 [1990]）、黄正德、李艳惠、李亚非（Huang，Li & Li，2009）。这些研究关注情态助动词的提升与控制现象，旨在探寻语言的普遍语法机制，具有重要的理论意义。但相关研究在情态助动词的范围上都是基于学者们的朴素认识，以举例说明为主，所讨论的情态助动词范围各不相同，未能形成统一的认识，阻碍了形式语法研究的发展。而且，这些研究未能充分考虑情态助动词的多义性特征，对其句法形态特征也研究不足。因此，汉语情态助动词的形式句法研究仍大有可为。

基于上述考虑，本书将尝试分析汉语情态助动词的词汇范畴，进而确定其判断标准和范围，并在形式句法理论框架下探讨其句法特征。

第二节　国外情态助动词的研究现状

上面提到，汉语情态助动词的研究以描写分析为主，基于现代语言学理论的研究不足。那么，其他语言的情态助动词研究或情态助动词的普遍语法研究情形又如何呢？情态助动词的研究自从乔姆斯基（Chomsky，1957）在其文章相继提出句法上的处理方案后，便引起了学界的广泛关注。从早期对其词汇范畴的系列讨论（Ross，1969；Jackendoff，1972；Palmer，1979；Pullum & Wilson，1977；Huddleston 1974，1980；等），到中期对其句法语义特征研究的全面铺开（Lightfoot，1982；Sweetser，1982；Coates，1983；Roberts，1985；Palmer，1986，1990；Picallo，1990；Kratzer，1991；Brennan，1993；Warner，1993；Bybee et al.，1994；Thráinsson & Vikner，1995；Bybee & Fleichman，1995；Marrano；1998；Wurmbrand，1999；等），再到如今形式与认知功能研究的百家争鸣（Eide，2002；Butler，2003；Klinge & Müller，2005；Asarina & Holt，2005；Anderson，2006；Abraham & Leiss，2008，2012；Portner，2009 等），情态助动词的研究产生了一个又一个的高潮。情态助动词文献太多，全面综述超出了笔者的能力和时间范围之内，故本书只简要介绍其语义和形式句法方面的部分研究，为后面的讨论稍作铺垫，亦让不熟悉形式情态助动词的读者对国外的研究动态有个粗略的认识。

语义上，情态助动词基于不同研究目的可以分为两类、三类、四类甚至更多。根据叶斯柏森（1988［1924］），情态助动词可以分为两类：一类具有意愿性，主要表义务、强制、允许、愿望、意图等；一类不具意愿性，主要表必然、断言、怀疑和潜在可能性等。［+/-意愿性］是区分情态助动词的关键特征，表现在一系列句法特征上。这一分类对汉语情态助动词的研究影响较大，颇具启发性。① 其后，冯·赖特（von Wright，1951）从逻辑出发提出四类情态：真值情态（alethic modality）、认知情态（epistemic modality）、存在情态（existential modality）和道义情态（deontic

---

① 叶斯柏森对汉语研究的影响我们将在汉语情态助动词研究综述中加以介绍。

modality）。莱昂斯将情态分为三类：真值情态、认知情态和道义情态。铂金斯（Perkins，1983）将情态分为认知、道义和动力（dynamic modality）三类。还有夸克等（Quirk et al.）、帕尔默、克莱策（Kratzer）、布伦南（Brennan）、拜比和弗莱什曼（Bybee & Fleichman）、波特纳等都对情态做了不同的阐释，从不同视角提出了一些不同的术语，如外在情态（extrinsic modality）、内在情态（intrinsic modality）、情境情态（circumstantial modality）、施事取向情态（agent-oriented modality）、说话人取向情态（speaker-oriented modality）、命题情态（propositional modality）、事件情态（event modality）、句子情态（sentential modality）、从句情态（sub-sentential modality）、语篇情态（discourse modality）等。这些研究中，不少学者尝试将情态助动词的语义分类与句法特征相联系，提出了一些新的观点。如克莱策（1991）将道义情态和动力情态都分析为情境情态，指出语义上情态分为认知情态和情境情态两类，与句法上的认知情态和根情态（root modality）的区分相对应；布伦南（1993）还区别了直接道义情态与非直接道义情态，指出非直接道义情态助动词在句法上与认知情态助动词相同，带句子补足语，不指派题元角色给主语，属于提升动词；而直接道义情态带动词短语补足语，给主语指派题元角色。

　　句法上，情态助动词的词汇范畴及句法特征引发了广泛的讨论，产生了一系列研究成果。乔姆斯基（1957：39）在短语结构语法部分指出情态助动词属于助动词的一部分，与动词组合成高一节点的动词。之后，乔姆斯基（1965：86）进一步突出助动词在句法结构中的地位，认为助动词不被 VP 支配，而是直接被 S 支配，成为 VP 和 NP 的姊妹节点。乔姆斯基尝试在生成语法框架下对情态助动词和助动词都作统一处理，并区别于其他动词，遭到不少学者的质疑。罗斯（Ross，1969）提出了十点证据表明情态助动词和助动词都属于动词，具有 [+V，+Aux] 特征，并提出两点证据表明助动词属于主动词，而不是与动词构成一个复合动词。虽然乔姆斯基（1972，转引自赫德尔斯顿（Huddleston），1974）认为罗斯提出反对他观点的论据只是符号上和术语上的，即动词是否指 V 还是 v，或者符号上指 [+V，-Aux]，还是 [+V]。但赫德尔斯顿（1974）指出罗斯并不只是要在符号上或概念上做修改，而是提出助动词应该分析为主动词。继罗斯之后，麦考利（McCawley，1971）、赫德尔斯顿（1974）、普伦与威尔森（Pullum & Wilson，1977）、阿萨里纳与霍尔特（Asarina & Holt，2005）、福廷（Fortin，2012）等进一步提出了情态助动词分析为主动词的其他证据。

但也有不少学者提出情态助动词不是词汇动词的观点。杰肯道夫（Jackendoff，1972：100）认为英语情态助动词缺乏数的一致关系，不能共现，不能出现在动名词和不定式结构中，区别于主动词，不属于词汇动词范畴。莱特富特（Lightfoot，1982）、罗伯茨（Roberts，1985）从历时视角考察了英语情态助动词的演变，指出中古英语时为主动词，但现在已经演变为功能中心词。乔姆斯基（1965）用 INFL 替代了 Aux 节点，指出时态和一致成分都生成于 INFL，并在注释中指出情态助动词也生成于 INFL。乔姆斯基（1986：2）更是明确指出非词汇范畴包括 COMP 和 INFL，后者包括时态、一致成分和情态助动词。琴奎（Cinque，1999）认为情态助动词属于功能范畴，认知情态词句法上高于根情态词，这具有类型学上的普遍性。还有学者认为一部分情态助动词已经演变为功能中心词，而一部分情态助动词仍具有主动词的句法属性。帕尔默（1974，1979）、夸克等（1985）认为助动词到主动词存在等级序列，情态助动词位于序列的中部，部分特征与主动词相同，而另一部分特征与助动词相同。皮卡洛（Picallo，1990）分析了西班牙语的 deber 和 poder，认为认知情态助动词位于 IP 的中心语位置，根情态动词位于 VP 的附加语位置，给主语指派附加题元角色。拜比等（1994）研究表明"实义动词>根情态助动词>认知情态助动词"的历时演变具有跨语言的一致性，根情态助动词与认知情态助动词的语法化程度不同，表现出不同的句法特征。

不仅情态助动词的词汇范畴较具争议，即使认可动词范畴的学者对其句法特征的观点也不一致。普伦与威尔森、沃姆布兰德（Wurmbrand）、艾德（Eide）等认为情态助动词都应该分析为提升动词；而布伦南、斯瑞森与维克纳（Thráinsson & Vikner）、勒德鲁普（Lødrup）等则认为情态助动词区分提升与控制。但这些研究都赞同认知情态助动词属于提升动词，因此，他们争论的焦点在于道义和动力情态助动词的句法属性。普伦与威尔森（1977）指出助动词应该分析为动词，在句法投射上不需要单独设立 Aux 节点，这不仅在经验事实上具有更大的解释力，而且具有理论上的优越性。他们同时指出句法上不及物的情态助动词也可以具有根情态意义。

（1） a. There may be beer and cider at the party, but I refuse to permit spirits in the house.

　　 b. There must be no punching below the belt, and no throttling.

　　普伦与威尔森也认为情态助动词 dare 和表意愿的 will 属于及物动词，但其用法也可以转变为不及物动词，这属于形义错配现象。

（2） a. These two aspects of death cannot be successfully separated, but they dare not be confused or identified.

　　 b. Inflation is a problem which dare not be neglected.

　　沃姆布兰德（1999）从主语的语义限制和格特征、被动化等分析了情态助动词，认为认知情态助动词与根情态助动词之间的差异对应于提升与控制两类结构的观点不成立，情态助动词应该属于提升动词。但其部分特征的分析并未考察动力情态助动词的句法特征，因此该结论较为仓促。沃姆布兰德认为冰岛语中，如果主句控制动词不是 Q 格①赋予动词，则主语为主格；如果提升动词的子句动词不是 Q 格赋予动词，则主语为主格。但情态助动词句中，主语的格位只与情态助动词之后的动词相关，情态助动词的语义类型不影响主语的格位。

（3） a. Haraldi/ * Haraldur verður að lika hamborgarar.

　　 Harold-DAT * Harold-NOM must to like hamburgers

　　 "Harold must like hamburgers (in order to be accepted by his new American in-Laws)."

　　 b. Umsækjandann verður að vanta peninga.

　　 The-applicant-ACC must to lack money

　　 "The applicant must lack money (in order to apply for this grant)."

　　关于这一点，斯瑞森与维克纳（1995）早就指出冰岛语中控制动词带

―――――――――

① Q 格指的是 quirky 格，目前尚无对应的中文术语，本书暂采用 "Q 格"。

非宾格动词，主语指派主格。但动力情态助动词并不能与非宾格动词搭配，因此 Q 格的指派只能部分说明道义情态助动词的句法属性。

（4）a. ＊Haraldur vill vanta ekki peninga.

　　　Harold−NOM want lack not money

　　　"intended meaning：Harold wants not to lack money."

　　b. Haraldur ætlar að líka vel íStuttgart.

　　　Harold−NOM intends to like well inStuttgart

　　　"Intended meaning：Harold wants to like it in Stuttgart."

此外，沃姆布兰德认为英语控制动词不同于提升动词和认知情态助动词，子句被动化不合法。该观点并不成立。首先，动力情态助动词语义限制其主语，子句能否被动化与子句宾语的语义特征相关。如果子句宾语为无生名词，则子句被动化不合法。

（5）a. The biscuits seem to have been finished by Paul.

　　b. The biscuits may be finished by Paul.

（6）a. The man wanted to be fired by shouting at his boss.

　　b. ＊The biscuits dare/will be finished by Paul.（will 具有意愿性）

其次，英语中大量存在被动化的宾语控制动词结构。

（7）a. John doesn't expect his son to be punished.

　　b. Paul persuaded Mary to be examined by the doctor.

但沃姆布兰德对道义情态助动词的分析值得重视。道义情态助动词的句法属性较为复杂，分析为控制动词确实存在一些挑战。其实，布伦南（1993）从语义上将道义情态分为两类：直接道义情态和间接道义情态，并指出间接道义情态助动词在句法上与认知情态助动词相同，带句子补足语，不指派主语题元角色，属于提升动词，而直接道义情态和动力情态助动词带主语和 VP 补足语，指派主语题元角色。艾德也将道义情态助动词区分为主语取向情态和命题辖域情态，前者为二元动词，后者为一元动词，并指出主语取向情态助动词允准假拟分裂句，而命题取向情态助动词不允准。阿萨里纳和霍尔特（2005）基于布伦南的假设分析了他加禄语中的情态助动词的句法语义，指出间接道义情态助动词不指派主语形态，直接道义情态指派主语 NG 形态，分别属于提升与控制结构。

上述研究表明西方语言学界在情态助动词的语义和形式句法研究上已经比较成熟，对研究汉语情态助动词具有较大的借鉴意义。此外，对于根情态助动词（包括道义与动力两类）的句法属性仍存在较多的挑战。因此，本书将重点考察三类情态助动词的句法属性，基于汉语语言现象探讨提升与控制的普遍语法机制。

第三节　研究主题与思路

吕叔湘（1979：41）指出一部分情态助动词表可能和必要，一部分表愿望，前者接近副词，后者接近动词，是个有问题的类。如何研究这样一个有问题的类，解决相关问题或者至少部分解决相关问题，这是本书的目标。我们将主要探讨以下几个话题，并提出相应的研究思路。

1. 名称

情态助动词，也被称为"情态动词"、"情态词"、"助动词"、"能愿动词"、"判断词"、"衡词"、"能词"，是词类系统中名称最多的一类词。这些名称关注的焦点不一样，因此内涵各不相同。语言学名词审定委员会亦将这类词命名为"能愿动词"，又称"助动词"，而对应的英文名称却是"modal verb"（情态动词）。这三个名称的内涵各不相同，由此可见，这类词的命名仍是一个大问题。如果一类词命名不统一，会造成对相关语法现象的误解，不利于语法分析。路甬祥在《语言学名词》的序语中指出："一个学科的名词术语的准确定名及推广，对这个学科的建立和发展极为重要。"因此，我们基于前人的研究尝试厘清各名称的内涵和它们之间的关系，并分析"情态助动词"这一名称作为概括本书研究主体的合理性。

2. 词汇范畴

情态助动词的词汇范畴也一直较具争议。虽然大部分研究者都基于一些句法特征认为情态助动词是动词,但是多数句法特征不具有排他性或一致性。如语法小组(1953,转引自丁声树等1961)认为情态助动词通常位于动词前,能单独作谓语,属于动词。但陆俭明(1982)指出一部分副词也能单独作谓语,因此"位于动词前,能单独作谓语"不是确立情态助动词动词属性的有效标准。此外,有些句法形态特征具有一致性的句法形态特征又不具排他性。如语法小组指出情态助动词在重叠、带"了₁、着、过"词尾、带体词宾语等句法特征上区别于一般动词。但这些句法特征不能排除粘宾动词"敢于、便于"等。假设情态助动词属于动词,那么,问题的关键在于寻找到确立情态助动词词汇范畴的独立证据。这一点,Lin & Tang 基于生成语法理论做了卓有成效的尝试。我们将在该文的基础上进一步探讨情态助动词的动词范畴,分析相关可以作为独立证据的句法特征,并依此确立其基本范围。

此外,情态助动词既可以与动词并列,又可以和副词并列(吕叔湘,1979:41)。而且,情态助动词不能重叠、不能带"了、着、过"词尾,与副词相似。因此,一些学者如郑贵友、傅雨贤、周小兵等倾向于认为情态助动词具有动词和副词两种属性。还有一些学者如陆丙甫、范开泰、蔡维天等将情态助动词分析为非句型成分、高一级谓词或功能中心词,并解释了一些句法现象。这些现象存在的根源在于人们对汉语情态系统的认识不全面,忽视了汉语表达情态的词汇的多样性,因此,试图在某一类范畴下统一汉语的情态表达式必然会产生诸多的困惑。安德森(Anderson,2006:302-389)指出情态助动词语法化路径为"词汇动词>情态动词>情态助动词>词缀>Ø"[1],并且在一种语言里某个共时阶段,甚至既有情态动词,也有情态助动词,还有情态词缀,甚至完全虚化。可见,对汉语的情态表达式不加区别,将它们都分析为某种词汇范畴是不可能实现的任务。其实,汉语情态词存在不同范畴,有一些学者已经注意到这一现象。吕叔湘早就注意到汉语"吃得完"的"得"是一个词缀。近年来的两篇关于汉语情态助动词的较有影响力的论文都涉及了情态词的不同范畴。蔡维天(2010)注意到了汉语情态助动词与情态副词的句法差异,以及情态词缀"得"的存在。林宗宏(Lin T. -H.,2012)认为情态助动词可以区分为五类:认知情态、道义情态、动力情态、时态情态和体貌情态,且后两类

---

① Ø 表示完全虚化,无形态标记。

词的句法分布区别于前三类。由此可见，不同范畴的情态词之间的句法差异已经引起了学者们的关注，但相关分析都只是在论文中零星谈及，对相关范畴多为主观地判断，缺乏相关论证。

因此，我们除在形式句法框架下分析情态助动词的词汇范畴外，还将从语法化的视角探讨情态助动词的语法化程度，区分情态表达式的不同词汇范畴，考察情态助动词与谓宾动词、情态副词、情态助词之间的异同。

3. 判断标准及其范围

汉语情态助动词存在不同的判断标准。既有丁声树等（1961：89-94）、赵元任（2002［1968］：365-373）、朱德熙（1982：59-61）、李临定（1990：140-150）等提出的语法形式标准，又有汤廷池（1988：234-235）、李英哲等（1990：131-147）、黄伯荣、廖旭东（1991：15）、孙德金、郭锐（2002：191）等提出的以语法功能为主、兼顾语义的判断标准，还有彭利贞（2007：92-104）、袁毓林（2010：64）等提出的这类词典型与非典型范畴的认知标准。不同的标准会产生词类范围上的显著差异，即使是运用同一种判断标准，学者们确定这类词的范围也存有差异。如何看待不同理论框架下情态助动词的判断标准？此外，虽然我们可以根据一些独立的句法特征证据论证情态助动词的动词范畴，并根据前人的研究初步确立情态助动词的范围，但这些句法特征并不是情态助动词的判断标准，不能区分情态助动词和带谓词宾语的其他动词。因此我们将基于蔡文兰（1986）对于谓宾动词的研究，分析情态助动词是否区别于谓宾动词。前人的研究在情态助动词与谓宾动词的区分上一直较具争议，如赵元任的情态助动词范围就包括"愿意、情愿、乐意、喜欢、懒得、企图、试图"等，孙德金认定的情态助动词包括"情愿、愿意、准备、企图、妄图、妄想"等。这些词都可以表达情态意义，属于情态动词。是否区分情态助动词和情态动词？如何区分？这也是本书需要解决的问题。

4. 情态助动词的句法特征

情态助动词的句法特征是最具争议的话题。一方面是因为学者们对情态助动词的认知不一致，在其句法特征的概括上较难做到对内的普遍性和对外的排他性，因此观点冲突较多。如刘坚（1960）认为情态助动词能单独作谓词，可以说成"不X不"格式，能受程度副词"很"修饰，因此区别于副词。但梁式中（1960）指出"不X不"格式和受副词"很"修饰没有概括性，如刘坚所提到的"配、需要、喜欢、爱"都不能用"不X

不"格式；"会、敢、肯"不受"很"修饰。而梁式中提到的用"AX 怎么样？"提问来区别情态助动词与动词也不具有对内的一致性。陶炼（1995）指出这类提问仅限于"应该"、"可能"、"会"、"能"，而且这样的问句实际上很少用，比较常见的是"X 怎样 V?"或"XV 什么?"。关于句法特征上的争议还有许多，我们不在此一一介绍，将在第二章文献综述部分详细陈述，分析传统句法描写研究所取得的成果，为本书的句法描写和解释做好充足的准备。

情态助动词的形式句法研究主要见于台湾和海外学者的文献（黄正德，1988；曹逢甫，1990；Lin & Tang，1995；Huang、Li & Li，2009；Lin，2011、2012；等），对情态助动词的相关现象有较为精辟的阐释。下面我们将以最具代表性的情态助动词为例简单说明本书所关注的现象及相关问题。

首先，部分情态助动词可以出现在句首，一部分不可以。

（8）a. 可能他已经走了。
　　　b. *不肯李四帮我。

但情态助动词都可以出现在句子的第二位。

（9）a. 他可能已经走了。
　　　b. 李四不肯帮我。

黄正德、林若望与汤志真等认为前者主要包括认知情态助动词和道义情态助动词，为提升动词；后者为动力情态助动词。二者的差异在于：前者以命题或事件为补足语，允许子句主语提升主句的空主语位置，为提升结构；后者带施事主语和事件补足语，子句主语为空主语 PRO，为控制结构。但并非所有的认知情态助动词和道义情态助动词都可以出现在句首。黄正德指出表认知的"会"的子句主语必须提升。

（10）a. *会这本书涨价。
　　　 b. 这本书会涨价。

黄正德并未解释这类强制提升现象。曹逢甫从语法化的视角分析了

"会"的子句主语强制提升现象，指出语法化后的"会"保留了对有生主语的要求，所以子句主语强制提升。但例（10）中强制提升的主语并非有生主语，因此"有生主语强制移位"的观点并不成立。林若望与汤志真则将认知情态助动词的定式子句主语提升归因于功能中心 INFL 赋格的自由性。子句主语既可以被子句 INFL 赋格，也可以被主句 INFL 赋格，所以不强制提升。子句主语不强制提升时，主句 I′ 可以通过与空形式主语合并，遵循 EPP 准则。但情态动词句 INFL 的自由赋格假设属于规约性的操作，且仍未能解释子句主语强制提升的动因，即为什么 INFL 不给子句主语赋格？林宗宏则在最简方案框架下指出主语强制提升是 EPP 特征驱动与特征核查共同作用的结果。但他将两类提升现象的差异归因于词库中空主语选择的不同，仍属于规约性的操作，而且将强制提升与非强制提升规约为词库空形式主语的选择并没有解释两类提升结构之间的差异，因此也并不比 INFL 自由赋格假设更具解释力。虽然林宗宏分析了两类情态动词子句的不同性质，但他仍按照相同的句法机制来解释不同子句主语提升现象，忽略了子句性质之间与名词性成分移位的联系。

不仅"会"，有些句子中"可能"出现在句首也不合法。

（11）　* 可能他去那儿。（Li，1990：128）

而且，强制与非强制提升情态助动词在子句宾语的移位上表现出不同的特征。

（12）a. 他会去上海。
　　　b. * 他会上海去。
（13）a. 他可能去过上海。
　　　b. 他可能上海去过。

由此可见，汉语认知情态动词的提升现象仍值得进一步探讨。认知情态动词为何强制子句主语提升？强制与非强制提升有何差异？我们将结合特征核查、论元移位、话题提升等尝试回答这两个问题，探讨现代汉语认知情态动词句的提升现象。

其次，道义情态助动词的句法属性也是困扰形式语言研究的难题。一部分研究者如黄正德、林若望与汤志真等认为道义情态助动词属于提升动词，不限制主语的语义内涵，允准无生主语。如下：

(14) a. 书应该涨价。
　　 b. 书可以全部卖掉。

他们认为假设主语与强化语"自己"的允准关系发生在底层结构，道义情态动词主句主语是子句主语提升而来，不能允准主语强化语"自己"。

(15) a. *他（是）自己应该去台北（的）。
　　 b. *他（是）自己可以去台北（的）。

此外，道义情态动词的补足语子句存在语迹 t，被"连……都"结构焦点化后，语迹 t 不能得到适当管辖，违背空语类原则（Empty Category Principle，简称 ECP），句子不合法。

(16) a. *连借给王五一百元，李四都不可以。
　　 b. *连借给王五一百元，李四都不应该。

其他学者如曹逢甫、林宗宏等则认为义务情态动词属于控制动词，表现在：道义情态动词不能出现在句首，不允准子句宾语提到句子前面，语义辖域低于句末事态助词"了$_2$"等。

(17) a. *应该你明天念那本书。
　　 b. *那本书应该你明天念。
(18) a. 小明应该［做这件事］了$_2$。
　　 b. 小明可以［做这件事］了$_2$。

两派学者都在形式语法的理论框架下分析了道义情态动词的句法属性，并解释了部分现象。两种观点似乎都有相关语言事实来佐证，道义情态动词是分析为提升还是控制值得进一步探讨。本书将重新分析上述现象，探讨道义情态动词的句法属性。

除认知、道义外，动力情态助动词也是本书探讨的主要对象。虽然多数学者对其他情态助动词的动词属性质疑较多，但对这类词的动词身份则较少有异议。主要原因在于这类词表达能力和意愿，要求带有生命主语。

（19）a. 小明敢做这件事。

　　　b. ＊树叶敢长虫子了$_2$。

黄正德指出动力情态助动词为双论元谓词，外论元为施事角色，内论元担任行动的角色。其他学者如曹逢甫、林若望与汤志真、林宗宏等基本都持类似的看法。但动力情态助动词的控制特征却少有文章详细探讨。因此，我们将进一步研究动力情态助动词的控制现象，讨论其与一般的控制现象的异同。

综上所述，基于形式句法理论研究情态助动词，结合汉语语言事实分析语言的普遍语法机制，可以推进提升与控制研究的发展，发现移位最简性、局部性条件、孤岛效应、约束原则等句法机制在汉语中的作用条件，为汉语情态助动词研究注入新的血液。但上述研究对汉语情态助动词（特别是多义情态助动词）的分析不足，对其句法语义特征的研究不是很充分，随着提升与控制研究的不断深入（Boeckx & Hornstein，2003，2004，2006；Boeckx, Hornstein & Nunes，2010；Bowers，2008；Culicover & Jackendoff，2001，2006；Davies & Dubinsky，2004，2008；Hornstein，1999；Hornstein & Polinsky，2010；Jackendoff & Culicover，2003；Landau，2000，2001，2003，2004，2006，2008，2013；Manzini & Roussou，2000；Martin，1996，2001；Polinsky & Postdam，2006；Runner，2006；Takano，2010；etc.），情态助动词的提升与控制研究无论是从语言事实上还是理论上都值得重新审视。本书将在形式句法理论框架下逐类分析情态助动词的句法形态特征，探讨其限制条件，并对比分析提升与控制情态助动词的特征差异，探寻语言的普遍语法规则。

第四节　章节安排

本书共六章，具体安排如下：

　　第一章为引言部分，概述汉语情态助动词的研究进程，说明选题的由来，进而详细说明本书研究的话题及其研究思路，最后简要介绍了本书的主要研究方法及结构安排。

　　第二章是相关研究话题的文献综述。本章首先将分析情态助动词相关术语名词的研究及其存在的问题；其次将综述有关这类词的词汇范畴、判断标准及范围的相关研究成果；最后重点讨论情态助动词形式句法研究。

　　第三章主要讨论情态助动词的基本概念。本章首先将分析与情态助动词相关的其他术语名称，指出确立"情态助动词"这一术语的合理性。然后，我们将研究与情态助动词词汇范畴相关的独立句法特征，确立其动词范畴，并分析汉语情态助动词的几种主要语义类别。我们还将探讨情态助动词的语法化程度，分析情态助动词与谓宾动词、情态副词、情态助词之间的差异。本章最后将分析情态助动词区别于其他动词的句法特征，研究其判断标准，依此确定其范围。

　　第四章将主要探讨几种主要情态助动词的句法特征。首先，我们将通过对比不同的句子结构类型，探讨认知情态助动词的强制与非强制提升现象，从移位的最简性、孤岛效应、话题化、复现代词、情态连用几个方面论证两类提升结构的差异。其次，我们将分析道义情态助动词的句法特征，回答"道义情态助动词是提升还是控制"问题。最后，我们将讨论动力情态助动词的句法特征，分析其控制特征及相关现象。

　　第五章首先将从论元结构、语义限制、否定、被动化、疑问代词几个方面详细讨论情态助动词的提升与控制；其次探讨情态助动词句的话题提升现象，探讨提升与控制结构在话题提升上的异同；最后分析情态助动词补足语子句的定式与不定式特征。

　　第六章为结语，总结本书的主要观点和创新之处，提出进一步研究的计划和目标。

第二章

文献综述

　　情态助动词一直是语言学研究领域的热点话题，从语义到句法、从形式到功能、从历时到共时、从理论到实践，研究成果丰硕。大量的研究成果产生的一个现象就是名称的多样性，不同学者根据不同的研究目的而选用不同的术语，对于这些术语的研究变成了后来者不得不首先面对的问题，毕竟名称内涵的大小将直接影响相关的研究结论，如词汇范畴、判断标准等。因此，本章首先将介绍情态助动词命名的相关讨论，其次综述其词汇范畴、判断标准及范围的研究成果，最后详细探讨形式句法理论框架下情态助动词的相关研究。

第一节　名称

　　关于"能、会、要"等词，研究者们从不同的研究视角出发赋予这类词不同的名称，主要包括"能愿动词"、"衡词"、"能词"、"判断词"、"助动词"、"情态词"、"情态标记"、"模态词"、"情态动词"、"情态助动词"。不少学者对这类词的命名展开了讨论。

　　许和平（1991）认为"情态动词"这一名词比"助动词"和"能愿动词"能更好地反映这类词的语义和句法特点。他指出这类词可以出现在句子之前，也可以出现在句尾，所以不是助动词。许和平还指出"能愿动词"具有很大的局限性，不能涵盖"认知、道义"等情态意义范畴。而"情态动词"既概括了"客观情况"，又包含了"主观态度和意见"，故采用"情态动词"这一术语。许和平也关注到了情态助动词句法位置的变换，但依此否定"助动词"并不合理，因为"助动词"并不意味着其后的成分不能移位。此外，他提出情态助动词具有主观性和客观性①，前者对应"说话者为中心"的情态；后者对应"主语为中心"的情态，该观点与帕尔默（1974：100-103）提出的认知情态、话语取向情态和主语取向情态、拜比等提出的说话者取向情态和施事取向情态类似，但内涵稍有不同，我们将在后面深入探讨这三类术语。

熊文（1992）分析了"助动词"这一名称的由来，指出第一个使用"助动词"的是章士钊，定义为"助动词者，所以助动词也"，并认为黎锦熙也与该看法类似。他还分析了"能词、能愿动词"等术语，但并未展开讨论。

孙德金（1996）探讨了情态助动词的命名问题，指出"助动词"缺乏严格定义，汉语学界一般采取示例说明的办法；也有学者从语义上定义，如胡裕树（1981：287）指出助动词是"表示可能的动词"；朱德熙则是从形式上定义了助动词；还有学者结合形式与意义来定义，如黄伯荣、廖旭东指出助动词是"能用在一般动词、形容词前边表示意愿和可能、必要等的动词"。孙德金基本赞成最后一类，提出形式标准兼顾其情态意义，并考虑其他因素，如能产性问题。

李韧之（2004：106-109）简单介绍了与情态助动词相关的一些术语，并用表格列举了20世纪部分文献中的术语及其研究对象，指出中文的研究文献较少采用"情态"，而多采用"助动词"这一术语。

彭利贞（2007：83-87）指出不同学者所探讨的"助动词"内涵各不相同，且范围过大；而"能愿动词"是助动词的一部分，范围过小。"衡词"是从功能来命名的，指这类词都是衡量或评议事理趋势的；"能词"也是从词的作用来命名的，指这类词主要说明历程或动作到底是属于可能、应然还是允许等。"衡词"和"能词"使用范围较少。彭利贞认为许和平的说法合理，赞同把表达情态的助动词叫作"情态动词"。

上述研究都不同程度地增进了我们对情态助动词的认识，但多数结论却是简单采纳其他学者的观点或采取从众原则，因此，对这类词的命名仍不统一。虽然有学者指出"助动词"概括过大，"能愿动词"又概括过小，应用这些名称容易引起误解，但《语言学名词》在这类词的定义中同时用到了"助动词"、"能愿动词"和"modal verb"三个名称，值得我们

①　许和平所提出的主观性和客观性区别于莱昂斯所提出的主观情态和客观情态。

重新审视这一问题。

当然，也有一些学者提出了一些新的看法。许和平认为"能、会、要"等词区分为"主语为中心"和"说话者为中心"两类，提出将这些词命名为"情态动词"。但以"主语为中心"的情态动词包含主语的意志和愿望，这与表示意愿的动词如"打算、企图"等相重叠。因此，这样处理则会产生是否将"打算、企图"等词归入情态动词的新问题。假设表意愿的情态助动词与"打算、企图"等在句法上有显著差异，则应该将二者区分开来。鉴于后者也可以表示说话者对事件的态度，可以用"情态动词"或"意愿动词"来指代这类词。假设二者没有显著差异、不能区分开来，则可以将二者合并为一类。如陶炼将"肯、敢、要（表欲望）"等词和"愿意、情愿、高兴、乐意、打算"等词都称为意愿动词，并以"愿意"为例试图说明这类词的句法特征区别于情态助动词。这些特征概括如下：意愿动词可以单独位于句末、带名词补足语、可以被"很"修饰、可以带"了、过"，这些用法可能动词一般不具备。

    （20）a. 后庄上也有人愿意给小二黑跟小芹做媒人，二诸葛不愿意，不愿意的理由有…

        b. 他不赔我就不愿意他！

        c. 你让我去学习我很愿意。

        d. 好不容易他愿意了，你又闹别扭。

        e. 干这种事，他从来没有愿意过。

我们的疑问有如下几点：

第一，并非所有认知类情态助动词和道义类情态助动词都不可以位于句末，不可以被"很"修饰。

    （21）a. 如果没有间接经验，且不说发展，就连生存都不可能。

        b. 不错，通货膨胀是事实，人们骂他也应该。（CCL）[①]

    （22）a. 初中生的骨骼容易弯曲变形，如果课桌椅高度不合标

---

① CCL 是北京大学中国语言学研究中心所提供的免费在线语料库的简称，其全名为 Center for Chinese Linguistics。

　　准，很可能导致驼背。

　　　　b. 我们很可以相信，以农为生的人，世代定居是常态，迁
　　　　　 移是变态。(CCL)

　　第二，"带名词宾语"并非意愿动词的基本特征，多数意愿动词不可
以带名词性宾语。

　　　　(23) a. *小明不肯他。
　　　　　　 b. *小明敢他。

　　第三，意愿动词并不能直接带词尾时体助词"了"。

　　　　(24) a. 小明愿意（*了）去北京。
　　　　　　 b. 小明敢（*了）接这趟活。

　　例（24b）中的"了"属于句尾事态助词。可能动词都可以带句尾事
态助词。

　　　　(25) a. 当时要成功是个比较缓慢的过程，放到现在就不可能了。
　　　　　　 b. 她不敢再见熟人，看样子想不开始新生活也不可以了。
　　　　　　　 (CCL)

　　第四，"敢、肯、要"等动词并不能带"过"。

　　　　(26) a. 小明肯（*过）答应这件事。
　　　　　　 b. 小明敢（*过）接这趟活。

　　陶炼分析的句法特征既不适用于意愿动词，也不能有效地区分意愿动
词和可能动词，因此，他所提出的将"愿意、情愿、打算"等词和"敢、
肯、要"等词都分析为意愿动词的想法并不可靠，[①] 但他尝试从句法形态

――――――――――

　　① 意愿动词与动力情态助动词"敢、肯、要"的差异我们将在第四章第三节中详细介绍。

上区别意愿动词与情态助动词对相关研究启发较大，值得我们学习。毕竟词的分类是"为了研究语法的便利"（吕叔湘，1953：12）。

　　术语的多样性与学者们对情态助动词词汇范畴的不同认识密切相关。下面，我们将介绍情态助动词的词汇范畴研究。

第二节　词类范畴的争议

　　情态助动词的词类范畴较为复杂，助动词是动词还是副词一直未有统一的认识。随着现代语言学理论的不断发展，亦有学者提出这类词属于功能中心语的假设。下面我们将逐个讨论相关的假设。

一　动词论

　　自《马氏文通》开始，多数语言学家如黎锦熙、洪心衡、刘坚、朱德熙、李临定、马庆株等赞同情态助动词作为动词的一类，并从形态上论证其动词属性。语法小组（1953）首次探讨了情态助动词的动词属性，认为这类词能单独作谓语，是一种动词。

　　　　（27）a. 张三会开车吗？
　　　　　　　b. 会。

　　但该文也指出部分双音节副词如"一定"也能单独作谓语，可见单独作谓语并非具有排他性的句法特征。此外，该文还指出情态助动词不能重叠，不能带动词体貌标记"了、着、过"，不能带体词宾语，区别于一般动词，但有些词兼有动词和情态助动词，如"会"。

　　"能单独作谓语"的观点在黎锦熙和刘世儒的研究（1957：348-355）中也有类似的提法。他们指出情态助动词是没变质的动词，能独立，并以其后的动词为宾语。但他们认为情态助动词和副词只是词法上性质的不同，都经常位于动词之前，句法上的作用差不多，将情态助动词放在副词性的附加语里讨论。黎锦熙和刘世儒（1959：165-166）则将情态助动词放在动词部分讨论，指出情态助动词与副词存在本质差异，其动词补足语可以提前或承前省略，将情态助动词独立置于句末。

（28）a. 滑冰他也会，游泳他也能。

　　　 b. 你能不能担保？你能不能？

　　因为情态助动词本来是动词，所以可以恢复它的动词用法，表现为：
（1）还可以带体貌助词"着、了"；（2）带名词宾语或宾语子句。

（29）a. 他想着把张老五的气消一消。

　　　 b. 你们不尊重我的意见，那该着你们检讨。

（30）a. 他该我几两银子，我要向他取讨。

　　　 b. 你愿不愿意你闺女再叫美国鬼子抓去。

　　但所谓"恢复动词用法"的观点并不可靠。首先，大部分情态助动词
不能带体貌助词，即意味着不能恢复动词用法，而且并无相关历时研究表
明情态助动词的动词用法（也称为前情态助动词）可以带体貌助词。其
次，带名词宾语的动词与情态助动词的语义相差较大，如（30a）中"该"
表示欠钱的意思，与表认知或道义的"该"语义不同，是否将这两个词解
读为同形异义词，还是语义上有相关性的同一个词，这有待进一步的研
究。汉语的句法灵活，情态助动词带名词宾语或宾语子句并不意味着前情
态助动词具有该特征。最后，从动词演变而来的情态助动词与原动词存在
明显的差异，试比较：

（31）a. 他会了好几门语言。

　　　 b. 他会（*了）说好几门语言。

　　但黎锦熙和刘世儒从语言演变的视角指出情态助动词是没有改变性质
的动词值得我们重视。王力（1985［1943］：35）也曾指出情态助动词是
从动词演变而来的，应归入动词一类。但王力所指的助动词为"被、把"，
而黎锦熙和刘世儒所指的助动词不仅包括表被动的"被"，还包括表该当
的"该、须、应"等、表意愿的"要、想、愿意、肯、敢、打算"等、表
可能的"可以、可、能够、能、会"等、表趋向的"来、去、开始"等、
表赐予的"给"等。情态助动词从动词演变而来，但是否改变了动词的性

质需要从句法形态上加以证明。词汇范畴缺乏句法形态的论证，容易产生主观性的认识偏差，如黎锦熙和刘世儒认为情态助动词是没有变质的动词，而王力则认为"必、可、能"是副词，"要、想、敢"是用作末品的动词。但王力（1984［1946］：107–108）也指出"能、要、欲、肯、敢"可归入叙述词（即主要动词），后面带首品谓语形式。以"要"为例，他认为"要吃"和"要饭"可以统一处理，"吃"分析为动词首品，是"要"的目的语。

刘坚强调语法形式在研究中的重要性，指出光凭意义很难解决情态助动词和副词、动词的区分问题。他指出能不能单独作谓语、"不X不"格式、用"很"修饰这三个特征可以区别情态助动词和副词。依此，"必须、必定"是严格的副词，而非动词。此外，刘坚还认为情态助动词和动词组合并不是向心结构，不可以用"怎么~？"提问，只能用"~吗？"；不是后补结构，不可以在中间插入"得"或"不"；也不是动宾结构，可以用"X怎么样？"提问，不能用"X什么？"来提问。这区别于动词与动词组合，而情态助动词又与动词有相似的地方，能单独作谓语，能组成反复问句，因此，赞成把情态助动词看作是动词的一个附类。梁式中对刘坚的相关形式标准提出了质疑，指出"不X不"格式和用"很"修饰不具有内在的普遍性。他认为区分情态助动词和副词的标准是：能否单独回答问题，能否加否定词"不"表否定；情态助动词与动词的不同在于"AXB"结构中动词短语B能否用"AX怎么样？"提问，B能否带趋向动词和B是否被"不"否定。王年一则认为情态助动词能出现在"是X的"结构；其后的动词往往不能带"了"和"着"；可以加在"应（该）"之后单独说；可以用副词修饰，并能够单说。依此，情态助动词区别于副词。而且，情态助动词不能与"所"一起构建"所X的"格式，但可以和动词"所"一起构建"所XV的"结构；也不能被动化；不能名词化，充当句子的主语或宾语（"可能"除外）；不能作定语修饰名词中心词；不能用形容词修饰。这些特征可说明情态助动词区别于动词。这三篇文章相继发表在1960年的《中国语文》上，对之后情态助动词的研究产生巨大的影响，成为情态助动词研究的核心参考文献。

但上述标准多数存在不同普遍性或排他性的问题。梁式中虽指出了刘坚研究的不足，但他所提出的形态标准也不具有排他性，如汉语中存在一部分副词能单独回答问题（陆俭明，1982），且相当一部分副词也能被否定（石毓智，2001：185）；部分标准也不具内在一致性，如用"X 怎么样？"提问仅限于"应该"、"可能"、"会"、"能"，而且这样的问句实际上很少用，比较常见的是"X 怎样 V？"或"XV 什么？"问句（陶炼，1995）；能否带趋向动词"去"是由其后的动词决定，不能依此区分情态助动词与动词（Li，2004：127）。王年一的标准也存在内在一致性的问题，如"是 X 的"格式只适用于"可能、可以（表示许可）、应该"，而"会、可以（表示可能）、能、要（表示必要）"则必须带上动词或形容词才能这么用，"得、将、要（表示可能）"则通常不能用在此格式中（李临定，1990：254）；"会、要"可以出现在"所 X 的"格式（李韧之，2004：127）。

　　陆志韦等（1964：59）列举了情态助动词的语法标志：助动词和其后动词之间可以插入"不"，可以构成"～不～V"式和"～V 不～"式，可以构成"不～不 V"式，可以被"很"修饰，可以构成"～V 得很"式。陆志韦虽未明确情态助动词的词汇范畴，但将其附在副词一章之后，表明其倾向于"副词"的词汇范畴。但赵元任（2002［1968］：365–366）认为情态助动词能被"不"否定的特征；能出现在"～不～"结构中，是动词。他还指出情态助动词能用"没"否定，能被"很"修饰，可以连用，但限制性较大，并且所有情态助动词都不能重叠，没有命令式，允准其后的动词带表程度或次数的同指宾语。曾翠玲（Tsang，1981：46–48）讨论了情态助动词的五个特征：不带体貌助词；不出现在单字的祈使句中；时间状语可以出现在情态助动词之前或之后；一般出现在句子的第二个位置；情态助动词与其后的动词之间不能插入名词短语。朱德熙（1982：61）则明确指出情态助动词属于真谓宾动词的一类，具有以下特点：只能带谓词宾语，不能带体词宾语，不能带时态助词"了、着、过"，不能重叠，可以放在"～不～"的格式里，可以单说。孙德金认为情态助动词处于主语和谓语动词之间，且谓语动词与主语之间有直接的句法语义组合关系；之后不能插入"着、了、过"。情态助动词能且只能进入上述环境，而且还要具有下面三个特征中的任何一项：可用肯否重叠式提问；可用"不"或"没"否定；可加程度副词。

　　上述研究都是在传统语法框架下分析情态助动词与副词、动词的差异，论述较为简单直接，如"能单独作谓语"就是直接阐述其句法功能，并从能否独立区别于其他动词。但"能独立"只是部分说明了情态助动词的属性，并不能依此确定情态助动词为动词。黎锦熙、王力等从历时演化的角度认为这类词从动词演变而来，所以归入动词。但他们都未讨论这类词的语法化程度，而且这类词是否已经演变为其他词汇范畴，还是仍具有动词属性，需要相关句法形态特征来说明。在情态助动词与副词、动词的区别研究上，相当一部分特征具有普遍性，但不具有排他性；而一些特征并不具有普遍性。

20 世纪末，不少研究者引进美国形式语言学理论来探讨情态助动词的词汇范畴，取得了较大的进展。黄正德（1988）把情态助动词分析为提升与控制动词，认为部分情态助动词对主语没有语义限制，而动力情态助动词只能选择有生主语。曹逢甫（2005［1990］：286-293）也有类似的分析。但他们都未直接论证情态助动词的动词属性。

林若望与汤志真（1995）基于生成语法理论考察了情态助动词词汇范畴的第一篇论文。他们考察了句末情态助动词现象、情态助动词带原因状语从句现象、情态连用现象和否定结构等，指出情态助动词为 VP 的中心语，而非 IP 的中心语。林若望与汤志真分析了动词和副词的句法分布，指出情态助动词能出现在句末，区别于副词。这与黎锦熙和刘世儒的观点类似。不同的是，林若望与汤志真认为情态助动词位于句末，且能被否定，形成"～不～"问句，属于动词，而黎锦熙和刘世儒则认为情态助动词之后的成分能移位或删除，而使得其独立于句子的末尾，因此属于动词。林若望与汤志真假设一个句子只能有一个否定中心词，因此情态助动词可以连用，并且情态助动词及其后的动词都可以被否定词"不"修饰，这表明其谓词中心语的属性。传统语法研究虽然也提出根据"不～不"结构推断情态助动词的动词属性，但却没有解释其原因。林若望与汤志真则尝试依此解释了其动词属性。但根据"不～不"结构推断谓词属性会产生另一个问题，即副词"一定、必"也可以应用于该结构，是否也属于谓词？黄小柚（Huang X. -Y., 2009）质疑林若望与汤志真关于情态助动词动词属性的论证，指出他们的论证并未证明情态助动词属于动词，而是谓词。黄小柚还指出认知情态助动词"可能、应该、会"[①] 不出现在句末，与表道义的"应该、可以"不同，但这些词都属于

---

①　黄小柚将"会"分析为将来情态助动词并不准确，"会"倾向于表达将来时态，但并未失去其认知情态语义内涵，如"他会在哪儿？"可以表示对当前情形的推测，并不一定表将来。

提升动词。而且，"会、应该、可以"不能出现在句首。"应该、可以"可以出现在句首，黄小柚并未注意到这一语言事实。黄小柚的研究表明林若望与汤志真的论证仍有漏洞，但并不能依此推翻他们的论证。提升情态助动词受 GCR（Generalized Control Rule）制约，不允准动词短语的剩余部分移位，所以不出现在句末。而道义情态助动词可以出现在句末，表明这些词可能需要重新分析，并不一定属于提升动词。曹逢甫指出道义情态助动词属于控制动词，在话题提升上区别于提升动词。黄小柚对林若望与汤志真的质疑也存在漏洞，如"了$_2$"的语义辖域可以高于认知情态助动词"可能"，而且，根据 CCL 语料库，"已经"可以出现在"可能"之前。

> （32）a. 她后悔不该不听步惠廉的安排，现在想返回去也不可能了$_2$。
> 　　　b. 中国人已经可能听到西欧高度发展的复调音乐了$_2$。

此外，黄小柚还根据动词短语移位或删除测试认为认知情态助动词"可能、应该"属于情态副词，而不是动词。这也值得商榷。"应该、可能"不允准动词短语移位或删除，因为这违反了句法限制，而不能简单依此推测这两个词属于副词。

黄正德等（2009：106-111）分析了情态助动词作为动词的几点原因：首先，可以出现在一个完整的句子之后，可以和词汇动词并列，对其主语论元具有内在的语义限制，要求主语具有自由意愿特征。这些测试手段我们并不陌生，在相关文献中都有提及，却略有不同。该文指出汉语情态助动词不同于英语，可以出现在一个完整的句子之后，属于词汇动词，且该句子是从补足语位置提升而来，但提升原因尚不清楚。因此，补足语成分的提升有待进一步讨论。其次，同一情态助动词既可以与动词并列，也可以与副词并列。对于情态助动词，并列并非有效的测试手段，或者表明情态助动词兼有副词和动词两种范畴。最后，副词也会语义限制主语论元，要求主语具有意愿性，如"intentionally"。

虽然多数学者认为情态助动词属于动词，并提出了不少证据。其中，部分证据较具说服力，如情态助动词出现在一个完整的句子之后，与其后的动词都能被否定。但这些证据并未受到足够的重视，部分证据尚不完备，有待进一步讨论。相当一部分句法和形态证据并不能将副词排除在外，如句法上的并列测试，吕叔湘（1979：41）指出情态助动词可以与副词并列；形态上，情态助动词和副词都不能带时体助词，也不能重叠。这些都为"动词与副词兼类论"埋下了伏笔。

二 动词与副词兼类论

除动词论外，动词与副词兼类论在汉语学界也有一批支持者。王力（1984［1946］：26）认为情态助动词是"帮助动词，以表示行为的性质者"，不同于英语的情态助动词。他认为"能、可、会、必、须"为副词，"欲、想、要"是动词，但并未阐释分类的依据。吕叔湘（1979：41）虽然承认情态助动词是"辅助性的动词"，但指出这类词是个"有问题的类"。其中，表示可能与必要的情态助动词类似副词，而表示愿望的情态助动词接近带动词宾语的动词。他指出情态助动词既可以与副词并列，又可以与动词并列，其词类范畴很难区分。

郑贵友（1989）从句法形态特征上分析了情态助动词的词汇范畴，认为确定情态助动词为动词的形式特征为：单独作谓语，前加副词作谓语核心和肯定否定相叠发问（即"～不～"格式）或/并带后续成分。具有这些特征的情态助动词属于动词，包括"可能、能够、能、可以、会、敢、肯、配、应该、应当、想、要、愿意、情愿、值得、犯不着"。其他不能单独作谓语、不能单独回答问题但能修饰动词的情态助动词归入副词，包括"准、许、须要、须得、断然、不妨、断乎、一定、必定、一准、或许、不免、未免、宁可、不由得、免不得"。他还指出有些副词也可以单独作谓语或受其他副词修饰作谓语核心，如"一定、务必、或许"等。因此，他认为肯定否定相叠发问或/并带后续成分是判断动词范畴的核心标准。但副词"常、曾"和介词也可以用"～不～"提问，单独依据该标准确定动词范畴并不可靠。

傅雨贤、周小兵（1997）也分析了不同情态助动词的句法差异，认为情态助动词具有"～不～"格式，一般能用"不"否定，可以单说，跟谓宾动词的特点有同一性；但不能带"了、着、过"等体态助词，这区别于谓宾动词，跟副词接近。因此，情态助动词处于谓宾动词和副词的中介状态。两位作者指出"希望、情愿、许、准、值得、巴不得"等词可以带主谓结构作宾语，且宾语从句的主语可以省略，不能移位，所以这类词属于谓宾动词。他们认为一些情态助动词与副词在读音、字形上完全相同，但在意义和分布上却不同，应区别对待，如"要、该"。

A	B	C	D
要上街	要吃亏	要下雨了	他要高一些
不要上街	＊不要吃亏	＊不要下雨了	＊他不要高一些
要不要上街	＊要不要吃亏	＊要不要下雨了	＊他要不要高一些

"要"的语义内涵各异，A 中表意愿，B 中表可能，C 中表将要，D 中表估价。表意愿的"要"为动词，而其他义项的"要"为副词。但依据能否用"不"否定和"～不～"格式并不能区分助动词与副词。相原茂指出有些情态助动词本来就不能否定，这些词的否定需要借助于其他助动词或其他动词的否定形式来实现。

上述分析表明情态助动词系统内部的复杂性，根据并列测试较难确定其词类范畴，而"单独作谓语"和"前加副词作谓语核心"并非证明动词属性的形式依据，根据"～不～"格式、用"不"否定和可以单说确定其动词属性也并不可靠。吕叔湘（1982［1942］：246）就曾指出表可能、必要的情态词，其词汇属性比较复杂，"可、宜、足"原来是形容词，"能、须、肯、敢、要"的动词性仍然很明显，"必"是限制词，"得"前置是动词，后置则是一个词尾。该文考虑到情态助动词的语法化，指出从语义上归纳出的情态助动词的词汇范畴不具有统一的属性，毫无疑问是正确的。问题是：如何依据句法形态标准确定情态词的不同词汇范畴？这是急需解决的问题。

三　功能中心论

蔡维天（2010）基于瑞兹（Rizzi）、罗伯茨与卢梭（Roberts & Roussou）、琴奎等学者的研究，认为情态助动词并非词汇动词，而是功能范畴，分布在句法结构的不同层次上，是词汇范畴语法化的结果。蔡维天指出语法化依循诠释高度来按图索骥：认知情态助动词处于补词层，与"言者主语"对现实世界的认知密切关联；义务情态助动词处于屈折层，以句法主语为中心；动力情态助动词处于词汇层，为主语的主体意识所节制，处于内主语之下。西方学者的研究表明部分语言中的情态助动词已经演变为功能中心，这值得我们借鉴。但并不能依此简单地推断汉语情态助动词已经演变为功能中心了。

陈莉等（2013）也将"我不能邀请你"和"我能不邀请你"中的"能"分析为不同的范畴，即将位于否定词"不"之前表"能力"的"能"分析为动词，而将位于否定词"不"之后表"可能"的"能"分析为功能中心 T 的情态助动词，依此解释否定词"不"的分布。此外，陈莉等将情态助动词分析为功能中心，并认为"没"的投射位置高于"不"。情态助动词的功能中心分析需要解释两个否定词与情态助动词的不同词序关系，以及多重情态助动词的否定现象，如例（33）。

> （33）a. 张三不可能没看见校长。
> 　　　b. 小明不会不肯不来。

情态助动词的功能中心假设表明情态助动词的语法功能发生了变化，但仍属于中心语范畴。该观点区别于将情态助动词看成是副词的假设。但语法化是否意味着情态助动词已经演变成了功能中心语，相关结论缺乏句法形态上的证据，值得进一步研究。

综上，情态助动词的词类属性问题仍存在不少争议，值得进一步研究。郭锐（2002：191）提出了一条重要的指导原则，"要确定一个词是助动词，首先应确定这个词满足动词的标准，即排除副词和形容词的可能，然后再与一般动词区别开"。① 依此，我们需要找到独立的句法形态证据证明情态助动词的动词属性，然后再通过具有排他性和普遍性的句法特征将情态助动词与其他词区别开来。

第三节　句法特征与区分标准

先前的研究对情态助动词的句法特征描写非常细致，李韧之（2004：113–130）对此有比较详细的介绍。但李韧之并未区分用于描述古汉语和

---

① 郭锐提出的标准"可以带真谓词性宾语，表示情态意义"并不与其指导原则相符。根据他提出划分动词的标准：（不~｜没~｜~（宾）｜~（补）｜所~｜<黏合式补语>｜（~着｜过）｜（（<谓>｜<状>~）∧*（<主>））∧（*很［不］~｜（很~<宾>）），情态助动词较难判断出词类范畴。相关研究表明，除"不~"外，情态助动词在"没~"和"所~"特征上不具有内在一致性，甚至不适用于其他标准。

描述现代汉语情态助动词的句法特征，而本书主要探讨现代汉语情态助动词，因此，相关描述略作修改，并加入了其描写中并未注意到的一些学者的研究。现代汉语情态助动词的研究表明这类词：

（1）通常放在动词前，如"肯来、会唱歌"（语法小组，1953）。赵元任（2002［1968］：365-373）将其概括为能带动词或动词词组作宾语的动词。朱德熙（1982：61）则指出这类词只能带谓词宾语，不能带体词宾语。郭锐（2002：191）进一步指出情态助动词只能带真谓词宾语。

（2）可以单独作谓语用（语法小组，1953）。黎锦熙和刘世儒（1957：348-355）认为这类词是没变质的动词，能独立；梁式中（1960）认为这类词可以单独回答问题；朱德熙（1982：61）认为这类词可以单说。

（3）不能重叠，如"＊能能"、"＊会会"（语法小组，1953）。赵元任（2002［1968］：366）指出这类词没有尝试重叠语。

（4）不能带动词体貌标记"了、着、过"，①如"＊能着唱"、"＊会着说"、"＊会了唱"（语法小组，1953）。赵元任（2002［1968］：366）指出这类词没有进行式和完成式。

（5）不能带体词宾语，如"＊肯棋"、"＊能棋"，但有些词兼有动词和情态动词功能，能否带体词可以区分这种兼类词（语法小组，1953）。

语法小组的讨论揭开了现代汉语情态助动词研究的序幕，引起国内外许多学者的关注。1960年，《中国语文》连续刊出三篇关于情态助动词的讨论，在丁声树、吕叔湘等探讨的基础上，相继提出了一些新的论断。

（6）能构成"不~不"格式，如"不能不"（刘坚，1960）。赵元任（2002［1968］：365-366）指出这类词能被"不"否定，而且动词宾语也能用"不"否定。赵元任还指出部分情态助动词能被"没"否定。

（7）能受程度副词"很"修饰，如"很能唱歌"、"很该"（刘坚，1960）。但赵元任（2002［1968］：366）指出该用法只适用于部分情态助动词。

（8）不能用"怎么"提问，如"会喝"、"要坐"不能提问"怎么喝？"、"怎么坐？"，而只能问"会喝吗？"、"要坐吗？"（刘坚，1960）。

（9）情态动词之后的动词短语可以用"怎么样"提问（梁式中，1960）。

---

① "了、着、过"均可作词尾助词，但只有"了"能作句尾助词，"着、过"均不能作句尾助词，如我们不能说"唱歌着"、"唱歌过"。因此，本书将词尾助词为了₁，了₂为句尾助词。

（10）如果情态动词之后的动词带宾语，那么该动词短语之后还可以带趋向动词"去"（梁式中，1960）。

（11）不能与"所"一起构建"所~的"格式，如"﹡所能的"，但情态动词和动词可以与"所"一起构建"所~V的"结构，如"所能讨论的"（王年一，1960）。

（12）也不能被动化，如"﹡被（给）能够"、"﹡被（给）可以"（王年一，1960）。

（13）不能名词化，充当句子的主语或宾语，但"可能"除外（王年一，1960）。

（14）不能充当作定语修饰名词中心词（王年一，1960）。

（15）不能出现在"~得"结构（王年一，1960）。

（16）能出现在"是~的"结构，如"是会的"、"是敢的"、"是应该的"（王年一，1960）。

（17）也没有命令式，如"﹡能！"（赵元任，2002［1968］：366）。

（18）能构成表示问题的"~不~"式，如"不能不、不敢不"（赵元任，2002［1968］：366）。

（19）只要语义许可，所有情态助动词都可以连用，如"会要、可以会、应该会肯、不会不敢不愿意"等（赵元任，2002［1968］：366）。

（20）可以移位提问（李临定，1986）。

　　（34）a. 你去把他叫来，敢不敢？＝你敢不敢去把他叫来？
　　　　　 b. 你帮我把这个送给老王，肯吗？＝你肯帮我把这个送给
　　　　　　 老王吗？

例（34）说明情态动词不一定只是和其后的动词组合在一起，它的位置有一定的自由性，可以移位到句首或句尾，是和除它之外的整个句子发生关系。

（21）时间副词既可以在情态动词之前，也可以在其后（Tsang，1981：47-48）。

　　（35）a. 我明天要去。
　　　　　 b. 我要明天去。

（22）情态动词即使是在把字句和被字句中，仍居于句子第二位，即主语之后（Tsang，1981：47-48）。

（36）a. 张三会把这件事做好的。
　　　 b. 这件事会被张三看破的。

（23）能出现在表达"希望"或"愿望"的动词之后（Yip & Rimmington，1997）。

（37）我希望能再见到您。

（24）不能受主语取向的情状副词修饰（谢佳玲，2002）。

情态助动词的句法描写研究非常充分，涉及情态助动词的句法分布、形态特征、组合关系、子句特征、疑问结构等方面。但学者们对情态助动词的词汇范畴认识不一致，对其范围的朴素认识各不相同，因此，许多研究都指出句法特征概括过渡或概括不足的现象。许多学者依据各自的研究对象，提出了情态助动词的区分标准，具体内容如表2—1所示。

表2—1　　　　　　　　　情态助动词的区分标准

作者	情态助动词的区分标准
语法小组	通常放在动词前，可以单独作谓语；不能重叠，不带词尾助词"了、着、过"，不能带体词宾语
刘坚	能单独作谓词，可以说成"不~不"格式，能受程度副词"很"修饰；只能用"~吗？或~怎么样？"提问，不可以在情态助动词和动词之间插入"得"
梁式中	能单独回答问题，能加否定词"不"表否定；能用"~怎么样"提问，其后动词能带趋向动词且能被"不"否定
王年一	能出现在"是X的"结构，其后的动词往往不能带"了"和"着"，可以加在"应（该）"之后单独说，可以用副词修饰，并能够单说；可以与"所"一起构建"所XV的"结构，不能被动化，不能名词化，不能作定语修饰名词中心词，不能用形容词修饰

作者	情态助动词的区分标准
陆志韦	助动词和其后动词之间可以插入"不",可以构成"～不～V"式和"～V不～"式,可以构成"不～不V"式,可以被"很"修饰,可以构成"～V得很"式
朱德熙	只能带谓词宾语,不能带体词宾语;不能重叠;不能带后缀"了"、"着"和"过";可以放在"～不～"的格式里;可以单说
汤廷池	就认知或语意功能而言,情态助动词表示情态意义;就表面结构上的句法功能而言,情态助动词出现于主要动词之前并具有形成否定或正反问句等一般动词的语法功能;就严格的次类划分而言,情态助动词可以接动词组为补语
李临定	表示意愿、可能、必要等的动词,经常位于主语和另一个动词短语之间,起着一种谓词性的辅助功能
李英哲等	用在主要动词之前,表达情态意义,不带时体标记"了、着、过",可以构成"～不～"疑问句
黄伯荣、廖旭东	能用在动词、形容词前表示客观的可能性、必要性和人的主观意愿
孙德金	S+Aux+V结构中,V与S要有直接的句法语义组合关系;Aux与V中间不能插进"了、着、过";可用肯否重叠式提问;可用"不"或"没"否定;可加程度副词。以语法功能为主,兼顾意义,即某些词具有情态意义,但形式上却不完全符合语法功能判定标准,这些词也应该归入情态助动词
郭锐	可以带真谓词性宾语,表示情态意义
李韧之	NORA特征:N表示"可以被'不'否定";O表示"与动词同现";R表示"不允许重叠";A表示"不能带体标记"
彭利贞	综合考虑学者们广泛讨论的10点特征运用典型范畴理论确定了典型、较典型与非典型情态动词
袁毓林	运用区别性特征"只能带谓词宾语,但不能重叠、不能带时体助词'着、了、过'的词"界定助动词的典型范畴,采用隶属度量表确定非典型范畴

本书认为上述情态助动词的判断标准存在以下几个问题：

首先，情态意义作为直接的判定标准并不可靠。郭锐（2002：18）指出词义与词的语法性质并不完全对应，根据词义划出的词类与句法关系不大，而且词义本身不能明确观察，因而难以操作。但他认为纯粹根据语法功能能划分出情态助动词难以成功，必须借助意义特征。

其次，判定标准与作者所分析的情态助动词相冲突。如丁声树等（1961：89）所概括的"得（de）、愿、得（dei）、应"与其所提出的"可以单独作谓语"特征不合，朱德熙（1982：61）所概括的"可以单说"与其所提出的"得（de）、应、许、别、甭、好"等词的属性不一致。如果判断标准没问题，则作者所概括的范围有问题，否则就是标准不合适。

最后，特征必须严格定义，具有区分度。就情态助动词的分布特征而言，"通常放在动词前"、"经常位于主语和另一个动词短语之间"、"能用在动词、形容词前"、"与动词同现"、"以动词短语为补足语"、"可以带真谓词性宾语"和"只能带谓词宾语"都不是严格的区别性特征。"与动词同现"条件太过于宽松，并未明确其分布位置。而"通常或经常、能、可以"等词表明情态助动词的位置还存在其他情形，如果不能将其他情形考虑进来，这一条重要的分布特征就不具有区分度。"只能带谓词宾语，不能带体词宾语"虽用"只"做了严格限制，但并未排除带准谓宾动词的动词，而且"不能带体词宾语"属于冗余条件。"可以被'不'否定"、"不能重叠"、"不能带时体助词"、"可以放在'～不～'的格式里"等特征不具区分度，不能区分情态助动词与带真谓词宾语的动词，如"觉得、希望"等。①

（38）a. 小明觉得这个建议好。

　　　 b. 小李不希望出版这本书。

（39）a. ＊小明觉得觉得这个建议好。

　　　 b. ＊小李希望希望出版一本书。

---

① 黄正德等（2009）指出带有 A-not-A 语义（即"～不～"格式）的选择问句存在几种来源：（a）作为"还是"选择问句的特例；（b）基础生成的 VP 不 VP 结构；（c）重叠；（d）Neg 移位到 C。其中，（a）为选择问句，（b）和（c）为特指问句，（d）为是非问句。各种问句由不同的句法机制生成"～不～"格式，应区别对待。

（40）a. 小明觉得（＊了）这个建议好。

　　　b. 小李希望（＊了）出版一本书。

（41）a. 小明觉不觉得这个建议好？

　　　b. 小李希不希望出版这本书？

赵元任（2002［1968］：366）将"想、希望"等分析为想望动词，认为情态助动词区别于想望动词的标准为：不能插入任何体词，即情态助动词与动词之间不能插入体词性成分，而想望动词则允准体词性成分出现中间，体词性成分省略则意义变化较大。

（42）a. ＊张三敢他坐过山车。

　　　b. 张三敢坐过山车。

（43）a. 我希望他来。

　　　b. 我希望来。

具有该类结构的除了"觉得、希望、赞成"等词外，还包括"想（表愿望）、愿意、情愿、乐意、准、许、配、值得"等词。我们把这些能带主谓结构作宾语的动词暂都归为想望动词。问题在于一些情态助动词也允准其与动词之间插入体词性成分，如"可能、应该、会"之后带主谓结构现象。

（44）a. 可能他不来了。①

　　　b. 应该张三买这本书。

　　　c. 会不会张三买了这本书了？

如何处理情态助动词之后的主谓结构是本书的核心任务之一。

第四节　形式句法研究

汉语情态助动词的形式句法研究最早见于黄正德（1988）。该文分析

---

① 赵元任对情态助动词的分析并未包括"可能"。

了汉语情态助动词的句法语义特征，认为情态助动词在深层结构里是主要动词，经过动词移位到助动词的位置，成为表层助动词，并从主语选择限制上区分汉语情态助动词的提升与控制。控制情态助动词具有及物性，选择有生名词组作主语，以动词组为其宾语，如例（45）；而提升情态助动词为不及物动词，任何语义类别的名词组都可以充当其主语，主语只与情态助动词后的谓语有主谓关系，如例（46）。

（45）a. 李四不会开车。
　　　b. 小明能三天不吃饭。
（46）a. 这本书会涨价。
　　　b. 你们可以不来。

例（45）中的"会"和"能"为及物的控制情态助动词，只能选择有生命的名词作其主语；而例（46）中的"会"和"可以"为不及物的提升情态助动词，可以选择有生命或无生命的名词为其主语，主语与情态助动词的补足语子句动词语义相关。黄正德认为汉语控制动词是一种双论元述词，其论元结构包含两个论元：一个为外论元作主语；另一个为内论元作补足语。外论元担任施事题元角色，内论元担任行动的角色。提升动词属于单元述词，其论元结构只包含一个命题或事件的补足语内论元。提升结构的主语不是提升动词论元结构的组成部分。

曹逢甫（2005［1990］：282-293）指出认识情态助动词"可能、会、应该"是一元谓词，以命题子句为补足语，具有提升结构的特征，基本话题和非基本话题都可以自由地提升到主句中，其中"会"的施事主语提升必须在其他话题提升之前完成；而道义情态助动词和动力情态助动词带一个施事主语和 VP 论元，属于控制结构。不同于曹逢甫的是，林若望与汤志真（1995）对提升与控制结构所包含的情态类型提出了不同的构想。他们认为认识情态助动词是提升动词，包括"可能、会、应该、要"；但并非所有的道义情态助动词都属于控制动词。道义情态助动词区分以说话者为对象的道义情态助动词，包括"可以、要、应该"，和以主语为对象的道义情态助动词，包括"能（够）、（很）会、愿意、肯、敢"。林若望与汤志真指出以说话者为对象的道义情态助动词表示"许可、义务"，为提升动词；以主语为对象的道义情态助动词表示"意志、能力"，为控制动词。两者的差异在于：控制情态助动词的主语基础生成并受限制，而提升情态助动词的主语没有限制要求。如下：

    （47）a. 他$_i$可能/应该［t$_i$吃过饭了$_2$］。

          b. 书$_i$可能/应该［t$_i$涨价了$_2$］。

    （48）a. 他$_i$敢/愿意/能［PRO$_i$吃饭］。

          b. ＊书$_i$敢/愿意/能［PRO$_i$涨价］。

例（47）中主句主语由子句的主语提升而来，提升情态助动词"应该"和"可能"并不限制其语义特征，有生名词短语和无生名词短语都可以成为提升情态结构的表层主语。例（48）中控制结构主句的主语基础生成，控制情态助动词"敢、愿意、能"赋予主句主语题元角色；子句主语为 PRO，其题元角色由子句动词赋予。

林若望与汤志真还分析了汉语的选择提升结构。如下：

    （49）a. 可能他已经吃过饭了$_2$。

          b. 他可能已经吃过饭了$_2$。

对此，林若望与汤志真假设：提升情态助动词可带时态补足语子句或不定式补足语子句，当情态助动词选择时态补足语子句，补足语子句的主语从屈折中心 INFL 处获得主格；当补足语子句为不定式，不能从不定式屈折中心 INFL 获得格位，必须提升到主句主语的位置获得格位。林若望与汤志真提出的另一种假设是：提升情态助动词只带时态补足语子句，但子句屈折中心对主格的赋予是可选择的。如果主语不能从子句 INFL 处获得主格，就必须移位到主句主语位置，从主句 INFL 处获得格位；如果子句主语能获得主格，就可以处在子句主语位置。

黄正德等（2009：106-111）分析了两类汉语情态助动词的句法特征，并论证了将情态助动词分析为词汇动词的理据。① 黄正德等指出汉语情态

---

① 黄正德等注意到汉语情态助动词的多义性，指出不同语义内涵的情态助动词具有不同的句法属性。其中，会$_1$表示可能"be likely to"，可以$_1$表示允许"be permitted to"；会$_2$和可以$_2$均表示能够"be able to"。

助动词区分提升与控制，其中提升情态助动词不限制提升主语的语义内容，允准任何与子句动词语义兼容的主语名词；而控制情态助动词具有内在的语义特征，要求主语具有感知性和意志性，并赋予主语施事题元角色。提升情态助动词与控制情态助动词的结构如表2—2所示。

（50）［ NP$_i$ modal ［$_x$ t$_i$ V…］ ］
（51）［ NP$_i$ modal ［$_x$ Pro$_i$ V…］ ］

上述研究在以下几个方面值得进一步探讨。

首先，就情态助动词的系统性而言，先前的研究并非在统一的情态助动词的判定标准下研究，其范围各不相同。

表2—2　　　　　提升情态助动词与控制情态助动词的结构

	黄正德	曹逢甫	林若望与汤志真	黄正德等	林宗宏
提升情态助动词	可以、应该、可能、会（表将来）等	可能、会、应该$_1$	可能、应该$_1$、可以$_1$、应该$_2$、可以$_2$、会$_1$	可能、会$_1$、可以$_1$、应该、该	可能、应该$_1$
控制情态助动词	敢、肯、能、会（表能力）等	能$_1$、能够、可以、要、必须、必得、需要、得、应该$_2$、应当、该、会、能$_2$、愿意、肯、敢	可以$_3$、会$_2$、敢、肯、能、想、愿意	敢、肯、愿意、要、能、能够、可以$_2$、会$_2$	必须、应该$_2$、得（dei）、得（de）、能/能够、可以、肯、愿意

上述研究在"必须、必得、需要、得、应当、该"等词的归属问题上不一致；而且，在提升与控制情态助动词的具体内涵上也存在分歧，如曹逢甫将道义情态助动词归为控制类，而林若望与汤志真则将以说话者为对象的道义情态助动词"可以、要、应该"归为提升类。情态助动词缺乏合理的判定标准，其研究必然会产生诸多争议，不利于发现和提炼语言规则。

其次，现代汉语中有相当比例的情态助动词同时具有认识情态、动力情态与道义情态多种语义特征，情态助动词的提升与控制研究中对其多义性认识不全面。如曹逢甫认为"能"具有道义情态与动力情态，"应该"具有认识情态和道义情态；林若望与汤志真则认为"会、应该、要"具有认识情态和道义情态；黄正德等认为"会、可以"为多义情态助动词。上述学者对多义情态助动词的分析不足，因而对情态助动词的研究缺乏解释的一致性。

最后，对提升情态助动词与控制情态助动词差异分析不足。先前的研究多从情态助动词的语义限制与题元角色探讨提升情态助动词与控制情态助动词的差异，对两类情态助动词的句法特征研究不足。

小　结

本章分析表明情态助动词的名称研究不断逐步完善，但对各个名称的内涵认识仍不明确，所以不同学者使用的术语各不相同。而且，虽然多数学者认为情态助动词属于动词，并从句法特征上加以说明，但也有相当一部分学者认为情态助动词属于副词。此外，还有学者提出情态助动词属于功能中心语的观点。这些关于情态助动词词汇范畴的研究从不同角度解释了情态助动词的相关句法形态特征，但因为缺乏独立的句法证据支持，并未形成统一的认识。词汇范畴论证的不足也直接导致了情态助动词的范围认识不一致，相应的判断标准缺乏一致性或排他性，成为制约情态助动词研究发展的巨大障碍。虽然海外学者基于形式句法理论研究情态助动词的句法范畴及句法特征大大推动了相关研究的发展，但由于多数学者仅基于对情态助动词范围的朴素认识分析其句法现象，且对情态助动词的多义性特征研究不足，其结果是分析范围各不相同，如"必须"一词的归属，研究结论大相径庭。因此，本书将在第三、四、五章探讨这些话题，系统研究情态助动词的句法特征。

第三章

情态助动词

现代汉语情态助动词的研究至今已有近 100 年的历史，但对于这类词的名称、词汇范畴及其范围一直未能达成统一的认识，这极大地阻碍了现代汉语语法研究的发展。吕叔湘（1979：41）指出情态助动词是"有问题的类"。所谓的"问题"在于这类词多为多义词，句法特征复杂，其名称、词汇范畴、判断标准及范围一直未有较为深入的研究。因此，本章将依次探讨这些问题。首先，我们将逐一分析相关术语的来源及其所指范围，并确定本书研究范围的术语；其次，我们将基于朱德熙（1982：61）的情态助动词范围，从句法形态特征上和语法化特征上探讨情态助动词的动词范畴，分析其与真谓宾动词、其他情态词的差异；最后，我们将依据具有普遍性和排他性的句法特征提出情态助动词的判断标准，并确定其具体范围。

第一节　情态助动词的名

一个学科的名词术语的准确定名及推广，对这个学科的建立和发展极为重要。

——路甬祥

汉语学术界普遍认为情态助动词主要包括"能、会、要、敢、肯"等。这些词，研究者们从句法功能或语义赋予了不同的名称，如"助动词、能愿动词、衡词、能词、情态动词、判断限制词"等。相关名称中，一部分范围太小，概括性不强；一部分范围较大，不具区分度。而已有研究对术语的介绍并不全面，甚至在理解上有些偏差，不利于这类词的研究。下面我们一一介绍这些术语及其内涵。

　　"助动词"这一术语源于马建忠（1983［1898］：183）的"助动字"，其义为"不直言动字之行，而惟言将动之势"。杨树达（1955［1920］：29）则用"助动词"分析了古汉语中的"可、能、敢、肯"等共30个字。杨树达的"助动词"是《马氏文通》的"助动字"的发展，其内容更丰富，并修正了之前研究的错误，如提出"所"为表被动的助动词，而非代名词。黎锦熙（1956［1924］：122，134）则是首位将"助动词"应用到现代汉语研究的学者，其定义为"帮助动词，占其一部"。① 虽然马建忠和黎锦熙都将助动词（字）归入动词，但其讨论的对象并不相同，前者为古汉语，而后者为现代汉语。黎锦熙分析助动词范围较大，除"愿意、敢、要、可以、能够、应该、须要、得、一定、不得不、许"外，还包括表被动的"被"、表趋势的"来去"以及后附的助动词"得、了、着、来着、来、去"等。王力（1985［1943］：35-36）也赞同将助动词归入动词，他指出助动词是从动词演变而来的，应归入动词一类。他把"把、被"等词分析为助动词，而将"必、可、能"等词归入副词，认为这些词"必须附加于形容词或动词，方能表示一种理解"。这与黎锦熙的助动词相差较大。王力（ibid，46）将"要、想、敢"归为用于末品的动词，黏附于次品前。王力的"助动词"包括"把、被"等词，而把现代汉语"能、可、会、想、要"等词分别归入副词和动词，这与吕叔湘（1957［1947］：249）的观点类似。吕叔湘将"可、能、得、须、要、宜、必、足、肯、敢"等词称为助动词，并指出其性质并不相同，其中"能、须、肯、敢、要"等动词性仍很明显，"必、该、一定"等为限制词，"得"字前置为动词，后置则为词尾。

　　语法小组（1953）从句法形态特征上分析了助动词的动词属性，并将其分为三类：表可能的、表意志愿望的和表情理上、习惯上或事实上的需要。第一类对应认知情态，后两类对应动力情态和道义情态。之后其他学者的研究基本围绕这三类展开，我们不再一一细述。"助动词"既包括情

---

① 孙德金、彭利贞等指出是章士钊开始使用"助动词"这一术语并不准确，章士钊有使用"助词"，其解释为"助词者，所以助动词形容词之所不及者也"。但"助词"所指为"也、矣、乎、哉"等语气词，并非本书所探讨的助动词，也没有单列"助动词"这一术语。

态义的助动词，还包括非情态义的助动词，如"被、来、去"（黎锦熙，1956［1924］：122）、"是、有"（黄正德，1988）、将来助动词"会"和体助动词"要、在"（Lin，2012）等①。依此，本书认为"助动词"为上位词，"情态助动词"为"助动词"的下位词，二者应该区别对待。

　　除"助动词"外，"能愿动词"也是汉语学界使用较广的一个名称。"能愿动词"是从具体意义出发的术语，在现代汉语早期研究中比较受欢迎，2011年初版的《语言学名词》亦采用了这一术语。该术语可能源于王力（1984［1943］：130）的"能愿式"，定义为"句子着重在陈说意见或意志者"，包括可能式和意志式两类：可能式表达说话者对事情的判断或推测，包括"能、可、必、该"等；意志式表达主事者（即主语）的意志，包括"要、欲、肯、敢"等。王力先生曾留学欧洲，他对"能愿式"的二分受叶斯柏森的影响较大。张志公等（1956：18-19）首次使用"能愿动词"这一术语，主要包括"能、会、敢、肯、必须、应该、要"等表示可能或意愿的词，属于动词的附类。该书指出能愿动词表示可能性、必要性、意志或愿望，是对"能愿式"的继承。洪心衡（1987［1957］：1）指出能愿动词是表示可能、必要或者愿望、意志的词。这四类大致与认知情态、道义情态和动力情态相对应。但"能愿"二字没有完全概括出情态助动词的具体语义类别，如表义务和表许可的情态助动词；而且容易让读者产生误解，如"能"可表示可能，但容易让读者忽略表必要性的情态助动词。

　　"衡词"是陈望道（1978：71）从"能、会、要"等词作谓语的功能上定义的，认为这类词标示事理的趋势。陈望道指出由衡词组成的句子是评议性的，这是对马建忠对情态助动词"惟言将动之势"的发展。不同的是，陈望道将"衡词"归入"用词"，与动词、形容词、断词并列，都属于陈述情况或事理的实词，而并非动词的子类。"衡词"突出了说话者对动词所表达的事件"评议"与"衡量"，与西方语言学界的"情态"定义接近，都强调说话者对事件的观点和态度，且更为具体。陶炼也指出"衡词"是较好体现这类词的地位和作用的术语，但考虑到"从众从俗"依旧使用"助动词"。

―――――――――

　　①　Lin认为"会、要"演变为时助动词和体助动词，这值得商榷。本书在第二章探讨了该问题。

　　"能词"是高名凯（1986［1957］：233）从语义上给"能、会、要"等词作的定义，认为这类词是"说明历程或动作到底是属于可能、或是属于应然、或是属于允许的等等"。该定义也是对情态助动词的语义做了一个归纳，且概括性不高。不同于"能愿动词"的是，该定义表明作者并不赞同将这类词分析为"动词"，而认为这类词是虚词。因此，无论是从语义上，还是从词性上，"能词"都与汉语学界对这类词的认识相差较大，并无其他学者采用这一术语。其实，将情态助动词分析为虚词在其他语言研究中并不少见，管辖与约束理论及其最新发展都将英语情态助动词分析为功能中心 T 下的句法成分，不少学者如莱特富特、罗伯茨、拜比等从历时的视角论证了现代英语情态助动词已经演变为功能中心词，琴奎还从类型学视角分析了情态助动词的功能中心句法序列。受相关研究的影响，蔡维天（2010）认为汉语情态助动词也经历了重新分析，不再分析为动词，而是功能中心词，并尝试分析了汉语情态助动词作为功能中心语的句法序列。但汉语是否和英语一样已经演化为功能中心？这一问题值得进一步研究。

　　"情态动词"从抽象意义出发，既包括了情态助动词，也包括了意愿类动词。是否将"打算、企图"等意愿动词与"能、会、要"等词归为一类值得进一步探讨。传统语法研究并未将二者明确区分，如赵元任将二者统一到助动词之下；蔡文兰则将二者归入带非名词宾语的意愿动词。本书认为两者在句法形态上具有不同的特征，应该区分开来，并将在下一节详细讨论，故暂不展开讨论。此外，与该术语相似的"情态词"和"情态标记"都范围太大，前者可以包括情态动词、情态助动词、情态副词、情态语气词等，而后者则不仅包括前者，还包括情态助词、情态词缀，甚至是语序标记的情态表达。

　　"判断限制词"是吕叔湘（1982［1947］：17）从语义和功能出发提出的名称①，属于帮助实义词表达意义的辅助词。他（1979：41）则将情态助动词放在动词之下讨论，放弃了"判断限制词"这一术语，而使用"助动词"。但他指出这类词"是个有问题的类"，表可能和必要的情态助

---

　　① 陈承泽将古汉语中的"可、应、当、足、能、得、宜"等也分析为限制副词，其义为"限制动字、象字或其他副字之字"，包括表决意、表测度、表推断、表希望、表愿意等意义类别。

动词接近副词，而表意愿的情态助动词接近动词。

对于"能、会、要"等词，我们赞同吕叔湘（1979：41）的观点，认为这类词是"辅助性的动词"，不是辅助动词的词。"辅助性"并不表示这类词失去了动词的属性，而是句法特征上发生了变化，区别于"情态动词"。按照陈望道的观点，这类词的功能是用于评价和衡量其后动词所表达的命题或事件。从抽象层面而言，这类词的功能主要表达情态意义，即说话人对命题或事件的主观态度与观点（Palmer，1986：16）。因此，"情态助动词"这个名称体现了"能、会、要"等词的词类属性与基本语义内涵。历时研究也表明，多数情态助动词是动词语法化的结果（刘利，2000；李明，2001；段业辉，2002；朱冠明，2002 等）。其实，即使是使用"助动词"的学者多数也认为"助动词"就是"情态助动词"，如赵元任（2002［1968］：365）、李纳与汤普森（1981：172）、李英哲等（1990：131）等。

需要指出的是，铁鸿业（Tiee，1986：220，转引自彭利贞，2007：86-87）指出助动词"会、应该"和副词"一定"都用作"情态助动词"，林宗宏将"必须"看作是情态助动词，而将"会、在"看作时态助动词。可见，即使是用"情态助动词"的学者仍不免对其范畴不确定。下面我们将详细探讨情态助动词的词类范畴。

第二节　词汇范畴

一　相关现象

情态助动词的词汇范畴一直较具争议。如下：

（52）a. 他可能去了学校。
　　　 b. 你敢坐过山车吗？

例（52）中两句都包含一个情态助动词，a 句为"可能"，b 句为"敢"。不同文献中，这两个情态助动词被分析为副词或动词，其属性并不容易弄明白。

吕叔湘（1979：41）指出情态助动词是"辅助性的动词"①，即将这类词列入动词的子类，但认为这类词是"有问题的类"，其中，表示可能与必要的情态助动词类似副词，而表示愿望的情态助动词接近带动词宾语的动词。吕先生指出情态助动词既可以与副词并列，又可以与动词并列，其词类范畴很难区分。如下：

(53) a. 可以并且曾经进行实地观察。
　　　 b. 他是参加了那个会的，应该知道，必定知道。
(54) a. 愿意并且实行和工农兵结合。
　　　 b. 他一不会抽烟，二不爱喝酒。

例（53）中，情态助动词"可以、应该"与副词"曾经、必定"并列；而例（54）中，情态助动词"愿意、会"与动词并列。并列测试表明，情态助动词分属于副词和动词两类。但例（53a）中"可以"并不表示可能，而是许可；（53b）中"应该"有歧义，既可以表推测，也可以表示义务。那么，表示可能与必要的情态助动词是否可以与副词并列呢？答案是肯定的，表推测的"可能"可以与副词"常常"并列。

(55) 我们可能并且常常犯错误。

而且，"可能"还可以与表道义的"应当、应该"并列，表许可的"可以"也可以与动词并列。如下：

(56) a. 我们完全可能而且应当去探索和把握客观的发展规律和大体趋向。
　　　 b. 你辞职可以，他接班不行。（Huang et al., 2009：107）

马庆株认为与情态助动词并列的副词实际上是陆俭明提出的作谓词的副词，因此，并列结构表明情态助动词属于动词。但考察发现，上述与情

---

① 吕叔湘的文献中将这类词命名为"助动词"，为方便起见，本书将这类词的命名统一为"情态助动词"。

态助动词并列的副词"曾经、必定、常常"并不在陆俭明所提出的可单说的谓词性副词范围之内①，这些词是否具有谓词属性有待进一步的论证。而且同一情态助动词既可以与副词并列，也可以与动词并列，可见单一的并列测试并非判断情态助动词词类范畴的可靠标准。

除并列测试外，另一条常用的谓词测试手段为"～不～"结构。多数学者（赵元任，2002［1968］：366；朱德熙，1982；马庆株，1989；李临定，1990；孙德金，1996；袁毓林，2010等）认为情态助动词可以出现在"～不～"结构中，因此属于谓词。

（57）a. 张三可不可能去了学校？
　　　b. 小明敢不敢坐过山车？
（58）a. *所有学生都不都去了学校？
　　　b. *张三刚不刚坐了过山车？

但也存在少数副词可以出现在"～不～"结构中。如下：

（59）a. 他常不常去学校？
　　　b. 你曾不曾听过他唱歌？

此外，有学者认为情态助动词能单独作谓词，可以说成"不X不"格式，能受程度副词"很"修饰，因此区别于副词。（刘坚，1960）但如前面所提到的，部分副词也可以单独作谓语。而且，"不X不"格式和受副词"很"修饰没有概括性，部分情态助动词并不具有这两个特征，因此不能作为区分标准。（梁式中，1960）

（60）a. *不配不去，*不爱不去
　　　b. *很肯，*很应该

---

① 陆俭明提出的可以单独作谓语的副词有37个，包括：必须、别、不、不必、差不多、差（一）点儿、趁早、迟早、当然、敢情、刚好、何必、何苦、互相、快、马上、没、没有、没准儿、难免、偶尔、亲自、顺便、同时、未必、幸好、也许、一共、一块儿、一起、早晚、照常、照旧、照样、自然、总共、准保。

也有学者认为情态助动词可以肯否重叠式提问、可用"不"或"没"否定、可加程度副词这三个特征中任何一个都可以区别于副词。（孙德金，1996）但三个特征任选其一并不能有效区分情态助动词与副词，如范围副词"都、只、光"可以用"不"否定，副词"常、曾"也可以加程度副词。

　　（61）a. 他不常去学校。
　　　　　b. 清末宗室有几位很常上台串演，这也是他们会寻乐地方。
　　（62）a. 他不曾去过学校。
　　　　　b. 蒋母王氏更曾一度皈依佛门、带发修行。

但孙德金又指出这些标准不是绝对的，如"得（dei）"只有肯定用法。其实，孙德金提出的三条标准都不适用于"得（dei）"，但他仍认为"得（dei）"属于情态助动词。可见，作者在判断词类范围时，仍参考了词语的语义内涵。

林若望与汤志真（1995）较为成功地解释了情态助动词的谓词属性，指出情态助动词可以出现在句末，而且可以被否定，可以构成"～不～"问句，但副词一般不出现在句末。

　　（63）a. 你应该这样做。
　　　　　b. 你这样做（不）应该。
　　　　　c. 你这样做应该不应该？
　　（64）a. 他显然很不高兴。
　　　　　b. * 他很不高兴显然。

其次，情态助动词能出现在"比"字结构中。

　　（65）你这样做比他那样做更不应该。

再次，受孤岛效应影响，疑问副词"为什么"和"～不～"操作词都不能出现在情态助动词的主语从句中。

（66）a. ＊你为什么这样做不应该？

　　　b. ＊小孩子抽不抽烟不应该？

　　最后，情态助动词可以连用，并且情态助动词与其后面的动词都可以被否定。

（67）a. 他不应该不会不来。

　　　b. 他不可能不会不愿意来。

　　例（63）中情态助动词既可以出现在主语之后，也可以出现在句首或句尾，但例（65）中情态助动词以句子主语为唯一论元。如果情态助动词以主语从句为唯一论元，那么例（63）中情态助动词移位到主语从句的动词之前违背了中心语移位限制，因为主语从句的中心语位置并非管辖情态助动词的最大投射。林若望和汤志真又通过情态助动词与原因状语从句、情态助动词与话题句表明情态助动词带宾语从句，并认为表道义的情态助动词和表推测的情态助动词具有相同的句法结构，都属于提升动词，带宾语从句。如此一来，例（66）中的孤岛效应又不能得到合理的解释。

　　上述研究虽然表明情态助动词属于谓语中心词，但基于形式语法的解释需进一步完善。此外，情态助动词在一些句法特征方面又不同于典型动词，而与副词相同，如不能重叠，也不能带时态助词"了、着、过"，亦不能带体词宾语。（语法小组，1953）

（68）a. ＊能能、＊肯肯

　　　b. 能（＊着）唱、肯（＊了）唱

　　　c. ＊能 NP、＊肯 NP

　　因此，有学者将情态助动词归入作状语的副词。（陶炼，1995）但真谓宾动词①（即带真谓词宾语的动词）也不具有上述句法特征，如"觉

————————

　　① 该术语是朱德熙最先提出，其他学者还使用了其他术语，如蔡文兰的"带非名词性宾语的动词"，为统一行文，本书一律用真谓宾动词。

得、企图"等，依据这些特征将这些词归入副词显然不太合适。

　　朱德熙（1982：61）就指出情态助动词是真谓宾动词的一类，但并未说明两者是否有差异。李人鉴、蔡文兰（1986）也都探讨了真谓宾动词的句法特征，但都未谈及该问题。傅雨贤、周小兵（1991）首次分析了情态助动词与真谓宾动词有差异，认为真谓宾动词可以受"别"修饰，可以带补语和时量短语；情态助动词则不能。

　　（69）a. 别同意去、别打算去
　　　　　b. *别可能、*别可以
　　（70）a. 打算好了、打算了好久
　　　　　b. *可能好了、*可能了好久

　　但并非所有情态助动词都不可以受"别"修饰，表意愿的情态助动词就可以受"别"修饰。

　　（71）a. 你别不肯去。
　　　　　b. 你别不敢说。

　　"别"用在祈使句里表示劝阻或禁止，是"不要"的合音，（朱德熙，1982：65）属于道义情态助动词，可以与动力情态助动词连用，表示说话人劝阻、禁止听话人（不）具有某种意愿。但表道义的"别"不能后接认知情态助动词，违背了情态助动词连续连用限制条件（彭利贞，2007：436-437）。

　　高更生等（2001：94-95）探讨了真谓宾动词的分类，其中并未包括情态助动词，可见他们已经将情态助动词与真谓宾动词分别对待。但他们并未具体分析真谓宾动词的句法特征及其与情态助动词的差异。

　　情态助动词的词类范畴及其与真谓宾动词的句法差异仍值得进一步研究。假设情态助动词是动词的一个小类，那么依据什么句法特征能确定情态助动词的动词范畴？情态助动词和其他真谓宾动词有什么差异？本章将回答这两个问题。基于朱德熙（1982：61）的情态助动词范围，本书将结合新的语言事实重新探讨情态助动词的动词范畴，并通过形态特征和谓词宾语特征讨论其与真谓宾动词、其他情态词的差异。

情态助动词在时间状语、否定、移位、副词修饰语和"~不~"格式上表现出谓词中心语的特征，属于真谓宾动词的一类，但在能否带时态助词、能否单说、能否用时态副词"正"修饰、能否在"~不~"的格式里构成一般问句等形态特征上区别于真谓宾动词。情态助动词既可以带主谓结构的谓词宾语，又可以带非主谓结构的谓词宾语，这与真谓宾动词相似。

接下来我们将简要介绍朱德熙提出的情态助动词特点及范围；探讨情态助动词分析为谓语中心词的相关证据；讨论情态助动词的语法化；分析情态助动词与真谓宾动词的差异；探讨情态助动词与其他情态词的差异；最后分析估价类情态助动词的词汇范畴及句法特征。

二 朱德熙

朱德熙（1982：61）指出情态助动词包括"能、能够、会、可以、可能、得、要、敢、想、应该、应当、该、愿意、情愿、乐意、肯、许、准、（不）配、值得"等。从语义上，朱先生将情态助动词分成以下几类：第一类表可能，包括"能、能够、可以、会、可能、得"；第二类表意愿，包括"敢、肯、愿意、情愿、乐意、想、要"；第三类表情理上或事实上的需要，包括"应、应该、应当、该"；第四类表示允许、许可，包括"许、准"；第五类表示估价，包括"值得、配"；还有几个属于特殊用法，如"别、甭"用在祈使句里表劝阻或禁止，可以归类到允许、许可这一类，形容词"好、难、容易、好意思"[1] 则属于具有助动词用法的词，可以排除在情态助动词之外。

根据帕尔默（2001）对情态助动词的类型学研究，上述五类情态助动词可以进一步归为三类：第一类为认知情态助动词，第二类为动力情态助动词，第三类和第四类为道义情态助动词。这三类情态助动词的语义内涵及其范围基本获得学界的认可。因此，我们主要考察这三类情态助动词。不同于朱先生的是，我们将表主观能力的"能、能够、可以、会"归为动力情态，因为表主观能力的情态助动词明显不同于表可能的情态助动词，

---

① 这类形容词不同于谓宾动词在于：形容词"容易、好、高兴"可以带补语"得很、极了"，而谓宾动词不允准（带"得"字的合成动词除外，这些合成词的前一个词一般也是形容词，如乐得、懒得、值得、显得等）。但"好意思"的句法属性较难判断，《现代汉语词典》认为属于动词，但"好意思"可以用"不"否定，否定后还可以被程度副词修饰，带补语"极了"，从这一点看属于形容词。

两者在语义限制、情态助动词的位置、被动结构等上具有显著差异。前者不允准无生命主语，后者允准，如例（72）；前者不能出现在句首，后者可以，如例（73）；前者的被动结构与主动结构具有不同的真值条件，而后者的主被动结构真值条件不变，如例（74）。

> （72）a. ＊这本书能够涨价了。
>
> 　　　b. 这本书可能涨价了。
>
> （73）a. ＊能够这本书涨价了。
>
> 　　　b. 可能这本书涨价了。
>
> （74）a. 张医生能对付那个病人。≠＊那个病人能被张医生对付。
>
> 　　　b. 武松可能打死了老虎。＝老虎可能被武松打死了。

其次，考虑语义上的一致性，将具有许可义的"能、能够、得（de）、可以"归类为道义情态助动词。此外，第五类表示估价的动词争议较大，如丁声树等、赵元任、傅雨贤、周小兵等并未将其列入情态助动词范畴。因此，我们将在本章最后一节单独探讨这类词的词汇范畴及特征。

依此，朱德熙（1982：61）所提出的情态助动词可以分为以下几类：

认知情态助动词：会$_1$、能$_1$、可能

道义情态助动词：应、应该、应当、该、许、准、能$_2$、能够、得（de）、可以$_1$

动力情态助动词：敢、肯、愿意、情愿、乐意、想、要、能$_3$、能够、可以$_2$、会$_2$

三　动词说的句法证据

情态助动词属于谓词中心语，主要表现在以下几个方面：

（一）时间状语

表意愿的动力情态助动词"肯、愿意、情愿、乐意、想、要"带动词组宾语，允准两个时间状语分别修饰情态助动词和子句动词组，这表明情态助动词事件与子句事件属于两个相对独立的事件。

> （75）a. 张三刚才死活不肯下个月去上海。
>
> 　　　b. 小明昨天要下周参加我们的讨论会。

例（75a）中，情态助动词"肯"受时间状语"刚才"修饰，子句事件"去上海"受时间状语"下个月"修饰。例（75b）中，情态助动词"要"受时间状语"昨天"修饰，子句事件"参加我们的讨论会"受时间状语"下周"修饰。例（75）中的两个时间状语既不是并列结构，也不是同位结构，而是不同子句的时间短语投射。这与其他带事件子句的动词结构类似。

（76）a. 老赵昨天计划下个月去一趟北京。

　　　b. 小明和小丽昨天请王经理下周参加他（她）们的婚礼。

道义情态助动词结构只允准一个时间状语，但时间状语在情态助动词前或后，句子的语义相差较大。

（77）a. 市民明天可以$_1$免费逛公园。

　　　b. 市民可以$_1$明天免费逛公园。

（78）a. 我们下周应该参加学校的活动。

　　　b. 我们应该下周参加学校的活动。

例（77a）和（78a）中，时间状语语义辖域高于情态助动词，情态助动词事件仅与时间状语相关，子句事件的时态依附于主句事件。例（77b）和（78b）中时间状语语义辖域高于情态助动词，情态助动词事件只与说话时间相关，子句事件与时间状语关联。

认知情态助动词结构也只允准一个时间状语，且时间状语在其前或后，句子的基本语义不变。

（79）a. 小明昨天可能已经逛了颐和园了。

　　　b. 小明可能昨天已经逛了颐和园了。

（80）a. 他明天会$_1$一大早就出发。

　　　b. 他会$_1$明天一大早就出发。

认知情态助动词以命题子句为宾语，只与说话时间相关，其前面的时间状语和主语都是子句成分话题提升而来，因此句子的基本语义不变。以上分析表明情态助动词所表达的事件和其动词组宾语所表达的事件都可以被不同的时间状语修饰，表明情态助动词的谓词属性。

但表意愿的"敢"、表能力的动力情态助动词"能₃、能够、可以₂、会₂"只允准一个时间状语，且必须位于情态助动词之前。如下：

（81）a. 张三去年不敢一个人外出。
　　　b. * 张三不敢去年一个人外出。
（82）a. 宝宝昨天能₃走路了。
　　　b. * 宝宝能₃昨天走路了。

假设"敢、能₃、能够、可以₂、会₂"属于谓词中心语，被时间状语修饰，其后动词组所表达事件的时态依附于情态助动词事件，那么，子句不允准独立的时间状语。

（二）否定

绝大多数谓词中心语都能受否定词"不"或"没"修饰，因此能否被"不"或"没"修饰是判断谓词中心语的另一条重要特征。（刘坚，1960；赵元任，1968：731—735；吕叔湘，1979：38；郭锐，2002：189；袁毓林，2010：63 等）假设汉语的否定标记"不"属于功能投射中心，每个句子能有且只有一个这样的否定功能中心。（陈莉等，2013）情态助动词及其后面的动词都可以被否定词"不"修饰，这表明情态助动词属于谓词中心语。

（83）a. 小明不敢去上学。
　　　b. 小明敢不去上学。

例（83）中情态助动词"敢"可以被"不"修饰，其后的动词组也可以被"不"修饰，两者的意义完全不相同。情态助动词与否定词之间的语义辖域严格遵循线性次序，即否定词"不"只与其成分统治的最近谓词成分关联，不与其成分统治的其他谓词成分关联，也不与其前面的谓词成分关联。情态助动词与其后的动词组可以同时被不同的否定词"不"修饰，这表明（83）中两句的语义差异并非否定或情态助动词移位而来。

（84）小明不敢不去上学。

例（84）中"敢"和"去上学"都被否定词修饰，且两个否定词并不构成双重否定表肯定的结构，即该句并不表达"小明敢去上学"。

如果情态助动词连续连用，则句中可以有多个否定词"不"。如下：

（85）a. 小明不可能不敢不去上学。
　　　b. 老赵不会₁不肯不雇用小明。

例（85）中，存在连续连用的情态助动词以及其他动词，两个情态助动词和动词都分别被一个独立的否定词"不"修饰，因此，这两个情态助动词属于不同句子的谓词中心成分。① 将情态助动词分析功能中心较难解释多个否定中心在句中同现的现象。但表能力的"可以₂"的否定使用与原词不同的词语。表能力的"可以₂"的否定式只能用"不能₂"，而不是"不可以₂"。"可以₂"的否定式只表示道义上的不允准，而不表能力（朱德熙，1982：62）。

（86）a. 骆驼可以₂好几天不吃东西。
　　　b. 骆驼不能₂好几天不吃东西。

相原茂基于朱德熙的研究分析了情态助动词的否定形式，认为"肯定、必须、要₁（表可能）、要₂（表意愿）、得₁（dei）"没有相应的否定形式。事实上，除"要₂"外，其他词均不在朱先生的考察范围之内，不属于情态助动词，因此本书暂不讨论。下面我们具体考察"要₂"的否定形式。

（87）a. 我要₂进城去。
　　　b. ＊我不要₂进城去。

---

① 现代汉语中少数副词也可以出现在多否定词结构中。
（1）装出不太不高兴的样子。（2）全国报业经济发展不很不平衡。但这类结构明显区别于情态助动词的多否定词结构。语义辖域上，前者是对其后面的整个谓词短语的否定，后者仅仅否定其后的情态助动词。语音上，"不"并不与其后的副词构成一个韵律单位，而后者"不"只能与其后的情态助动词构成一个韵律单位。

相原茂指出"要₂"的否定形式分别是"不想、不用"。但在现代汉语语料库中，大量存在表愿望的"要₂"的否定式用"不要"的用例，"要"也可以用"要不要"提问。

（88）a. 我不要₂做烈士，我要₂做一个战士……

b. 你要₂不要₂救他？要₂救他。好了，向资本家低头吧。

（CCL）

（三）动词组的移位与删除

动词组的移位和删除是判断谓词中心语的第三条重要特征。（蔡维天，2010）情态助动词之后的动词组在一定条件下可以移位到句首，从而形成情态助动词单独位于句末的结构，因此，情态助动词属于谓词中心语。

（89）a. 一个人在野外过夜，小明不敢。

b. 抛弃自己的战友，老赵绝对不肯。

例（89a）中，情态助动词"敢"之后的动词组移位到句首，句子合法。例（89b）中情态助动词"肯"之后的动词短语移到句首，句子合法。蔡维天指出移出句法成分留下的语迹必须受中心语管辖，所以情态助动词允准其后的动词组移位，而作为状语或指示语的副词则不能允准。

（90）a. *不肯去县城，阿Q完全。

b. *肯去县城，阿Q大概。

情态助动词的谓词中心语特征还可以通过动词组删略来测试。如下：

（91）a. 阿Q大概肯去县城，小D也肯。

b. *阿Q大概肯去县城，小D也大概。

例（91a）中，情态助动词"肯"允准其后的动词组删除；但（91b）中，副词"大概"后的动词组删除则句子不合法。

动词组移位和删除测试表明情态助动词属于谓词中心语，但并非所有情态助动词的动词短语都能通过移位测试。表推测的认知情态助动词一般不允准其后的动词组移位到句首。

（92） a. *t_i在家，小李$_i$会$_1$。
　　　b. *t_i做完了作业，李四$_i$可能。

认知情态助动词以命题或事件子句为宾语，属于提升动词。因此，例（92）中主句主语是子句主语提升而来。动词组移位后，子句主语语迹 t_i 不能受到先行语的先行管辖，违背了空语类原则，所以句子不合法。

（四）副词修饰语

能否被副词修饰是判断谓词中心语的第四条重要特征。情态助动词能被副词修饰，属于谓词中心语。[①]

（93） a. 他只会$_2$读书。
　　　b. 小明也许敢坐过山车。
　　　c. 张三还可以$_1$参加我们的活动。
　　　d. 他大概能$_1$猜到结果。

例（93）中，副词仅修饰其成分统治的最近谓词中心语，即修饰情态助动词，而不修饰情态助动词之后的动词组。

情态助动词还可以被程度副词"很"修饰。

（94） a. 他很能$_3$喝酒。
　　　b. 我们很可以$_1$相信，以农为生的人，世代定居是常态，迁移是变态。
　　　c. 我很可能掉了钱包。

但并非所有情态助动词都可以。梁式中认为"会、要、敢"不受

---

① 但需要注意的是，副词修饰副词也是一种常见的句法现象。汉语中，程度副词与否定副词可以互相修饰，如"最不、很不、不很、不十分"；否定副词也可以修饰情态副词，如"不一定、没准"。因此，这一特征并不能区分情态副词与情态助动词。如何区分情态副词与情态助动词，我们将在第四节展开论述。

"很"修饰，但现代汉语中"会$_2$、敢"能被"很"修饰。

（95）a. 他很会$_2$讲话。

b. 我是很敢讲话的，可是我会笑嘻嘻地跟你讲……

除"要"外，表认知的"会$_1$、能$_1$"和表道义的"准、许、能$_2$、能够"都不能被"很"修饰。

（五）"～不～"选择问句

"～不～"选择问句是判断谓词中心语的第五条重要特征。情态助动词能构成"～不～"正反问句，属于谓词中心语。

（96）a. 他会$_1$不会$_1$读书？

b. 小明敢不敢坐过山车？

c. 张三可不可以$_1$参加我们的活动？

d. 他能$_{1/3}$不能$_{1/3}$猜到结果？

虽然大部分学者（如赵元任，2002［1968］；吕叔湘，1979；朱德熙，1982；黄锦章，1989；袁毓林，2010 等）认为"～不～"选择问句是判断汉语谓词的主要标识，但仍存有少数例外。黄锦章指出部分介词也可以用于"～不～"选择问句。如下：

（97）a. 他打不打檀香山过？

b. 你到底向不向他借钱？

此外，少数副词也可以用于"～不～"选择问句。①

（98）a. 你常不常去看电影？

b. 你到底曾不曾深爱过？

陆俭明指出"不曾"属于能单说的副词，"常"虽不在其所提能单说

---

① 潘海华老师在笔者开题答辩时指出副词"常"可以用于"～不～"选择问句。

的副词之内，但部分被调查者认为"常"能独用。陆先生指出副词独用是口语里句法成分大量省略的产物，但为什么只有这些副词能独用？这个问题值得进一步研究。

　　我们认为副词来源于动词或形容词，具有谓词属性。根据黄正德等（2009：9-37）的观点，副词的语类特征可以表示为 [Fn, +/-N, +V]，其语法化历程可以通过功能语类特征 Fn 上的值加以区分，表现为副词与谓词之间的差异程度。F0 表示词汇语类，不是功能语类。F1 表示语法化程度较低的谓词，F2 表示语法化程度较高的谓词，依此类推。副词"常、曾"语法化程度较低，具有 [F1, +/-N, +V] 特征，除能单说，允准"~不~"选择问句，还可以被否定词"不"修饰，可以被程度副词"更"修饰。

　　（99）a. 他不常去看电影。
　　　　　b. 他不曾深爱过你。
　　　　　c. 汉语比一般语言更常省略。
　　　　　d. 希特勒更曾大力鼓吹日耳曼种族纯洁优秀论，以便实现其野心。

但这类副词及其"~不~"格式都不能出现在句尾。

　　（100）a. *去看电影，他不常。
　　　　　　b. *他去看电影，常不常？

（六）单独作谓语

情态助动词都能单独作谓语，这是动词最常见的语法功能之一。

　　（101）a. 我肯。
　　　　　　b. 这不可能。

　　朱德熙所提出的大多数情态助动词都能单独作谓语，但"该、得（de）"不能，与情态助动词"应、必、须、得（dei）"等相似。

（102）a. ＊他该。

　　　　b. ＊他（不）得。

　　郭锐（2002：189）指出99.8%的动词可以单独作谓语，但是需要通过其他句法成分或句法结构来允准，句法成分如状语、时体助词、语气词等，句法结构如"～的"的包含结构、祈使结构、对比结构、答话等。例（101）中情态助动词单独作谓语的情形一般出现在会话结构中，但（102）中情态助词在会话结构中也得不到允准。

　　综上所述，朱德熙所提出的大多数情态助动词"能、能够、会、可以、可能、要、敢、想、应该、应当、愿意、情愿、乐意、肯、许、准"能被时间状语修饰，能被否定词"不"修饰，允准其后的动词组移位或删除，可以被副词修饰，可以构成"～不～"选择问句，能单独作谓语，因此属于谓词中心语。但这些特征并不能区分带真谓词宾语的形容词，如"难、容易、好意思"。情态助动词是动词还是形容词呢？袁毓林（2010：321）指出动词和形容词区分的一个重要语法功能是：形容词前加"很"，后加"地"可作状语修饰动词。

（103）a. 他很不好意思地笑了笑。

　　　　b. 我们这些生活在国外的中国人常常被人瞧不起，那个时候就会很容易地被李小龙的中国心所感染。

（104）a. ＊他很可能地接受了我们的建议。

　　　　b. ＊他很肯地接受我们的建议。

　　根据这个特征，情态助动词区别于带谓词宾语的形容词。

四　情态助动词的语法化

　　上一节我们从句法形态上论证了汉语情态助动词的动词范畴。但也有学者分析其历时演变，认为情态助动词已经演变为副词，如王力（1984〔1946〕：107-108）曾指出部分情态助动词在上古是动词，但到唐宋以后已经演变为副词。从唐宋律诗的排偶可以看出，"能、可、须"等和副词或虚词对仗，表明其动词属性已经发生变化。① 但吕叔湘（1979：41）指出现代汉语情态助动词可以与动词构成并列结构，并非只能与副词并列。情态助动词的历时演变是一种什么情形？王力（1989：242-254）的研究表明：第一，部分情态助动词在上古时为带体词宾语的动词，但又很快用作助动词带谓词宾语。但二者之间演变时间不清晰，如"能"在《书》、《论语》等著作里既可以带体词宾语，又可以带谓词宾语。第二，除"可以"外，其他基本为单音节动词，现代汉语中多数词已经不能单独回答问题。

　　我们认为情态助动词从动词演化而来，且这一演变在上古时期便已经存在动词与情态助动词并存的现象，如"能、欲"，但上古之前的演变已无文献可以考据。现代汉语中，"能"具有多种情态意义，但已经没有带体词宾语的用法。而"欲"则已不用，被"要"所替代。现代汉语中"会、要"也存在带体词宾语和谓词宾语共存的现象。其中，"会"字是唐宋以后才出现的，但一般带谓词宾语，未见带体词宾语现象。"要"字在唐宋以后出现并代替"欲"，既可以带体词宾语，也可以带谓词宾语。该用法一直保留到现代。动词演变为情态助动词并不意味着其动词属性发生了变化，这可能是自马建忠以来，多数学者赞同情态助动词是一种动词的观点。但动词也可能演化为副词或词缀，在句法形态上区别于情态助动词。

　　情态助动词处于词汇动词到语法功能成分的演化过程中安德森（Anderson，2006），表现在一系列的句法语义特征上。根据这些特征，我们可以判断一种语言中情态助动词的语法化程度。雷曼（Lehmann，2002）提出测试词汇词语法化的六个参数，分别是完整性（integrity）、聚合关系（paradigmaticity）、聚合关系的可变性（paradigmatic variability）、结构辖域（structural scope）、约束性（bondedness）和组合关系的可变性（syntagmatic variability），用以说明不同语言中词类的语法化程度的弱强。其内容如表3—1所示。

---

① 下面是王力从宋诗中摘抄出的部分例子：

（1）旧约鸥能记，新诗雁不传（周孚《元日怀陈逸人》）。（2）水真绿净不可睡，鱼若空行无所依（楼钥《顷游龙井》）。（3）药酿时须焙，舟闲任自横（陆游《秋雨排闷》）。

表 3—1 雷曼的语法化参数和语法化处理机制

参数	弱语法化	进程	强语法化
完整性	语义特征束，可能是多音节	磨损	较少的语义特征；音节较少或单音节
聚合关系	词项在语义场中使用不严格	聚合化	少量的、紧密结合的聚合体
聚合关系的可变性	根据交际意图自由选择词项	强制使用	词项的选择严格受限，并强制使用
结构辖域	词项与任何复杂度的成分相关联	缩合	词项修饰词或词干
约束性	词项独立并置	合并	词项是词缀，甚至是词项携带者的语音特征
组合关系的可变性	词项可以自由移位	固定化	词项占据固定的位置

　　表 3—1 为我们探讨汉语情态助动词的语法化程度提供了一个参照。但汉语属于形态不丰富的孤立型语言，聚合关系和聚合关系的可变性并不能作为汉语语法化的参考参数。下面我们将基于雷曼的语法化理论体系具体探讨以下几个问题：汉语情态助动词的语法化程度弱还是强？情态助动词内部是否存在不同程度的语法化现象？

　　（一）完整性

　　词项的完整性在于该词项区别于其他词项，保证它在词语组合结构中的凸显。词项的语法化会通过磨损影响到词的完整性，包括形式磨损和语义磨损两部分。形式磨损主要是词的语音磨损和形态磨损为词缀。

　　大部分情态助动词的语法化并没有语音磨损，[①] 但王力（1989：245-248）指出"得"字在上古为可能式情态助动词，到唐宋以后移到动词之后表示某种动作是能做的或可以做的，后面还可以再嵌入一个宾语。

　　（105）a. 君子之至于斯也，吾未尝不得见也。（《论语·八佾》）
　　　　　　b. 某自小不知味，实进不得。（《唐卢口逸史·吕生》）

---

　　① 本书区分语音变化和语音磨损。任何字词从古汉语至今都发生了较大的语音变化，但语音磨损强调的是音节完整性的改变和语音的轻声化。

　　　　c. 周子看得这里熟。(《朱子语类》四纂卷一)

　　在《红楼梦》里都可以写成"的"字,说明其语音发生了磨损,变为轻声。《现代汉语词典》指出"得"表示可能、可以,为轻声,用于动词后,或动词和结果补语之间。吕叔湘(1979:48)就把动词和结果补语之间的"得"看成是中缀。

　　(106)　a. 说的林黛玉噗嗤一声笑了。(《红楼梦》第二十三回)
　　　　　　b. 他去得,我也去得。(《现代汉语词典》)

　　语义磨损指的是语义的虚化,即失去了前情态动词意义而加上了新的语法意义。相关历时研究表明,情态助动词的语义演变情况复杂,并非简单的语义磨损。有些词具有多种情态意义,但情态意义之间的演化关系较难判断;有些词只具有一种情态意义,并一直沿用至今。下面我们简要举例说明。

　　根据《说文解字》,"会"本义为会合。该用法现在已经消失,并与其后的动词经过词汇化形成新的双音节词,如"会合、会晤、约会"等。情态词"会"表学习得来的能力发生在唐宋以后(王力,1984[1946]:103)。① 蒋绍愚(2007)进一步指出"会"在唐、五代时还可用作动词,带体词宾语或谓词宾语,表知晓;较少用作助动词,表能够。两者的区别是动词是表达"知"的能力,助动词是表达"行"的能力。到宋代,"会"已经普遍用作助动词,只能带谓词宾语,表达动力和道义情态意义。② "会"的演变过程如图3—1所示。

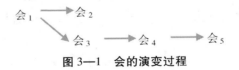

图 3—1　会的演变过程

---

　　① 吕叔湘指出,"能"也可以表示学习得来的能力,但以用"会"为常。表恢复某种能力时,只能用"能",可见"会"和"能"还是有所区分的。

　　② 蒋绍愚指出"会"在宋代仍具有动词用法,可以跟时体助词"得、了",可以受助动词"能"修饰,可以单独用表疑问或用肯定否定形式构成反问句。问题是这些特征在唐、五代的用例中都不存在,需要进一步研究。本书主要关注现代汉语,故暂不展开讨论该问题。

其中，"会₁"表示人或生物与生俱来或后天学习所具有的某种能力；"会₂"表示善于，是充分具有某种能力的意思；"会₃"表示人或生物发出的某种具体动作；"会₄"表示条件和结果的逻辑联系；"会₅"表示可能。

"会"的演变分析表明情态意义之间相互关联，动力情态可以发展出认知情态，其结果是"会"更具主观性，即"会₁、会₂"是表示事物的客观属性，处于动词到情态助动词演变的过渡阶段；"会₃、会₄、会₅"具有较大的主观性，属于情态助动词。但"会"在《乐府诗歌》里便已经表示必然，如"吾已失恩义，会不相从许"，表能力的"会"则是后起的用法。这较难用语义磨损解释。此外，动词"会"带体词宾语和带谓词宾语都表知晓，与带谓词宾语的"会₁"意义接近。

根据《说文解字》，"能"本义为一种像熊的动物，现已不用。"能"在春秋时期已经具有表能力、可能和允许的情态意义（朱冠明，2003），并一直沿用至今。朱冠明认为"能"的情态意义演变顺序为：能力>允许>可能。但表可能的"能"最早出现在西周金文里，如"我不能不睪县伯万年保"，且用例不多（伍振玉，2008；黄天树，2008）。如果"能"一开始便表"可能"，则其主观性程度较高，这种从认知情态义发展到各种情态义并存的现象较难用语言演化的主观化（蔡维天，2010）来解释。

"敢"在西周金文里用例已经较多，都只用于否定结构，分两类：一类可以前加否定副词"毋"，后加另一否定词"不、弗"，解释为可以、能够；一类前加否定词"不、弗、勿、无、非"，后可加"弗、不"，表冒昧、胆敢（伍振玉，2008）。第一种语义现在已经消失，而第二种一直沿用至今。

"肯"在《说文解字》中解释为"骨间肉肎肎着也"，即长在骨骼之间的筋肉，紧紧附着在骨头上。"肯"在春秋战国时期就已经用来表示应允、同意、愿意的意思，如"莫肯我顾"（《诗·魏风·硕鼠》，转引自在线《汉典》）、"太后不肯"（《战国策·赵策》，转引自在线《汉典》），一直沿用至今。

上述分析表明，情态助动词极少发生语音磨损，语义磨损现象情况复杂，部分词情态语义一直沿用至今。这可能是汉语词汇的分析性所产生的结果。

（二）结构范围

结构范围指的是词项与其他成分组合的结构大小（雷曼，2002：12），即词项与不同补足语的相容性。词项的语法化意味着词项的补足语可选范围较小。根据朱德熙（1982：50）的观点，情态助动词属于真谓宾动词，其补足语的结构范围较大，既可以带单个的动词或形容词作补足语，也可以带主谓结构、述宾结构、述补结构、连谓结构或谓词性偏正结构作补足语。绝大多数情态助动词只允准谓词补足语，但"会、要"例外，允准体词性补足语。①

> （107）a. 张三会一门手艺。
> 　　　　b. 小明要了一笔钱。

　　部分认知情态助动词的补足语子句可以带时体助词，允准时体副词，比非认知情态助动词具有更大的灵活性。

> （108）a. 张三可能去过上海。
> 　　　　b. 小明应该已经完成了教学任务。
> （109）a. 张三肯去（﹡过）上海。
> 　　　　b. 小明敢（﹡已经）做这个项目。

（三）约束性

　　约束性指的是一个词项和另一个与其具有组合关系的词项相联系的亲密度。词项的约束性程度从并置（juxtaposition）到兼并（merger）②，与语法化程度成正比。（雷曼，2002：131）从约束性看，汉语情态助动词的语法化程度低。赞同动词论的学者都认为情态助动词带谓词宾语，且谓词宾语并非名词化成分，因此，情态助动词与其后的动词属于不同句子层面，是并置关系。即使赞同兼类论的王力（1984［1946］：99-100）也指出情

---

①　这与土耳其语和德语类似，非认知情态助动词允准名词短语作补足语莫特尔曼斯等（Mortelmans et al., 2009）。

（1）a. Hij moet en zal een snoepje

He must. PRS and shall. PRS a candy

"He insists on having a candy."（Dutch）

b. Er kann es, er muss es, er darf es

He can. PRS it, he must. PRS it he may. PRS it

"He is able to do it, he must do it, he may do it."

②　此处的 merger 并非最简句法上的"合并"，故翻译为"兼并"，指两个并置的句法成分中的一个失去其并置的地位，变成另一成分的修饰成分。

态助动词并不修饰其后的动词短语，即不具有限制性，不同于一般修饰动词的副词。情态助动词与其后的动词之间还可以插入不同类型的副词，这表明其约束性较低。约束性较高的"得"则不可以。

> （110）a. 张三应该昨天下午悄悄地去学校。
>   b. 张三吃（＊昨天）得完这碗饭。

（四）组合关系的可变性

词项组合关系的可变性指的是词项可以出现在不同的句法位置。情态助动词的组合关系具有较高的可变性，可以出现在句中或句尾，甚至可以出现在句首，能独立作谓语。而语法程度高的时体标记"了、着、过"虽然也是从动词演化而来，但其句法位置非常固定，可变性低。

> （111）a. 张三应该做这件事。
>   b. 张三做这件事应该。
>   c. 应该张三做这件事。

情态助动词不仅可以出现在动词之前，也可以出现在动词之后，作为其他动词的补足语子句动词。

> （112）a. 小明希望能去一趟上海。
>   b. 小李计划要开一家公司。

部分情态词具有较低的可变性，必须附着在另一动词上，不能独立，如表能力、可能的"得（de）"。关于"得"的用法，我们还会在后面详细讨论。

情态助动词的语法化研究表明情态助动词并没有语音和语义上的磨损；可以带不同类型的谓词宾语；与其后的谓词宾语属于并置关系，约束性较低；句法位置比较灵活，组合关系的可变性较高。依此，我们认为情态助动词具有较低的语法化或不具语法化，仍属于词汇动词。论证过程中，我们也发现情态助动词与其他情态词在语法化上表现出不同的特点，应区别对待。下面我们将分别讨论情态助动词和真谓宾动词以及其他情态词的差异。

五　情态助动词与真谓宾动词

朱德熙（1982：59-61）指出真谓宾动词包括"觉得、希望、赞成、打算、以为、认为、感到、能、应该"等，其宾语"可以是单个的动词或形容词，也可以是主谓结构、述宾结构、述补结构、连谓结构或由副词充当修饰语的偏正结构"。情态助动词属于真谓宾动词的一类，只能带谓词宾语，不能带体词宾语，不能带时态助词"了、着、过"，不能重叠，可以放在"~不~"的格式里，可以单说。

（113）a. 可能/可以/肯去上海
　　　　b. *可能/可以/肯这本书
（114）a. *可能了/着/过
　　　　b. *可以了/着/过
　　　　c. *肯了/着/过
（115）a. *可能可能
　　　　b. *可以可以
　　　　c. *肯肯
（116）a. 可（能）不可能
　　　　b. 可（以）不可以
　　　　c. 肯不肯
（117）a：他可能/可以/肯去上海吗？
　　　　b. 可能/可以/肯。

但情态助动词的这些特征并不能区别于其他真谓宾动词。

（118）a. 他们觉得这个建议好不好？
　　　　b. *他们觉得这个建议好。
　　　　c. 他们觉得（*了/着/过）这个建议不好。
　　　　d. 他们觉（得）不觉得这个建议好？
　　　　e. 他们觉得这个建议好吗？——觉得。
（119）a. 张三认为李四去了北京。
　　　　b. *张三认为李四去了北京？

　　　　c. 张三认为（＊了/着/过）李四去了北京。

　　　　d. 张三认（为）不认为李四去了北京？

　　　　e. 张三认为李四去了北京吗？——认为。

　　"觉得、认为"属于真谓宾动词，但一般都不归入情态助动词。情态助动词与其他谓宾动词的差异是什么？下面我们将从形态和谓词宾语的句法特征两方面来探讨该问题。

（一）情态助动词的形态

　　首先，情态助动词都不能带时态助词，[①] 但部分真谓宾动词可以。蔡文兰指出表示建议主张的动词可以带"过"，如"提议、建议、倡议、主张"等；部分表心理活动的动词也可以带"着"，如"想、幻想、渴望、希望、打算、准备、算计、怕"。

　　（120）a. 我以前也曾提议过外出做事。

　　　　　　b. 他幻想着将来能当个开卫星的人。

　　除此之外，用"以"构成的合成词也可以带"了"。

　　（121）a. 并请有关专家、学者对学生的讨论加以了点评和引导。

　　　　　　b. 劳斯对此致以了崇高的敬意。

　　假设所有情态助动词都不能带时态助词，依此可以将情态助动词与表建议主张的动词、用"以"构成的表示处置义的动词和部分表示心理活动的动词区别开来。

　　其次，除"应、得"外，情态助动词都可以单说。而真谓宾动词中，大部分都不能单说。根据蔡文兰的研究，不能单说的真谓宾动词[②]主要包括：用"以"构成的表示处置义的动词，如加以、致以、给以、予以等；表示否定意义，用"不"构成的动词，如不堪、不宜、不便、不致、不

---

　　① 但情态助动词可以带句尾时态助词"了"，应当区别于词尾时态助词"了"。（丁声树等，1961〔1953〕）

　　② 蔡文兰也区分两类带非名词宾语的动词：A 类动词只能带非名词宾语，即朱先生所说的真谓宾动词；B 类动词既可以带名词宾语，也可以带非名词宾语，即朱先生所说的准谓宾动词。

禁、不甘、不屑、不由得等；带"于"字后缀的动词，如敢于、便于、勇于、甘于、难于、易于、善于、乐于、苦于、惯于、急于等；带"得"字后缀的动词，如乐得、懒得、免得、显得等；① 其他，如意味着、据说、叫嚣、发誓、扬言、预言、阴谋、立志、设法等。

（122）a. 他敢于承担责任吗？
　　　　b. *敢于。（敢于承担责任。）
（123）a. 孔子将奴隶制文化典籍加以整理编辑了吗？
　　　　b. *加以。（加以整理编辑了。）

　　但带"得"字后缀的"值得"例外，朱德熙将"值得"归类为估价类情态助动词。假设所有情态助动词都能单说，可以将情态助动词与大部分真谓宾动词区别开来。但不能单说的"应、得"是否仍归入情态助动词？此外，一些情态助动词的某些情态义也不能单说，如表将要的"要"和表推测的"能"，如何处理？这些词多为单音节，只能黏附在其他动词之上构成一个谓词性的结构。

　　再次，情态助动词都能放在"~不~"的格式里构成一般问句，但大部分不能单说的真谓宾动词都不能，带"于"字后缀的动词除外。这些真谓宾动词的一般问句可以通过"是不是"、"吗"或"不、没有"等其他方式构成。

（124）a. *他们向英雄们致不致以崇高敬意？
　　　　b. 他们向英雄们致以崇高敬意没有？
（125）a. *台独分子叫不叫嚣建立"台湾国"？
　　　　b. 台独分子是不是叫嚣建立"台湾国"？

　　部分表示心理活动的动词也不能构成"~不~"问句，如企图、唯恐、妄想、妄图、以为、恐怕、巴不得、恨不得等。

（126）a. *洪秀全企不企图建立新朝代？
　　　　b. 洪秀全企图建立新朝代吗？

---

① 《现代汉语词典》中"免得、省得"为连词。

　　　　c. 洪秀全是不是企图建立新朝代？

　　最后，情态助动词不能受时体副词"正"的修饰①，表示动作的进行或状态的持续，但大部分谓宾动词可以。

　　（127）a. 他们（＊正）可能去了上海。
　　　　　　b. 小明（＊正）敢坐过山车。
　　（128）a. 国民党正企图以台湾为其进行军事抵抗和经济封锁的指
　　　　　　　挥基地。
　　　　　　b. 参谋部正加以研究。

（二）谓词宾语的句法特征
　　朱德熙（1982：61）指出情态助动词只能带谓词宾语，属于真谓宾动词。但"会、要、想"既可以带名词宾语，也可以带谓词宾语，是否应该排除在情态助动词之外？

　　（129）a. 会德文。
　　　　　　b. 要钱不要命。
　　　　　　c. 不应该想人家的钱。

　　赵元任（2002 [1968]：368）认为前者属于情态助动词，后者为性质动词，两者在语义上并不完全相同，应该区别对待。但对于这些词的语义差别，他并未作全面分析。下面我们将根据《现代汉语八百词》，分别讨论这三个词作情态助动词和动词的语义差别及其句法差异。
　　"会"表熟习、通晓时为带名词宾语的动词，不同于情态助动词"会"。"会"表懂得怎样做或有能力做某事时为动力情态助动词②，表可

---

　　① 情态助动词不能用表动作进行中或状态在持续中的时体副词"正（在）"修饰，但"要"可以用表示恰好、恰巧、刚好的"正"修饰，二者并不等同。
　　（1）他正要离开。
　　② "会"表示善于做某事其实是懂得做某事的意义与程度副词"很、真、最"等合用的结果。
　　（1）他不但很会作词，也很会谱曲。（2）我最会踢足球。（3）他真会说话。因此，两者可以合并在一起，都属于动力情态助动词，而不需单独列一项"善于做某事"。

能时为认知情态助动词。前者可以带时态助词"了"，后者不能。

（130）a. 他会了好几种语言。
　　　　b. 你会了什么？
（131）a. 他会（＊了）踢足球。
　　　　b. 他会（＊了）在家里。

彭利贞（2007：142）认为"会"还表达说话人对某事成真的承诺，属于道义情态。我们认为"会"没有道义情态用法，他所提出的这种承诺义并非来自"会"本身，而是表将来的"会"与第一人称主语共同作用于句子而产生的语用义。

（132）a. 我会保护你。
　　　　b. 我会证明的。

如果主语不是第一人称，则不能推导出"会"的承诺义，只表意愿或推测。

（133）a. 你会不会跑出北平去，替国家做点事呢？
　　　　b. 他会不会跑出北平去，替国家做点事呢？

彭利贞（2007：143）认为（133a）中"会"表达说话人希望听话人做出"跑出北平去，替国家做点事"的承诺。但这个问句如果没有后续部分，"会"就只有将来的意义。

（134）你会不会跑出北平去呢？

可见，彭利贞所解读的承诺义是由句子后面部分"替国家做点事"引发的，是语用推导的结果，而且这里的承诺义与作者之前对"会"的承诺义解释前后不一致。我们认为"会"的承诺义是表将来的"会"与主语的人称以及句子的语境共同作用的结果。

"要"表希望得到、表索取时为带名词宾语的动词，表请求、表需要时为带兼语的动词，区别于情态助动词。"要"表示做某事的意志为动力情态助动词，表示需要、应该为道义情态助动词，表示可能、将要、估计为认知情态助动词。"要"带名词宾语时可以带"了、过"，可以带时量补语，但情态助动词"要"不能。

（135）a. 我要过一支铅笔。

　　　　b. 她哽咽着取出一张母子三人的合影对韩守文说："他要了好几次，一直没给他。"

（136）a. 他要（＊过）学游泳。

　　　　b. 他要（＊了）回来了。

朱德熙并未具体分析"想"作情态助动词的用法。赵元任（2002［1968］：368）指出"想"表示希望、打算时为助动词。

（137）a. 你想不想发财？

　　　　b. 他想做圣人。

但表希望、打算的"想"可以带时态助词"过"，可以被时体副词"正"修饰，也可以带时量补语。

（138）a. 我没想过发财。

　　　　b. 我正想好好睡一觉，结果你来了。

　　　　c. 他想发财想了一辈子。（CCL）

上述特征区别于情态助动词的句法属性，因此"想"不属于情态助动词。吕叔湘（2006：576-578）指出"想"为动词，表希望、打算时必须带动词宾语，可受程度副词修饰。

"只能带谓词宾语，不能带名词宾语"是判断情态助动词的重要特征之一。"会、要"带名词宾语与带谓词宾语的语义有明显区别，可以分别处理为动词与情态助动词，有利于认识两者在句法特征上的差异。虽然"想"带谓词宾语与带名词宾语分别表示不同的意义（后者表示思考），但带谓词宾语的"想"在时态助词、时体副词、带时量补语等方面区别于情态助动词，因此归入真谓宾动词，但不属于情态助动词。

此外，是否所有只带谓词宾语的动词都归入情态助动词呢？赵元任（2002〔1968〕：373）、陈光磊都认为"企图、试图"等属于情态助动词。但多数学者并不认同这种看法。我们认为这些词在一些句法特征上不同于情态助动词，而与真谓宾动词相似，如与时体副词"正"搭配上，应该将其归入真谓宾动词。

情态助动词的谓词宾语分为两类：主谓结构和非主谓结构。赵元任（2002〔1968〕：366）指出带主谓结构宾语的想望动词不是助动词，如"希望、盼望"等，而且这类动词带主谓结构和非主谓结构属于完全不同的句子，但他也指出情态助动词会跟及物动作动词、兼语动词以及其他词类重复，所以"想、愿意"等动词虽也带主谓结构，但当这些词带非主谓结构则归为情态助动词。这里的问题是：究竟是按照严格标准将只要是带主谓结构的动词都排除在情态助动词之外，还是按照赵元任先生的区别对待原则只将带非主谓结构的动词归入情态助动词，或者将两类结构都包括在内？

如果严格按照情态助动词不带分句宾语，则"肯、希望、愿意、情愿、乐意、想、要、许、准、值得、配"都应该归入真谓宾动词。① 周小兵（1996：36-37）持有该种观点，但他的助动词范围仍包括"肯、愿意、乐意、想、好意思"，这些词都可以带主谓结构。

（139）a. 可是周信芳却死活不肯他儿子承己衣钵。
　　　　b. ……不愿意他被外人与后人误解。
　　　　c. 他压根儿就不乐意他娶大姑娘。（CCL）

而且，从形式上看，表认知的"可能、应该"和表道义的"应该、可以"也存在带主谓结构的现象。这些词是否也应该归入谓宾动词？

（140）a. 可能他还觉得很有面子吧。

---

① 邵敬敏基于《汉语动词用法词典》总结了只带谓词性宾语的52个绝对谓宾动词，包括：建议、提议、给以、加以、企图、想$_3$、想$_4$、希望、打算、算计、敢、认为、以为、怕$_2$、觉得$_1$、觉得$_2$、怀疑$_2$、看$_4$、琢磨$_2$、生气、愿意、能$_1$、能$_2$、能够$_1$、能够$_2$、情愿$_1$、情愿$_2$、懒得、值得$_1$、值得$_2$、允许、请$_3$、禁止、意味着、说$_4$、说明$_2$、透$_3$、显得、发$_9$、开$_4$、促进、响应、争取$_2$、着手、继续、听从、包$_4$、差$_1$、据说、难免、认$_4$、省得。

  b. 应该他先来见你。

  c. 可以他给你开一个证明。（CCL）

  如果按照严格标准，情态助动词包括"能（表推测）、会（表推测）、要（表推测）、得（表许可）、敢"这几个词。这是一种可能的处理。

  如果按照赵元任先生的区别对待原则，带非主谓结构的动词可以归入情态助动词，将带主谓结构的归入谓宾动词。以动词"希望"为例：

  （141）a. 我希望你来。

     b. 我希望来。

  例（141a）与（141b）中"希望"的语义并无显著差异，《现代汉语词典》和《汉语动词用法词典》都将动词"希望"解释为"心里想着达到某种目的或出现某种情况"。而且，这些动词都可以带时态助词。

  （142）a. ……他们天天希望着打日本鬼子。

     b. ……只盼望着那个人能停止骚扰。

     c. 他们都没有指望过政府能够照顾他们。（CCL）

  从句法上看，两者也没有显著差异，带非主谓结构的"希望"可以还原为带主谓结构的情形。

  （143）a. 我希望来。

     b. 我希望我来。

  这样处理虽然将带不同谓词宾语结构的动词区分开来，但会大大增加动词的数量，而且缺乏语义上的依据。特别是认知情态助动词语义上表示推测，其后的成分既可以是主谓结构，也可以是非主谓结构，而且句子的意义基本一致，因此将其处理为两类动词不具经济性。

  （144）a. 可能他已经来了。

     b. 他可能已经来了。

但如果同一动词具有不同的语义，且分别对应不同的谓词宾语结构，这种区别对待则很有必要。

> （145）a. 我想他接到这封信后会怎么样。
> b. 我想上北京。

根据《汉语动词用法词典》，例（145a）中"想"表示推测；而（145b）中"想"表示打算。两者具有不同的宾语结构，前者带主谓结构宾语，后者带非主谓结构宾语。但《汉语动词用法词典》将表打算的想和表希望的想放在同一词条之下，我们认为表希望的"想"和表打算的"想"应区别开来，前者可以带主谓结构宾语，后者不能。①

> （146）a. 我清楚地知道阿里巴巴已经没钱了，特别想他让步把钱拿进来。（CCL）
> b. 我想上北京。

当然，带主谓结构的"想"还可以表示其他意思，我们在此不一一介绍。而且，表打算的"想"仍不能归入情态助动词，因为它可以带时态助词，也可以带时量补语。

> （147）a. 给孩子买辆车，我也这么想过。
> b. 我想回家想了两年了。（来自《汉语动词用法词典》）

本书认为第一种方式过于严格，不予采用。区分不同类型的动词是为了便于研究语法，将大量具有情态意义的动词都排除在情态助动词之外，不利于我们探讨具有情态意义的动词的语法共性。第二种方式将带主谓结构宾语的动词排除在情态助动词之外缺乏理论依据。认知情态助动词带非主谓结构宾语和带主谓结构宾语其实是一种结构的两种不同形式，其中一

---

① 《汉语动词用法词典》中认为表推测、认为的"想"可以带主谓结构宾语。

（1）我想一定是路上出事了。

但（1）中"想"的宾语可以补充主语，如"我想他一定是路上出事了"。因此，表推测、认为的"想"只带主谓结构宾语，区别于表希望、打算的"想"。

种形式是以另一种为基础结构派生而来。"可能、应该"带主谓结构宾语
的形式为基础结构，其带非主谓结构宾语的形式是主谓结构中的主语话题
提升而来（胡波，2015）。本书赞同第三种方式。一方面，认知情态助动
词带非主谓结构和主谓结构并没有明显的语义差异，都表达说话者对命题
或事件的推测，属于典型的情态助动词范畴。另一方面，认知情态助动词
不能带时态助词，不能重叠，不能带补语和时量补语，与其他带非主谓结
构宾语的情态助动词相似。因此，我们并不以是否带主谓结构宾语为依据
将表推测的"可能、应该"排除在情态助动词范围之内。

六　情态助动词与其他情态词

（一）情态助动词与情态副词

情态助动词和情态副词的句法差异研究较少，一方面因为不少文献将
情态助动词归入副词范畴；另一方面是情态助动词内部的句法关系复杂，
缺乏对其句法形态的专门研究。

崔承恩（2002）对情态副词的句法关系界定为表示说话者针对相关命
题的主观判断，包括"幸好、幸亏、也许、恐怕、大概、一定、的确、果
然、到底、难道"等。他认为情态副词是否定之外的成分，不能用于一般
疑问句，放在情态助动词之前。但这些特征都不适用于"一定"，如：

（148）a. 他不一定知道这件事。

b. 你一定要去吗？

c. 他可能不一定清楚这件事。

崔承恩虽认为情态动词和情态副词有差异，但并未从形态上加以论
证，只指出情态副词总是放在情态动词前，其如：

（149）a. 要知道我丈夫的年龄简直可以做你的父亲。

b. 你难道能这样做吗？（CCL）

但部分情态副词也能位于情态动词之后，而且用例并不少。

（150）a. 当然，成为世界几大强国之一，可能不一定要四十年。

　　b. 鲁豫：但他可能的确也是从中斡旋了吧？

　　c. 其实，孩子们面前的路很多，你不应该一定要逼她读
　　　书。（CCL）

　　可能的解释是情态助动词之后的宾语是小句，只要语义允许，情态副词可以出现在子句中修饰子句动词。但这类连用只限于认知情态助动词，能出现在认知情态助动词之后的情态副词也限制较大，主要为表推测的"大概、也许、一定"。如果将这些副词与上面提到的其他副词区别开来，那么前者毫无疑问属于表推测的认知情态范畴，后者则跟语气范畴相关。但认知情态副词较难与语气截然分开，情态副词也表达某种语气（准确地说是某种"口气"，具有加强语气的作用）。① 不同于崔承恩的处理，北大版的《现代汉语》（2012：286）则将这些词都归入语气副词范畴。但语气（也叫"式"）主要是"指一种由动词的形态表现的在命题内容之外跟说话人的主观态度有关的范畴"（刘丹青，2008：478）。按照刘丹青（2008：479）的观点，汉语的副词"难道、究竟、简直"等以整个小句为语义所指对象的虚词，也可以看作是一种分析性的语法手段，与语气范畴如陈述式、祈使式、疑问式等相关。但这些副词并不表达某种语气，而是起加强语气的作用，体现说话者的态度差异，区别于用以表达语气的句末语气词，与陈宗振（2004，转引自刘丹青，2008：478）提到的"普通"与"确定"两种口气相似。如下：

　　（151）a. 你不认识他吗？

　　　　　　b. 你难道不认识他吗？

　　（152）a. 他是个混蛋。

　　　　　　b. 他简直是个混蛋。

　　例（151）的两句差异在于后者加强了反问的语气，而不是表示反问。（152）的两句差异在于后者弱化了陈述语气，表示差不多如此。

　　本书认为无论是从句法形态上，还是从语义上，情态副词和"简直、

---

　　① 帕尔默指出语气与情态是语言从语法上处理情态范畴的两种方法，但其语气指的是直陈式和虚拟式，并非上述"幸亏、简直、难道"所表达的语气。

难道、究竟"都应该区分开来。情态副词主要与说话者的主观推测相关，后者只表说话者的口气，对命题的语气起加强或削弱的作用，定义为口气副词。根据《现代汉语八百词》，"难道"是加强反问语气；"究竟"表示进一步追究，有加强语气的作用；"简直"强调完全如此或差不多如此，含夸张语气。郭锐（2002：229-231）指出情态副词包括"也许、大概、必须、准"，并将"难道、究竟、简直"归入语气副词。显然，他将语气与情态区分开来，是有一定道理的。郭锐（2002：191）认为情态助动词的划分标准是可以带真谓词性宾语，表达情态意义。郭锐对情态助动词和副词的划分标准是语义功能性的，也缺乏句法形态上的分析，因此，划分出的副词很难与情态助动词区分开来。

　　但情态助动词和情态副词的句法形态差异是什么？蔡维天指出情态助动词和情态副词的区分在于：汉语的动词组在一定条件下可以移到句首，且移出点必须受到中心语管辖。情态助动词是中心语，允准其后的动词组移位；而情态副词是附加语或指示语，不能管辖移出的成分，句子不合法。

（153）a. 小明也许肯去学校。

　　　　b. 去学校，小明也许肯。

　　　　c. *肯去学校，小明也许。

（154）a. 阿 Q 大概愿意娶吴妈。

　　　　b. 娶吴妈，阿 Q 大概愿意。

　　　　c. *愿意娶吴妈，阿 Q 大概。

除移位外，动词组删略也能区别情态助动词和情态副词。

（155）a. 张三大概肯去学校，李四也大概肯。

　　　　b. 他肯定不愿意被人瞧不起，小明也肯定不愿意。

（156）a. *张三大概肯去学校，李四也大概。

　　　　b. *他肯定不愿意被人瞧不起，小明也肯定。

　　我们认为除动词组的移位和删除外，情态助动词和情态副词还可以通过否定、"~不~"格式加以区别。

首先，情态副词都不能前加否定词"不"，但"一定"例外，我们将在后面详细讨论其句法特征；而情态助动词都能被"不"否定。

（157）a. ＊张三不大概会去学校。
　　　　b. ＊张三不也许已经去了学校。
（158）a. 张三不可能会去学校。
　　　　b. 张三不应该回家。①

其次，情态助动词都能用于"～不～"格式表一般疑问，但情态副词都不能。

（159）a. 张三可能不可能会去学校？
　　　　b. 张三应该不应该回家？
（160）a. ＊张三也许不也许已经去了学校？
　　　　b. ＊张三大概不大概会去学校？

上述分析表明情态助动词和情态副词存在句法形态上的差异，前者是动词，允准其后的动词短语移位或删除，能被否定词"不"修饰，可以应用于"～不～"格式表一般疑问；而后者不能。双音节情态副词都能单说，语气副词不可以，但单音节情态副词"准"不能单说。从语法化来看，情态副词多为双音节词，在完整性、聚合关系和聚合关系的可变性与情态助动词类似，语法化程度低。但情态副词都表示对命题或事件的推测，只以命题子句为语义辖域范围；与其后的命题子句不属于并置关系，约束性较高；句法位置有一定的灵活度，但不能位于句末。依此，我们认为情态副词具有较低的语法化，区别于情态助动词。

情态副词与语气副词在形态上也具有不同的特征。两者都不允准其后的动词短语移位或删除，不能被"不"否定，不能用于"～不～"格式，区别于情态助动词。但大多数情态副词都能单说，而口气副词一般不能。根据陆俭明的研究，除"准"外，其他情态副词都能单说，"难道、究竟、

---

① 该句"应该"表道义，而非推测。本书认为"应该"表极大程度的推测，属于石毓智提出的"语义程度极大的词语，只能用于肯定结构"。

简直"等语气副词则不能。"准"的情形复杂，既具有道义情态，又具有认知情态。道义情态"准"可以用"不"否定，可以用于"～不～"格式，允准其后的谓词短语移位或删除，能单说；认知情态"准"不能被"不"否定，不能用于"～不～"格式，不允准其后的谓词短语移位或删除，不能单说。

（161） a. 应先决定准不准在会场吸烟。

b. ＊他准不准回家了？

（162） a. 不准在会场吸烟。

b. ＊他不准回家了。①

（163） a. 在办公室吸烟，老板不准。／他以前不准你去，现在准了。

b. ＊回家了，他准。／＊小明准回家了，小李也准。

（164） a. "准不准在会场吸烟?""准。"

b. "他准回家了吗?"" ＊准。"

　　因此，本书认为表道义的"准"属于情态助动词，而表推测的"准"属于情态助词，不同用法的"准"具有不同的语法化程度。②

　　（二）其他情态词

　　上节我们讨论了情态助动词和情态副词的差异，但两者在是否能单说上是一致的，这区别于同样具有情态意义但不能单说的情态助词。下面我们将分别探讨前人研究中较具争议的"一定"、"必须"、"得（de）、得（dei）"以及"可、应、该、当、必、须、准、愿"。

　　（1）"一定"

　　"一定"的词类范畴一直存有争议。《现代汉语八百词》和《现代汉语词典》都将谓词前的"一定"分析为副词。但郭锐（2002：191）认为"一定"可以受"不"修饰，不是副词；而且不能受"很"修饰，也不是形容

---

① 《现代汉语词典》指出"准"表一定，为副词。

② 初步分析表明，"准"的道义情态用法出现在魏晋南北朝时期，而其认知用法出现于明清时期，两种用法都一直沿用至今。（源于在线《汉典》）

（1）a. 乃于战所，准当时兵士，人种树一株，以旌武功。（《周书·文帝纪下》）b. 我要放他，你又苦苦的不准。（《儿女英雄传》）（2）这准是使猛了劲，岔了气了。（《儿女英雄传》）

词，而是动词，可以带真谓词性宾语，表示情态意义，所以是情态助动词。

本书认为依据"一定"能被"不"修饰而推断为动词值得商榷。郭锐（2002：189）就指出89%的动词可以受否定副词"不"修饰，即依此判断一个词为动词没有逻辑必然性。而且，副词也可以被否定词"不"修饰，如"不常、不曾、不亲自"等，不能依此认为"常、曾、亲自"都是动词。陈勇（2011）对"一定"的语法化分析表明"一定"作副词用形成于宋代，到元明时发展成型，其证据为"一定"在句中位置比较自由，可以出现在句首。问题是部分情态助动词也可以出现在句首，并不能依此判断词汇范畴。

我们认为"一定"不能用于"～不～"格式表一般疑问，不允准其后动词短语移位或删除，也不能移位提问，但可以单说，属于情态副词，而不是情态助动词。

（165）a. ＊小明一定不一定会去学校？

b. ＊小明一定会去学校，小刚也一定。

c. ＊会去学校，小明一定。

d. ＊小明会去学校，一定吗？

e. ……托付他："好好带领全村奔小康啊！"钱书远动情地答应："一定，一定。"（CCL）

此外，如果主语为非人称代词，"一定"还可以单独作谓语，在它之前还可以有其他副词作修饰成分，具有副词作谓语的典型特征（陆俭明，1982）。

（166）a. 吴隆江笑道："那一定。"（CCL）

b. 有的舆论甚至认为日元贬值主要是针对中国的，这倒不一定。（CCL）

（2）"必须"

与"一定"有类似属性问题的还有"必须"。《现代汉语八百词》和《现代汉语词典》也将谓词前的"必须"分析为副词，但也有不少学者认为"必须"是动词。

　　卢甲文（1984）认为"必须"和其他情态助动词一样能进入"是…的"格式，并且可以与情态助动词并列，将其归入情态助动词。而且，他还指出"必须"不能出现在"～不～"格式或"不～不"格式，原因在于"必须"的否定形式是"无须、不须、不必"，而不是"不必须"。但他判断"必须"为情态助动词的两条证据都不充分。李临定（1990：254）指出"可能、可以（表示许可）、应该"可以独自用于"是……的"格式，也可以带上动词或形容词用于该格式；而"会、可以（表示可能）、能、要（表示必要）"则必须带上动词或形容词才能这么用；"得、将、要（表示可能）"则通常不能用在此格式中。可见"……的"格式并非判断情态助动词的可靠办法。而且，根据吕叔湘（1979：41）的观点，情态助动词既可以与动词并列，也可以与副词并列，因此依据并列测试推断"必须"为情态助动词可能并不正确。此外，"必须"的否定形式为什么不能是"不必须"值得思考。①

　　朱冠明（2002）认为"必须"是情态助动词，因为"必须"是历史上"必"和"须"两个情态助动词并列连用并凝固成词的结果，具有多义性，句法上能加后缀"的"作定语，能受程度副词"更、很"修饰，能受"不"修饰，区别于副词。朱冠明提出的三个原因也并不可靠。首先，我们不否认历史上"必"和"须"都曾是情态助动词，并在唐代凝结成词，"必须"在唐代为情态助动词也可以成立，但依此推断现代汉语的"必须"也是情态助动词并没有逻辑必然性。"必、须"在现代汉语中已经不能独用，不能用于"～不～"格式，其词类范畴值得重新思考。其次，多义性与词类范畴也无必然联系。最后，句法上，"必须"加后缀"的"作定语和能受程度副词"更、很"修饰并不能证明其动词属性，更多地说明"必须"是形容词，但这与"必须"不能修饰名词相冲突。根据王年一的观点，"情态助动词+的"并不相当于一个名词，不是"的"字结构，其中的"的"是表示肯定的语气词。"必须"并不直接加"的"作定语，因此，"﹡必须的书"不可接受；而是要加上动词才合法，如"必须看的书"。能被程度副词"很、更"修饰的词并不一定是动词，有些副词也可以被程度副词修饰，如"常、曾"。此外，"必须"不能被"不"修饰，

---

　　① 卢甲文在注释中认为"必须"是"无须、不须"的更加肯定的形式，所以前面不能再加否定词。这一解释不容易理解，故不在正文中提及。

即"﹡不必须"不合法。朱冠明也认识到"必须"不能单独作谓语，不能用于"~不~"格式，所以采用典型论，认为"必须"是非典型情态助动词。

上述分析表明，"必须"在一系列句法特征上不同于其他情态助动词。"必须"不能用于"~不~"格式，不能被"不"修饰，不允准其后的动词组移位或删除，不能移位提问，但可以单说，属于情态副词。

(167) a. ﹡小明必须不必须按时交作业？
b. ﹡小明不必须按时交作业。
c. ﹡按时交作业，小明必须。
d. ﹡小明必须按时交作业，小刚也必须。
e. ﹡小明按时交作业，必须吗？
f. 女人必须刺绣和缝纫，必须。(CCL)

但陆俭明（1982）指出"必须"可以单说，也可以单独作谓语。我们认为"必须"可以用来单说，但不可以单独作谓语。①

(168) a. 小明必须按时交作业吗？
b. ﹡小明必须。

(3)"得（de）、得（dei）"

"得（de）"语义上可以表示能力、可能和许可，兼有三种情态用法。"得（de）"位于动词前或动词后可以表能力、许可或可能，但用于动词前只能表可能或许可，且一般用于否定结构。

(169) a. 他舍得，我也舍得。
b. 和尚摸得，我就摸不得吗？
c. 他半小时开得到学校吗？
(170) a. 这笔钱不得擅自动用。

---

① 陆俭明还指出"也许"也可以单独作谓语。如下：
(1)"张老师走了吧？""﹡他也许。"我们认为例（1）的回答可接受性较低，不是合法的句子。

    b. 这伤口没有个十天半月不得好。

  "得（de）"位于动词后可以用"不"否定，但位于动词和补语之间一般直接用"不"替换表示否定。

    （171）a. 他舍不得这些东西。

      b. 他半小时内开得到学校吗？——他开不到学校。

  动词后的"得（de）"允准其后的体词或谓词宾语移位或删除，但动补结构中的"得（de）"不允准。[①]

    （172）a. 这些东西，他舍不得。

      b. 丢弃这些东西，他舍不得。

      c. ＊到学校，他半小时内开得。

  但动词前或后的"得（de）"都不能单独作谓语，也不能用于"～不～"格式表示疑问。

    （173）a. 这笔钱不得擅自动用吗？——＊不得。

      b. ＊这笔钱得不得擅自动用？

  根据"得（de）"的句法位置，吕叔湘（1979：48）将"得（de）"归入中缀，并认为其语义已经虚化。但动词后的"得"并非都已经虚化。位于动词后的"得"存在两种情形：一种仍具有典型的情态义，但不能单说，为情态助词，标记为"得$_1$"，如（174a）；一种语义内涵已经完全虚化，成为状态补语标记，为词缀，标记为"得$_2$"，如（174b）。

    （174）a. 看得$_1$清、吃得$_1$完

---

  ① 王力（1989：7）指出宋明时期，否定词"不"可以直接加在"动词+得"之前或之后。

  （1）若工夫有所欠缺，便于天理不凑得着（《朱子语类·训门人》）。（2）只是见得不完全（《朱子语类》四纂卷一）。

b. 说得₂清楚、走得₂慢

（174a）中"得₁"语义并未完全虚化，可以表示"能力"或"可能"。（174b）中"得₂"已经不具有实在语义内涵。刘丹青（2008：76）认为"得₂"为虚词，是状态补语的标句词，其后的成分可以是行为进行时的伴随状态，也可以是行为结束后的结果状态，结构上可以是单个形容词，也可以是完整的小句。

（175）a. 说得₂大家都笑起来了。
b. 走得₂脚底打了很多泡。

但有些"得₂"后成分并非修饰某个名词，而是修饰之前的动作，属于后置的状语，不能补出名词性成分。

（176）a. 他说话说得₂（*速度）慢。
b. 他干活干得₂（*动作）很利索。

王力（1989：248）将"得₂"分析为介词，认为其后的成分表动作的结果。但结果成分既可以是名词，也可以是谓语形容词或小句，可见，"得₂"不能分析为介词。

本书认为"得₂"不是标句词或介词，而是动词词缀。依此，既可以解释"得₂"后成分的状语功能，还可以解释"得₂"后成分的词类属性。"得₂"语音上具有轻声特征，[①] 是一个动词形态上的状态标记，区别于同样位于动词后的"得₁"。

历时研究表明，"得₂"是"得₁"演变的结果。根据王力（1989：245 - 258）的研究，"得₁"自上古时就表示能力或可能，[②] 可以位于动词前。该用法一直沿用至今，多为否定用法。

（177）a. 君子之至于斯也，吾未尝不得₁见也。（《论语·八佾》）

[①] 王力指出"得₂"在清代已经变为轻声，形态上都可以写成"的"。

[②] 王力认为动词前"得₁"表客观条件的可能。

　　　　b. 韩愈…被贬到潮州了，不得₁翻身。（CCL）

　　"得₁"从唐代开始便已经移到动词后面，表示能力，并且"得₁"还发展出嵌入使成式中间表示可能的用法，并沿用至今。

　　　　（178）a. 某自小不知味，实进不得₁。（《唐卢口逸史·吕生》）
　　　　　　　　b. 气象四时清，无人画得₁成。（《方干处州洞溪诗》）
　　　　　　　　c. 躺在李小月怀里的小孩子听得₁懂"大毒枭"这个词吗？（CCL）

　　之后，"得₁"后还可以再嵌入一个宾语，或者在句末嵌入一个宾语。前者用例较大，而后者用例极少。

　　　　（179）a. 周子看得₁这理熟。（《朱子语类》四纂卷一）
　　　　　　　　b. 学士，你怎生满的（得₁）过我。（《元曲选·风光好》）

　　到明清时期，上述两种用法都用例不多，出现了"得₂"的结构，即重复一个动词，并将宾语置于重复动词之后。这种结构成为明清时的主要用法，也一直沿用下来。

　　　　（180）a. 所以有些上司不知道，还说某人当差当得₂勤。（《官场现形记》第十三回）
　　　　　　　　b. 因为他办强盗办得₂好。（《老残游记》第三回）

　　例（180）中"得₂"的语义完全虚化，语音上也产生了清音化，已经成为一个动词形态上的标记，区别于其他结构中的"得"。
　　综上，"得₁"语义并未虚化，仍表能力或可能，为情态助词。"得₁"仍具有词的地位，可以位于动词前。
　　此外，动词前的"得₁"还可以表示许可，属于道义情态用法。

　　　　（181）a. 6岁以上14岁以下之男女应入学校读书，父母不得₁阻

止。（CCL）

  b. 任何组织或个人不得₁侵占、克扣、挪用义务教育经费。
   （CCL）

  "得₂"语义完全虚化，并具有轻声特征，分析为词缀。"得₂"只能依附在动词之后，语义上标记其后的成分为状态补语或结果补语。

  根据《现代汉语词典》，"得（dei）"可以表示推测的必然、意志上或事实上的必要，具有认知和动力两种情态意义。[①]

  （182）a. 快下大雨了，要不快走，就得挨淋。

     b. 咱们绝不能落后，得把工作赶上去。

  "得（dei）"不能直接用"不"否定，但可以用"无须、不用"来表示其否定用法，"不用"可以单独回答问题，但"无须"不能。

  （183）a. 我得三点前赶到车站吗？

     b. 你不用/无须三点前赶到车站。

  "得（dei）"不能用于"~不~"格式，不能单独回答问题，也不能单独作谓语，不允准其后的动词短语移位或删除。

  （184）a. ＊你得不得三点前赶到车站？

     b. 他得三点前赶到车站吗？——＊得。/＊他得。

     c. ＊三点前赶到车站，你得。

     d. ＊他得三点前赶到车站，我也得。

  根据上述特征，"得（dei）"属于情态助词，区别于一般情态助动词。"得（dei）"不仅语音上区别于"得（de）"，而且句法语义上也差异较大。句法上，前者只能在动词前，定位性较强，而后者可在动词前或

---

  ① 《现代汉语词典》指出"得（dei）"还可以表示需要，并归入助动词。我们认为表需要的"得（dei）"一般带名词性成分，倾向于将其归入粘宾动词，本书暂不讨论。

后；前者不能用"不"否定，后者可以。语义上，虽然两者都具有认知情态义，但前者表推测的必然，后者表推测的可能；两者都具有道义情态义，但前者表许可，一般用于法律条文或行为规范，后者表义务上的必须。动力情态上，只有"得（de）"可以表能力，"得（dei）"没有此用法。

（4）"可、应、该、当、必、须、准、愿"

"可、应、该、当、必、须、准、愿"都是古汉语遗留下来的情态词。根据《现代汉语词典》，"可"具有道义情态义和动力情态义，"应"、"该"、"准"和"必"具有道义情态义和认知情态义，"须、当"只具道义情态义，"愿"只具有动力情态义。

（185）a. 你不可胡来！（道义）

　　　　b. 这些木头可用来烧火。（动力）

（186）a. 发现错误，应立即纠正。（道义）

　　　　b. 从他的反应看，他应已经得到消息了。（认知）

（187）a. 你该休息一下。（道义）

　　　　b. 再不浇水，花都该蔫了。（认知）

（188）a. 他明天准到。（认知）

　　　　b. 考试时不准交头接耳。（道义）

（189）a. 他明天必到。（认知）

　　　　b. 事情的存在和发展必有一定的条件。（道义）

（190）你事前须做好准备。（道义）

（191）能省的就省，当用的还是得用。（道义）

（192）我愿参加这次活动。（动力）

结构上，这些情态词都是单音节词，语音上并没有发生轻音化，但部分词存在情态语义脱落。如表能力的"可"只存在于一些短语中，如"无可厚非、不可磨没、怒不可遏"，而且，"可以"凝固成词也可以表示能力。因此，表能力的"可"现在已经不能单用。上古时，表必要性的动词一般用"必"，到汉代时可以已经用"须"替代，到近代主要用"须得"，现在一般用"得（dei）"（王力，1989：250）。但现代汉语"必"仍可以表示客观上的必然，具有认知情态义，不能被"得（dei）"替代。①

（193）a. 他明天必到。（认知）

b. 他明天得到。（道义）

这些情态词的连续连用多数在中古以后便已经凝固成词，如"应该、应当、必须、可能"等。这些词可以位于不同类型的谓词短语之前，但与其后的谓词短语不属于并置关系，约束性较高，有些词甚至已经具有词缀的特征②。这些词的句法位置比较固定，多数词不能自由移位，但"该"例外，可以出现在句首。

（194）a. 该你下棋了。

b. 该你做的你就做，不该你做的你千万别做。（CCL）

这些词多数仅出现在书面语中，如"可、应、当、必、须、愿"，只有"该、准"倾向于用在口语中。依此，"可、应、该、当、必、须、准、愿"属于语法化程度较高的情态词。

在句法上，这些词都可以被否定词"不"修饰，能被程度副词修饰，除"必、须"外，可以用于"~不~"格式。③

（195）a. 学生的思想、文化、身体、心理等素质要全面发展，不可偏废。

b. 说他不应去搞什么房地产，不该做保健品。

c. ……对教师职业缺乏认识，不愿把自己的全部精力献给

---

① 彭利贞指出"得（dei）"也表认知情态义，但在句法环境上存在较多限制，要求其后的谓词是静态的或有消极的社会意义。

② 《现代汉语八百词》既将"可"分析为助动词，表许可、可能、值得；又将"可"分析为词缀，表可以、应该。这表明"可"的语法化程度高。但将词缀"可"的语义分析为表可以、应该，并不清晰。因为这两个词本身就是多义情态动词，而且也不利用不能派生词之间的句法特征分析。相关内容在下节还有进一步的分析。

③ 表认知的"准"不能用"不"否定，即"*他明天不准来"，其否定为"不一定"。《现代汉语词典》中"他不准能来"的"不准"并非"准"的否定形式，而是表示说不准的意思，属于习语用法。

教育事业。（CCL）

（196）a. 这块地在珠海香洲区更可称得上是一块"风水宝地"。

　　　b. 母语教育尚且如此，第二语言教学更应警惕。

　　　c. 普里西拉很愿帮忙，但对艾伦已经说过的话再也没什么补充。（CCL）

（197）a. 王厂长，淘汰下的水管可不可给河坊村一些？

　　　b. 企业应不应发展这种新产品？

　　　c. 你们愿不愿为部队服务？愿不愿到艰苦地区工作？（CCL）

但是，这些词都不能单说，不允准其后的谓词短语移位或删除。

（198）a. "王厂长，淘汰下的水管可不可给河坊村一些？""*可。"

　　　b. "企业应不应发展这种新产品？""*应。"

　　　c. "你们愿不愿为部队服务？愿不愿到艰苦地区工作？""*愿。"

（199）a. *给河坊村一些淘汰下的水管，王厂长可。

　　　b. *发展这种新产品，企业应。

　　　c. *为部队服务，我们愿。

（200）a. *王厂长可给河坊村一些淘汰下的水管，李厂长也可。

　　　b. *他们应发展这种新产品，我们也应。

　　　c. *我们愿为部队服务，他们也愿。

依此，我们不赞同《现代汉语词典》将"必、准"归入副词，将"可、应、该、当、须、愿"归入助动词。这些词都不能单说，也不允准其后的谓词短语移位或删除，不属于情态助动词或情态副词，而属于情态助词。

（三）估价类情态助动词

估价类情态助动词主要指"值得、配"这类词，但前人研究中讨论较少，对其性质认识模糊。"配"作为情态助动词最早出现在黎锦熙的研究中（1956［1924］：135），列在表可能的前附助动词之中，属于动词。

　　（201）他们也配说这种话吗？

　　"配、值"是从价值方面做的判断，都隐含可能性，且一般倾向用于否定式、疑问式或"只"字之后（吕叔湘，1982［1942］：250-251）。

　　（202）a. 他这个糊涂人，就说了些不中听的话，也不值得计较。
　　　　　　b. 不是，不是。那样的人不配穿红的，谁还敢穿。（CCL）

　　"值得、配"表达疑问时可以移动位置，其中，"配"常用于有标记的句式，如疑问句和否定句（李临定，1990：146）。

　　（203）a. 他当队长，配吗？
　　　　　　b. 我们花这么大力气处理这事，值得不值得？（CCL）

　　但王力（1985［1943］：13）则将"配"归入副词，认为这类词必须附加在形容词或动词上才能表示一个理解。赵元任（2002［1968］：371-372）也在情态助动词里提及"值得、不配"，但并未具体论证。

　　（204）a. 你值得跑那么远吗？
　　　　　　b. 这书很值得看看。
　　（205）a. 他不配当先生。
　　　　　　b. 他自己净念错了字儿，还配笑话别人吗？

　　吕叔湘（2006：677-678）则认为"值得"属于主动词，而"配"属于动词，两者不属于同一词汇范畴。鉴于"值得、配"的研究尚不充分，对其认识各不相同。本书将从句法形态上探讨其词汇范畴，并分析其句法特征。贝罗贝、李明明（2008）确指出汉语存在估价类情态助动词，表示对人或事物价值的估计，是汉语中特殊的一类情态动词。估价类情态助动词的动词特征如下：
　　第一，"配、值得"能被"不"否定，能被程度副词和其他副词修饰。
　　第二，"配、值得"允准其后的成分移位或删除，单独出现在句尾。

（206）a. 跑那么远，你值得吗？

　　　　b. 他不配当先生，你也不配。

第三，"配、值得"可以用于"~不~"表疑问，且可以出现在句尾，也可以单说。

（207）a. 跑那么远，你值不值得？——值得。

　　　　b. 他配不配当先生？——不配。

第四，"配、值得"只允准时间状语出现在其前面，不能在其后。① 其原因本书尚未讨论。

（208）a. 他（昨天）值得跑那么远吗？

　　　　b. 他值得（＊昨天）跑那么远吗？

（209）a. 他（今天）不配跟我说话。

　　　　b. 他不配（＊今天）跟我说话。

第五，"配、值得"不能带时体标记"了、着、过"，不能被"正（在）"修饰表动作的进行或状态的持续。②

（210）a. 他值得（＊了／着／过）跑那么远吗？

　　　　b. 他配（＊了／着／过）跟我说话。

（211）a. 他（＊正）值得跑那么远吗？

　　　　b. 他（＊正）配跟我说话。

综上，"配、值得"可以被"不"否定，可以用于"~不~"格式，

---

① 陶炼（1995）认为"值得、配"前面不能用上"在"介词结构，这并不准确。例如：
（1）不难看出"学海无涯苦作舟"的读书方法，在今天值得提出来重新加以研究了。（2）不过，李同志在书法上最值得称赞的，还是他那长期不懈的实践。
② "值得"可以被表"恰好"的副词"正"修饰。例如：
（1）这问题正值得研究。

可以单说，可以被程度副词或其他副词修饰，允准其后的成分移位或删除，属于动词。其句法特征如下：

（1）估价类情态助动词的主语为价值判断的对象，可以与谓词宾语中的论元同指。

    （212）a. 他不配当总统。
            b. 这本书值得你看。

    例（212）中，"配"的主语"他"与谓词宾语中的空主语照应，"值得"的主语"这本书"与谓词宾语中的空宾语同指。"配"的主语既可以是有生命的名词性成分，也可以是无生命的名词性成分。吕叔湘（2006：426）认为"配"的主语仅限于人，这并不准确。

    （213）a. 否定这一重要前提的教科书不配作为教育后代的教材。
            b. 杂物旧货不配登大雅之堂。（CCL）

    但有些情形中"值得、配"的主语与其后的谓词性成分没有直接的结构关系，并非谓词宾语中的主语或宾语，而是谓词事件的原因。

    （214）a. 他值得我骄傲。
            b. 回顾过去，我们取得了一定成绩，值得欣慰自豪。

    "骄傲、欣慰"属于不及物动词，不直接带宾语，"值得"的主语是导致"骄傲、欣慰"事件发生的原因，相当于"我因为为他而感到骄傲/X因为这件事而感到欣慰"。

（2）估价类情态助动词的谓词宾语结构并不一致。其中，"值得"的谓词宾语只能是主谓结构；"配"的谓词宾语既可以是非主谓结构，也可以是主谓结构。

    （215）a. 生命是神奇的，一切生命都值得尊重和爱护。
            b. 科氏的两个重要研究结论值得我们特别关注。（CCL）
    （216）a. 他不配当总统。

　　　　　b. 我想当面告诉他，他不是人，他没有良知，不配我爱
　　　　　　他。（CCL）

　　"值得"后的谓词宾语还可以是重叠动词，但"配"不能。

（217）a. 这本书值得看/看看/看一看。
　　　　b. 他不配学（＊学学/＊学一学）语言学。

　　"值得、配"的谓词宾语都可以出现在"～是值得/配的"的分裂结构中。

（218）a. 冒一点点危险是值得的。
　　　　b. 我就是弯腰给他解鞋带，也是不配的。

　　除"值得、配"外，古汉语的"可、足"和现代汉语的"可以"也可以表达价值判断。在现代汉语中，"足"已经不用，只在部分成语或习语中保留下来，如"不足为凭、微不足道"等。"可"虽使用，但限制较大，其后的动词具有被动义。

（219）a. 这出戏可看。
　　　　b. 我没什么可介绍的。

　　多数"可+动词"已经词汇化，如"可爱、可贵、可圈可点、可敬、可读性、可见光"等。吕叔湘（2006：335）已经将这类词中的"可"归入形容词前缀范围，指出这类词的词根一般表示心理状态的单音节动词，少数为其他单音节动词。本书赞同"可+动词"中的"可"为前缀，具有一定的能产性，但"可"并非只构成形容词，还可派生出动词。表值得的"可"与其他动词组合构成形容词，这类词较多，如"可喜、可悲、可恨、可爱、可取、可靠、可行"等。但表能力或许可的"可"与单音节及物动词组合，派生出动词，如"可看、可变、可见、可逆、可欺、可望"。这些词不同于前面提到的形容词，不可以用程度副词"很、更"等修饰，可以带上名词性后缀派生出更复杂的词语结构"可看性、可变性、可读性、

可见度、可靠性、可能性、可信度、可燃性"。

（220）a. 职工操心企业大事，是企业发展的重要保证，这很可喜。
　　　　b. 我们感到戴着穷帽子不光彩，戴着穷帽子很可悲。
　　　　（CCL）
（221）a. 这出戏（＊很）可看。
　　　　b. 万物永远（＊很）可变。

　　表值得的"可以"应该是古汉语表值得的"可"与"以"凝固成词的结果，而且必须与副词"很、倒"同用，其后的动词常重叠或带动量短语。

（222）a. 这个问题很可以研究一番。
　　　　b. 美术展览倒可以看看。

　　如果"可以"不带副词"很、倒"，则句子只表达许可义。

（223）a. 这个问题可以研究一番。
　　　　b. 美术展览可以看看。

　　此外，表值得的"可以"不能用"不"修饰，也不能用于"～不～"格式表示疑问，不允准其后的动词短语移位或删除，不能单说。

（224）a. ＊这个问题不很可以研究一番。
　　　　b. ＊这个问题很不可以研究一番。
　　　　c. ＊这个问题很可（以）不可以研究一番？
（225）a. ＊研究一番这个问题很可以。
　　　　b. ＊这个问题很可以研究一番，那个问题也很可以。
　　　　c. 这个问题很可以研究一番吗？——＊很可以。

　　综上所述，情态助动词允准时间状语在其前面或后面，甚至允准两个时间状语共现；与其后的动词都可以被否定；能用于"～不～"格式构成一般问句；允准其后的成分移位或删除，单独位于句末。这些特征表明其谓词中心语的属性。而且，这类词不能前加"很"、后加"地"修饰其他谓词，因此区别于形容词，属于动词。情态助动词属于真谓宾动词的一类，但在句法形态特征上区别于其他真谓宾动词，表现在：不能带时态助词，能单说，能用于"～不～"格式构成一般问句，不能被时体副词"正"修饰。不同于赵元任的是，本书认为情态助动词既可以带非主谓结构补足语，也可以带主谓结构补足语。情态助动词的语法化研究表明这类词的语法化程度低，属于动词范畴。情态助动词在否定、"～不～"格式、动词短语移位或删除这些方面区别于情态副词，在独立性和动词短语移位或删除上区别于情态助词。部分情态助动词兼有多种情态意义，各情态意义的语法化程度并不一致，存在同一个词兼有多种词汇范畴现象，如"要"既可以是情态动词，允准体词性成分；也可以是情态助动词，带谓词性成分。表将要的"要"不能否定，也不能用于"～不～"格式，不允准其后的动词短语移位或删除，不能单独回答问题，属于情态助词。

（226）a. ＊他们不要出发了。

　　　　b. ＊他们要不要出发了？

　　　　c. ＊出发了，他们要。

　　　　d. ＊他们要出发了，我们也要。

　　　　e. 他们要出发了吗？"＊要。"

受语法化程度的影响，一个词兼有多种词汇范畴很多语言中都存在，并非汉语独有。安德森（2006：302-389）探讨了情态助动词的演变规律，指出其语法化路径为"词汇动词>情态助动词>词缀>∅"，甚至在一种语言里某个共时阶段，一个词项既可以是词汇动词，也可以是附着成分，如 Xakas 语中的动词词干 al，作为主动词表达"拿"或"获得"。

（227）a. pIs köp aŋ-nar at-ɨp al-Yan-da, köp ax ča al-Ya-bɨs.

　　　　we a lot animal-PL shoot-CV SUBJ. VERS-PST-LOC a lot money get-PST-1PL

　　　　"When we shot ourselves a lot of animals, we got a lot of money."

b. min tay Ɣa-da č ör-č edIp, köp č istek teer-Ip al-Ɣa-m.

I taiga-LOC walk-PRS-CV a lot berry gather-CV SUBJ. VERS-PST-1

"While walking in the gaiga, I gathered up a lot of berries."

c. ol pu nime-nI al-ɨp al-ar.

s/he this thing-ACC take-CVable-FUT

"She will be able to take this."

d. Min anda öz-Ip=teen-Ip al-Ɣan-ĵa pol-Ɣa-bɨn.

I there grow-CV open-CV PRF-PST-P/E be-PST-1

"I was there until it grew and opened."

e. pu kniga-nɨ tab-ɨl-za-m min xayda örIn-e-m.

This book-ACC find-SUBJ. VERS-CON-1 I oh. boy be. happy-FUT-I

"If I find this book, oh, boy! will I be happy?"

f. ol anɨ al-（ɨ）b-al-Ɣan.

s/he 3. ACC take-CV-able-PST

"She could have taken it."

例（227a）的后一个 al 为动词,（227a）的前一个 al 和（227b）中的 al 为主语重复的标记,例（227c）中的 al 语法化为动力情态标记,例（227d）中的 al 语法化为完成体标记,例（227e）中的动词 tap 将主语重复功能融合进了动词词缀中,例（227e）中前一个 al 为动词,后一个 al 表达动力情态。

第三节 区分标准及范围

上一节我们依据朱德熙的研究探讨了情态助动词的动词范畴及其与其他动词的差异,指出情态助动词在句法形态上区别于真谓宾动词。但朱德熙所提出的情态助动词的句法特征并不能将其他谓宾动词排除在外,他所概括的范围也不完全适用于其句法特征。因此,相关问题需要进一步探讨。本节将全面分析前人研究中提到的情态助动词的句法形态特征,讨论其对内的普遍性和对外的排他性，确定其区分标准及范围。

一　普遍性特征与排他性特征

确定词类范畴的依据之一是这类词都具备一系列共同的句法形态特征。汉语情态助动词作为一类词具有共同的句法语义特征，这在汉语学界已经形成基本共识，但在具体的特征上，学者们却看法各异。第二章第三节里提到的句法特征相当一部分规定太严格，存在着较多的例外情形，备受争议。具体分析如下：

（1）情态助动词并非只出现在动词前。表可能性的情态助动词既可以出现在动词前，也可以出现在动词后或主语前。（李临定，1986：178；李英哲，1990：131-148；陶炼，1995；孙德金，1996等）

（228）a. 可能你觉得残忍吧？
　　　　b. 可能她已经发现戴红头巾的裴南同志站在道口对面。
　　　　　（李临定，1986：178）
（229）a. 你去才可以。
　　　　b. 她不去也可以。（李英哲，1990：135-136）

（2）不是所有的情态助动词都能受程度副词"很"修饰。陶炼（1995）认为能受"很"修饰的主要是表示能力、意愿的词，其余能加"很"的只有"可能、值得、可以（表许可）"。但表能力的"可以"和表意愿的"要"也不能受"很"修饰。但根据吕叔湘（2006：338）的观点，能加"很"的"可以"表达值得义，并非许可义，后者不能用"很"修饰。

（230）a. 小李（＊很）可以走路了。
　　　　b. 我（＊很）要洗澡了。
　　　　c. 他（＊很）可以进来。

吕叔湘（2006：624）还指出表情理上推测的"不应该"可以用"很"修饰，但肯定式不允准。并且"应该"只能用于句末，不能带其他句法成分。

（231）他这样做，很＊（不）应该。

（3）并非所有情态助动词都能构成"不 X 不"格式。陶炼指出"将、必、必须、须、要、得（dei）、怕、可以（表示可能）"不能构成该结构。他还指出"不 X 不"格式指的是"不得不去"、"不能不赞叹"之类可以切分为"不 X 不/V"结构的短语，而不是"不该不去"、"不会不懂"之类的"不 X/不 V"结构。此外，表推测的"应该"也不能构成"不 X 不"格式。

（4）只有部分情态助动词之后的动词短语可以用"X 怎么样？"提问。陶炼指出这类用法仅限于"应该、可能、会、能"，而且这样的问句实际上很少用，比较常见的是"X 怎样 V？"或"XV 什么？"问句。

（232）a. 应该怎样摆弄这些仅有头发丝的数百分之一大小的导体呢？

b. 哪怕理完了，又能解决什么问题呢？

（5）根据趋向动词"去"判定情态助动词并不可靠，能否带趋向动词"去"是由其后的动词决定（Li, 2004：127）。如下：

（233）a. 张三要看电影去。

b. ＊张三要吃了这碗饭去。

（6）并非所有的情态助动词都不能修饰名词中心词。"可能"、"会"、"应该"都能作定语修饰名词（Li, 2004：128）。

（234）a. 他只能是一个可能的劳动力。

b. 这是作家应该的基本功夫。

（7）并非所有的情态助动词都能出现在"是 X 的"结构。"能、可、得（de）、必、当、应、肯、敢、得（dei）、将"都不能用在此格式中（李纳与汤普森，1981：173；李韧之，2004：128）。

（235）＊那种冲突是能的。

假设"是~的"结构是汉语的分裂结构，我们认为例（235）不合法并非"能"不能用于分裂句，而是主语与"能"之间的语义联系无法确定。"能、敢、肯"都可以用于"是~的"的分裂结构。

（236）a. 你能想象出这副样儿吗？我是能的。(CCL)
    b. 嫌疑犯嘛，我还不敢把你打死，可是一梭子打断人一条腿总还是敢的。
    c. 以他对阿巧姐那一片痴情来说，讨她回去做填房，也是肯的。(CCL)

"可、得（de）、必、当、应、将"等词语法化程度较高，属于情态助词，不能用于分裂结构。表推测的"可能"能用于分裂结构。"可能"以子句为补足语，用于分裂结构时，整个子句都需要提前，但表推测的"应该"不能。

（237）a. 他已经去了北京是可能的。
    b. ＊他已经去了北京是应该的。

（8）情态助动词即使是在把字句和被字句中，其句法位置仍是自由的，既可居于句子第二位，也可出现在句首或句尾。如下：

（238）a. 可能张三被李四打了一顿。
    b. 张三把这件事处理好应该。

（9）并非所有的情态助动词都能出现在表达"希望"或"愿望"的动词之后。表义务的"应该（应当）"、"要"、"该"等不能出现在这类动词之后。举例如下：

（239）a. ＊我希望要再见到你。
    b. ＊我盼望应该去国外。

（10）并非所有的情态助动词都允准时间副词出现在其后。表达"能力"的情态助动词"能"、"能够"、"可以"、"会"只允许时间副词出现在其前面，而不能在其后。如下：

（240）a. 宝宝昨天能走路了。

　　　　b. ＊宝宝能昨天走路了。

　　　　c. 张三昨天可以赚钱了。

　　　　d. ＊张三可以昨天赚钱了。

（11）并非所有的情态助动词都可以移位提问。表推测的"会、要、能"和表必然推测的"应该"都不能移位提问，区别于表推测的"可能"和其他情态助动词。

（241）a. ＊小明去北京，会吗？／会不会？

　　　　b. ＊张三昨天赚钱了，应该吗？／应不应该？

　　　　c. 张三昨天赚钱了，可能吗？／可不可能？

（12）并非所有的情态助动词都能用"不"否定，并出现在"X 不 X"结构。情态助动词"应该、得（dei）、要（表将要）"都不可以用"不"否定，也不能出现在"X 不 X"结构。① 这些词属于相原茂所指排斥否定的"肯定词"，但不能因此否定这些词属于情态助动词。

相对于上述存在较多例外的特征而言，情态助动词具有广泛一致性的句法形式特征主要包括以下几点：

---

① 结构不合法。所以，少数几个习语例子不能否认"不"区分名词与动词的可靠性。陶炼认为"将"、"怕"、"要、可以（表示可能）"都不能用"不"否定。彭利贞指出"将"是纯粹表示将来时间意义的时体副词，不是情态助动词；"要"除了表示将来时间意义外，主要表达对事件在说话时刻的未来世界中即将实现的必然性推断；"可以"是表示事件在某条件下必然发生的推断。推断事件必然发生的"要、可以"存在否定替补现象，其外部否定依靠表可能性的情态助动词"会"的否定形式来完成。另外，从"怕"与体貌标记和体词宾语的搭配来看，"怕"的属性是动词，不是情态助动词。

（1）a. 我怕了你。b. 我怕过打篮球。"怕"带动词短语作补足语，动词短语可以被焦点化。"怕"还可以带补足语从句。情态助动词带补足语从句，情态助动词前不允准任何形式的主语。（2）a. 我怕打篮球。b. 我怕的是打篮球。（3）a. 我怕你会不告诉我实情。b.（＊这）可能他去了北京。

（1）不能带动词时体助词"了₁、着、过"。情态助动词"会、要"存在兼类现象，两者不仅在意义上变化较大，在句法特点上也不同。动词"会、要"能带时体助词，情态助动词"会、要"不能带时体助词。

（242）a. 阿丘要（＊了₁）娶一个媳妇。
　　　　b. 阿丘要了₁一个饼。
（243）a. 阿丘会（＊了₁）娶一个媳妇。
　　　　b. 阿丘会了₁一门手艺。

（2）不能带体词宾语。① 能带时体助词的情态助动词都可以带体词宾语，这进一步说明带体词宾语的"要"、"会"为动词。海涅（Heine，1993：48）指出在词汇动词语法化为功能成分过程中，未完全语义虚化的情态助动词会存在歧义，如英语的 be going to work，其后的 work 既可以从字面上解释为名词补足语，又可以解释为助动词之后的不定式动词补足语，只不过前一种解释受语境限制。

（3）能单独作谓语并回答问题。陶炼指出一些情态助动词不能回答问题，如"将、必、须、可、得（de）、应、要（表示可能）"。我们认为所有情态助动词都能单独作谓语并回答问题，这些词的词汇范畴不同于情态助动词。其中，"将、必、须、应、要（表示可能）"语法化程度比较高，必须附着在动词之上，在主要句法特征上不同于情态助动词，属于情态助词，"可、得（de）"语法化最高，属于动词词缀。②

（4）不能出现在"所 X 的"格式，但可以出现在"所 XV 的"格式中。李韧之（2004：127）认为情态助动词"会、要"可以出现在"所 X 的"格式。但该类句式中"会、要"以名词短语为补足语，区别于情态助动词。情态助动词"会、要"之后的补足语子句焦点化时，句子不合法。如下：

---

① 文炼（1982）认为表能力的"会"是动词，"他会普通话"与"他会说普通话"中的"会"都是动词，因此认为能否带体词成分作为区分动词与情态助动词的标准值得重新考虑。本书认为这两个"会"在能否带体词宾语与能否带体貌标记表现不一致，可以区分为动词与情态助动词。另外，有些文献认为"会"的兼类问题是张斌先生所写是误传。

② 详细分析请参考本章第二节。

（244）a. 阿丘所要的是一个饼。

　　　　b. ＊阿丘所要的是买一套房子。

（245）a. 阿丘所会的是一门手艺。

　　　　b. ＊阿丘所会的是买一套房子。

（5）不能出现在"X 得"结构。能出现在"X 得"结构的只能是动作动词或性质形容词，情态助动词和表意愿的动词都不能出现在"X 得"结构。

（6）不能用"怎么"提问。朱德熙（1982：91）指出"怎么"是对方式状语或原因状语的提问。情态助动词并非修饰其后谓词的状语，因此，不能用"怎么"提问。虽然王力将情态助动词归入副词，但指出这类副词并非限制性的。

（246）a. 特派员搭便车出了城。＜＝特派员怎么出了城？

　　　　b. 特派员应该出了城。＜≠特派员怎么出了城？

（7）不能名词化，充当句子的主语或宾语。但有学者指出，"可能"可以名词化充当句子的宾语。如下：

（247）a. 我们已经没有赶走他的可能了。

　　　　b. 事情的发展不外乎有两种可能。

根据《现代汉语八百词》，"可能"除了作情态助动词之外，还可以作形容词；而其他情态助动词都不能作形容词。名词化的"可能"源于其形容词用法，是形容词与名词后缀"性"融合，继而脱落的结果。

（8）没有命令式。

（9）不能重叠，也不能被动化。"不能重叠"和"不能被动化"是情态助动词很重要的句法特征。但基本上所有的词类都存在这两种特质，因此，这两点不能将情态助动词与其他词类区分开来，不宜将这两条特征作为情态助动词的判定标准。

郭锐（2002：111）指出只有具有全面性的特征才能作为划类的主要标准，不具有全面性的因素至多只能作为辅助的标准。上述具有全面性的句法形式特征，即对于所有词或绝大部分词都适用的句法形式特征，是我们判定情态助动词的主要依据。

二　区分标准的再思考

自 20 世纪 60 年代到现在，汉语情态助动词的句法形式特征的描写已经比较充分，但其区分标准却一直未有定论。纵观自语法小组提出情态助动词的句法形态特征以来，学术界对这类词的区分标准的研究从未中断，既有基于句法形态特征的探讨，又有结合句法形态和语义的分析。多数学者都认为情态助动词属于动词的一类，具有与其他动词不一样的句法语义特征。但在情态助动词的区分标准上，却并不一致。

（一）句法形态标准

朱德熙（1982：59-61）指出情态助动词是真谓宾动词的一类。谓宾动词的宾语可以是单个动词或形容词，也可以是主谓结构、述宾结构、述补结构、连谓结构或由副词充任修饰语的偏正结构等，属于这类动词的有"觉得、希望、赞成、打算、以为、认为、感到、能、应该"等。真谓词宾语区别于准谓词宾语，后者一般为双音节动词，且这些双音节动词允准体词或形容词为修饰语构成偏正短语。带准谓词宾语的动词被称为准谓宾动词，其后面不能是一般动词、动宾结构和受副词修饰的偏正结构。

（248）a. ＊进行查
　　　　b. ＊进行调查农村
　　　　c. ＊进行立刻调查

但"带谓词宾语"不具排他性，不能排除其他谓宾动词。朱德熙在此基础上提出的不能重叠，不能带后缀"了、着、过"，可以放在"～不～"的格式里，可以单说四个特征也不能完全排除其他谓宾动词。[1] 如下所示：

（249）a. 他们觉得这个建议好不好？
　　　　b. ＊他们觉得觉得这个建议好。

---

[1] 李英哲等（1990：130-147）认为情态助动词区别于动词的标准为时体助词"了、着、过"，所以，其情态助动词范围包括表达"打算、坚持"等词。但将"打算、坚持"等分析为情态助动词并不符合我们的语感。

      c. 他们觉得（＊了/着/过）这个建议不好。

      d. 他们觉（得）不觉得这个建议好？

      e. 他们觉得这个建议好吗？——觉得。

（250）a. 张三认为李四去了北京。

      b. ＊张三认为认为李四去了北京。

      c. 张三认为（＊了/着/过）李四去了北京。

      d. 张三认（为）不认为李四去了北京？

      e. 张三认为李四去了北京吗？——认为。

孙德金（1996）提出情态助动词处于主语和谓语动词之间，不能带"着、了、过"，可用肯否重叠式提问，可用"不"或"没"否定，可加程度副词。该标准不同于之前的是强调情态助动词可被程度副词修饰，但这并不能排除其他谓宾动词。

（251）a. 我更觉得荣幸。

      b. 大家很希望您能回去一趟。

李韧之（2003）提出的 NORA 标准也同样存在不具排他性的问题。前面提到，"不允许重叠"和"不能带体标记"并不能区别情态助动词和其他谓宾动词；"可以被'不'否定"特征也不能将副词排除在外；"与动词同现"特征是情态助动词的基本特征，但该特征不具有区分度，副词和其他谓宾动词都可以位于动词前与其同现。

（二）句法形态兼顾意义标准

汤廷池（1988：228-235）、李英哲等（1990：130）、孙德金、郭锐（2002：191）等都强调情态助动词表示情态意义，指出这类词的分布特征为出现在主要动词之前，句法属性为带谓词宾语。李临定（1990：140）、黄伯荣和廖旭东（1991：15）等则强调这类词的具体语义内涵。但正如郭锐（2002：18）所指出的词义与词的语法性质并不完全对应，根据词义划出的词类与句法的关系不大。意义上划出的词可以对应多种词汇范畴，在句法上表现并不相同。铂金斯（1983）的研究表明表达情态意义的词类包括动词、形容词、名词、助动词、准助动词、助词、副词、时态、句式等。上述学者提出的句法形态仅有语义的界定标准，仍不能区分情态助动词和表情态义的动词和形容词。朱德熙已经注意到了这一点，指出"容易、难、好意思"这些是具有助动词用法的形容词，但他并未从句法形态上将情态助动词与谓宾动词和谓宾形容词区别开来。李英哲等（1990：130-147）就明确指出情态可以通过句尾助词、主要动词、副词或语调来表示。他们认为情态助动词和其他动词可以通过是否带时体标记加以区别。但部分谓宾动词和情态助动词一样不可以带时体标记，因此，他们所概括的情态助动词范围就包括"坚持、想要、希望、喜欢、高兴、渴望"等词，不符合我们的语言直觉。此外，他们认为情态助动词与副词的区别在于能否用于"～不～"格式，但也存在一些反例。

袁毓林（2010：19-45）指出意义类别是一种软标准，不具有可证伪性，不能作为判定词类的科学标准。因此，"具有情态义"不能作为情态助动词的判定标准。但袁毓林也指出意义类别与语法功能具有自然的相关性，用法相近的词在意义的概念类别上往往相似，而且意义类别相近的词在语用功能上也具有一定的相关性。情态助动词主要包括可能、义务、许可、能力、意愿等语义类型，这些语义类型都表达说话者对句子命题的主观态度和观点。词的意义不能作为客观的划类标准，但可作划类的辅助手段。

（三）原型范畴理论

彭利贞（2007：92-93）综合考虑学者们广泛讨论的 10 点特征，运用原型范畴理论确定了典型、较典型与非典型情态助动词。这些特征分别是：能单独作谓语；可以单独回答问题；可以单说；可以放在"X 不 X"格式里形成正反问句；可以用"不"否定，有的可以用"没"否定；有的能用"很"修饰；只能带谓词宾语，不能带体词宾语；可以连用；不能重叠；不能带后缀"了、着、过"。他认为典型情态助动词具有较多的句法形态特征，而非典型情态助动词则是具有较少的特征。但这些特征的选择值得商榷，不能因为这些特征前人讨论较多就确定这些是情态助动词的特征。而且部分特征并不具有全面性特征，只适用于部分甚至是少部分词。此外，这些特征之间关系并不清晰，如"能单独作谓语；可以单独回答问题；可以单说"。这些特征都与其独立性相关，是不同学者从不同的角度对情态助动词独立性的描述，对它们不加区分都作为判断标准并不合适。

袁毓林（2010：1）指出词类是原型范畴，对于典型成员，采用公理化的方法，用具有区别性的分布特征严格定义。对于非典型成员，他采取建立各别词类的隶属度量表，并据此对有关的词进行隶属度分析，定量化地确定它们的词类归属。他认为情态助动词的区别性分布特征为只能带谓词宾语，但不能重叠、不能带时体助词"着、了、过"（ibid，64）。情态助动词的隶属度量表特征为（ibid，252-255）：可以受否定副词"不"修饰；一般不能受"没有"修饰；不能后附或中间插入时体助词"着、了、过"；也不能进入"……了没有"格式；只能带谓词宾语，不能带体词宾语和数量宾语；或者能受程度副词"很"等修饰，或者可以有"不Ｖ不"式双重否定；没有"ＶＶ、Ｖ一Ｖ、Ｖ了Ｖ"等重叠形式，但是有"Ｖ不Ｖ"这种正反重叠形式；可以作谓语或谓语核心，可以受状语和补语修饰；不能作状语直接修饰动词性成分；不能跟在"怎么、怎样"之后对动作的方式进行提问，不能跟在"这么、这样、那么、那样"之后用以做出相应的回答；不能跟在"多"之后对性质的程度进行提问，也不能跟在"多么"之后表示感叹；不能用在肯定式祈使句中，也不能用在带"别、甭"的否定式祈使句中。

正如参与词类模糊划分问卷调查的专家指出的，原型范畴理论运用于词类研究的方法有较好的研究前景（史金生），可以为汉语语法分析方法的创新提供一些参考（叶文曦）。但这种方法有以下几点值得进一步研究：首先，区别性特征的分布框架显然并不能将情态助动词与其他谓宾动词区别开。其次，隶属度量表的具体内容也存在问题，如同一分布特征包含两个合取条件时，如果两个条件一个满足，一个不满足，如何判断权值？同一特征包含两个析取条件时，析取条件时而为同一问题的不同视角，时而为不同的问题，这在权值上是否不同？同时满足两个条件和只满足一个条件是否在权值上有差异？最后，正如郭锐（2002：20）所指出的，我们无法对原型范畴的确定加以论证，因而难以操作。依此，原型范畴分析尚不能作为词类划分的有效手段。

（四）基于形式语法的区分标准

由上可知，已有的句法形态标准、句法形态兼顾语义标准以及原型范畴论仍未能解决情态助动词的区分标准问题。情态助动词的区分最大的难题在于其内部成员结构复杂，较难用一种统一的分布模式来分析，需要区别对待。陶炼便是从两种结构模式分析了之前学者们所讨论的情态助动词。他认为表能力、意愿的A类情态助动词与前面的名词有主谓关系，其结构为"主语+谓语［助动词+动词］"；表必要、可能、许可的B类情态助动词与其前面的名词没有主谓关系，其结构为"次句［主语+谓语］+助动词"，并指出这类词是对"次句"所表达的整个事件作有关的断定。依此，陶炼认为这两类助动词构造根本不同，不能把它们的差异看作是同一类词的内部差异，因此把表能力、意愿的词划出情态助动词，归入动词，而仅把表示必要、可能、许可的词看作是情态助动词。

但是，根据结构上的差异将一类词归入动词，而把另一类界定为情态助动词缺乏理据，因为句法结构上可以将动词分析不同的句法类别，如提升与控制，而不需要将它们分别置于不同的词类。我们赞同陶炼对 A 类词的结构处理，认为 A 类词之前的名词语义上不仅与情态助动词有主谓关系，也与其后的动词有主谓关系，句法上实现为控制关系；但将 B 类词的结构分析为"次句［主语+谓语］+助动词"值得商榷，因为依此需要解释情态助动词位于次句谓语动词之前和主语之前的现象，即助动词如何移入次句的主谓之间。此外，将 A 类和 B 类分别归入不同的词类忽略了两类动词在不带时体助词、不能重叠、不能被动化等多个句法特征上具有一致性，且都表达说话者对命题或事件的观点和态度。本书认为将它们统一分析为情态助动词具有较大的理论意义，从类型学上能更好地与其他语言作对比研究。

其实，将情态助动词分成句法上不同结构的动词在台湾和海外学者的研究之中并不少见。黄正德、曹逢甫、林若望与汤志真、林宗宏等学者都倾向于将情态助动词分析为两类：提升情态助动词与控制情态助动词。表达可能性的情态助动词是一元谓词，以整个命题为补足语。如下：

（252）可能他明天会赢那场球。

假设例（252）为基本句式，那么，句子的主语或整个句子都可把话题提升到这类词之前，派生出例（253）。

（253）a. 他可能明天会赢那场球。
　　　　b. 他明天会赢那场球可能。

表能力或愿望的情态助动词是二元谓词，以动词词组为补足语。如下：

（254）a. 他不肯赢那场球。

　　　　b. 他能够赢那场球。

例（254a）中"肯"表达意愿，例（254b）中"能够"表达一种能力，两个动词都以"赢那场球"为补足语。情态助动词出现在句首或句尾都不合法。如下：

（255）a. *不肯他赢那场球。

　　　　b. *他赢那场球不肯。

（256）a. *能够他赢那场球。

　　　　b. *他赢那场球能够。

三　句法标准及范围

汉语情态助动词的形式句法研究表明，这类词可以分为两类：一类为不及物动词，带包含主语 NP 的动词短语，即带主谓结构的不及物动词；一类为及物动词，带包含空主语 PRO 的动词短语，即带非主谓结构（包括述宾结构、述补结构、连谓结构、由副词充当修饰语的偏正结构或单个的谓词）的及物动词。如下：

（257）a. 经理肯［PRO 参加这次会］。

　　　　b. 应该［日本人已经投降了$_2$］。

不同于其他带主谓结构的及物动词，情态助动词带包含主语 NP 的谓词宾语时，动词前不允准其他名词短语作主语。如下：

（258）a. *他应该日本人已经投降了$_2$。

　　　　b. *这可能日本人已经投降了$_2$。

（259）a. 他愿意人们对他敬而远之。

　　　　b. 他以为李四已经吃了$_1$饭了$_2$。

依此，我们假设区分情态助动词的句法标准为：

（260）判断标准
①带主谓结构的不及物动词或带非主谓结构的及物动词。

该标准确定了情态助动词的动词属性，表明情态助动词既能为主语指派题元角色，又可独立于句子命题之外，充当"高一级的谓词"①。该标准不仅将体宾动词排除在外，而且将带主谓结构的及物动词排除在外，如"希望、盼望、指望"等。之前部分学者所探讨的估价类动词"值得、配"也不在情态助动词范围之内。

（261）a. 他希望你不要参加这次活动。
　　　　b. 我指望他来。
（262）a. 她不值得你这样自暴自弃。
　　　　b. 我不配你爱。

这些词都表达说话者对命题或事件的观点与态度，本书将其归入情态动词。赵元任（2002［1984］：366-367）将"希望、盼望"等词归入带分句宾语（即主谓结构）的意愿动词，区别于情态助动词。他还指出情态助动词仍不免与及物动作动词、连锁动词以及别的词类重复，但认为这要以该词出现的框架来决定其词类。问题是一个情态助动词可以出现在不同的框架中，因此我们需要进一步分析这些词的出现框架及其产生的原因，研究不同框架之间的内在联系。情态助动词并非不能带分句宾语，如"可能"可以出现在分句之前，但并不依此认为"可能"是带分句的动词，而将出现在主语和谓词之间的"可能"分析为情态助动词。这样分析割裂了二者之间的内在联系。我们认为动词出现的框架要区分基础生成框架和出现框架，用动态的眼光看待动词的框架结构。

（263）a. 可能他已经来了。

---

①　吕叔湘（1979：109-110）指出高一级的谓语源于转换生成语法理论，可以应用于一部分情态助动词。

b. 他可能已经来了。

例（263）中"可能"的语义都是表推测，假设 a 句为"可能"的基础生成架构，那么 b 句则是基础架构经过主语移位派生而来，这与其他语言的主语提升类似（但提升的动因可能并不相同，关于这一点我们将在下一章详细探讨）。

区分基础生成架构与出现架构的差异有利于语法分析，符合经济性原则，如意愿动词的出现结构也可以是带非主谓结构谓词宾语，但我们并不依此将意愿动词归入情态助动词。

（264）a. 他希望你能参加这次活动。
    b. 他希望能参加这次活动。

意愿动词的基础生成架构都是"V+主谓结构宾语"，不同的是，例（264a）中主谓结构中的主语不能删除；例（264b）则是主谓结构宾语中的主语脱落所派生的架构，该主语可以补充出来，不影响句子的合法性，即"他希望他能参加这次活动"。

（265）a. 他希望你能参加这次活动。
    b. 他希望（他）能参加这次活动。

如果动词的基础生成架构是"V+非主谓结构宾语"，那么非主谓结构中的谓词之前只能是空主语 PRO，不能补出名词性成分作主语。

（266）a. 他准备＊（他）参加这次活动。
    b. 他设法＊（他）参加这次活动。

但胡建华等（Hu et al.，2001）指出汉语中不存在空主语 PRO，这些空主语位置在一定条件下都能补充出词汇主语。

（267）a. 我准备明天下午天黑以后我一个人来。
    b. 你最好设法今天下午散了会以后你一个人来。

　　依此，胡建华等（2001）认为词汇主语的出现限制并非严格的句法限制。但没有这些状语成分出现时，补充词汇主语不合法。上述分析表明句法机制的严格限制和语用机制对句法机制的调节，不能因为语用的调整而否认句法机制的存在。相关问题我们将在下一章详细探讨。

　　参考《现代汉语词典》和《汉语动词用法词典》，前面提到的句法标准所概括的动词既包括情态助动词，也包括意愿动词[①]、表建议主张的谓宾动词、粘宾动词（意愿动词如"愿意、情愿、高兴、乐意、打算、试图、企图"等；表建议主张的动词如"提议、建议、倡议、主张"等；粘宾动词如"得以、给以、便于、甘于、敢于、显得、懒得、横加、胆敢、力争、着手、甭、好"等）。其中，部分意愿动词"打算、试图、企图、想、准备、幻想、渴望、希望、算计"等可以与表进行的时体副词"正（在）"连用，而情态助动词不能。[②] 如下：

　　[①] 梁式中（1960）认为"打算、试图、企图、表示、决定、准备、肯定"等意愿动词可以用"X怎么样？"提问，不能用"X什么？"提问，区别于带谓词宾语的"禁止、结束、进行、怕"，这些词属于情态助动词，但同时又指出"打算"的动作性比较强，"表示、决定、准备、肯定"能带名词宾语。因此，作者认为这些词都有两类：一类是助动词，一类则是动词。"试图、企图"不具有上述特征，是纯粹的情态助动词。但"X怎么样？"并不是一条具有全面性的判定标准，有些情态助动词如"肯、会、能（表能力）、可以（表能力）"等不能用于该句式。陈光磊（1980）则把"愿意、情愿、肯、敢、要、高兴、乐意、打算"等分析为心理动词的子类——意愿动词，将意愿动词归入动词，不属于情态助动词。胡波（2010）指出意愿动词"打算、计划、设法、企图"等带空主语PRO，PRO受到强制控制，表现为主语控制、部分控制、隐含控制和变量控制。我们认为意愿动词和表建议主张的动词都是表达说话者对事件的观点或态度，属于情态动词。

　　[②] 吴平老师指出"要"可以用"正"修饰。

　　（1）我正要找你。我们认为此处的"正"为表恰好、正好、刚好，而不是表进行的时体副词。吕叔湘（2006：670）指出"正"表动作进行或状态持续时，其后的单音节动词或形容词要带"着"，但"要"不能带时体助词"着"，"正"也不能替换为"正在"，而单音节意愿动词"想"既可以用时体副词"正在"修饰，后面也可以带时体助词"着"。（2）a.＊他正在要找你。b. 他正要（＊着）找你呢。（3）a. 他正想着一起去旅行呢。b. 他正在想一起去旅行。"正+动/形+着"结构则用于复句中的前一个小句，表示在动作或状态进行中另一事件发生了，语序与事件的先后顺序相关。但表巧合的"正"用于复句结构时，两句所表达的事件无先后顺序，语序较为自由。（4）a. 我正看着电视，突然感到一阵头晕。b.＊突然感到一阵头晕，我正看着电视。（5）a. 他正要去找你，你来的真巧。b. 你来的真巧，他正要去找你。吕叔湘指出"正"强调时间，"在"强调状态，"正在"既指时间又指状态。但他认为"正"不能用动词的单纯形式，该描述并不准确，动词是否是单纯形式与这三个词的用法并无必然联系，但动词是否是单音节词影响其后的时体助词。（6）a. 我们正讨论（着）呢。b. 他们正年轻，有着充足的精力。（6a）中"呢"为句末语气词，并不与动词关联，双音节动词"讨论"后的时体助词"着"可以省略。（6b）中，"正+形"表示状态在持续中，也不需要时体助词"着"。

（268）a. 不少外商已经或正在打算追加投资。

　　　 b. 人们正在试图通过种种方式和手段来寻求一种新的力量
　　　　 平衡。

（269）a. 小明（＊正在）可能去了学校。

　　　 b. 小李（＊正在）应该拿下那场比赛。

其他意愿动词"情愿、甘愿、愿意、乐意、高兴"等能带"地"作状语修饰其后的动词，而情态助动词不可以。

（270）a. 他很愿意地答应在克拉苏的军队中担任副将。

　　　 b. 吉赛很不情愿地走了出去。

（271）a. 小明很可能（＊地）去了学校。

　　　 b. 小李很肯（＊地）参加比赛。

依此，在（260）的基础上，判断情态助动词的句法标准修正为：

（272）判断标准
①带主谓结构的不及物动词或带非主谓结构的及物动词。
②不能受时体副词"正（在）"修饰或不能带"地"作状语。

但该标准仍不充分，还需要依据具有全面性的特征区分情态助动词和表建议主张的谓宾动词和粘宾动词。情态助动词与表建议主张的谓宾动词的差异在于能否带时体标记。① 蔡文兰指出表示建议主张的谓宾动词可以带"过"，如"提议、建议、倡议、主张"等，但情态助动词不允准带"过"，也不允准带"了₁、着"。

（273）a. 其实，我以前也曾提议过召开全民大会。

---

① 其中，少数谓宾动词如"打算、计划"也能带"了"，但多数谓宾动词"提议、建议、倡议、主张、准备、算计、怕"等带时体标记"了"倾向于带体词宾语，基本不带或较少带谓词宾语。（1）a. 罗伯特爵士问他，"你打算了出席这次会议吗？"b. 他早就计划了要到武汉图书大世界去转一转。（CCL）（2）a. 后来他建议了进庙后的搜捕点和搜查程序 。b. 他又提议了几个地方，她都没兴趣 。c. 50 年前，中国、印度、缅甸等国倡议了和平共处五项原则。（CCL）

  b. 他们曾经建议过不要参加这种活动。

（274）a. 小明可能（＊了$_1$／＊着／＊过）去学校了$_2$。

    b. 你可以（＊了$_1$／＊着／＊过）走了$_2$。

  情态助动词与粘宾动词的差异在于能否单独作谓语。粘宾动词在句子里能充当谓语中心，但不能单独作谓语；情态助动词都能单独作谓语。

（275）a. 小明善于料理个人生活吗？

    b. ＊他善于。

（276）a. 小明敢走玻璃栈道吗？

    b. 他不敢。

  根据蔡文兰（1986）的研究，不能单独作谓语的真谓宾动词①主要包括：用"以"构成的表示处置义的动词，如加以、致以、给以、予以等；表示否定意义，用"不"构成的动词，如不堪、不宜、不便、不致、不禁、不甘、不屑、不由得等；带"于"字后缀的动词，如敢于、便于、勇于、甘于、难于、易于、善于、乐于、苦于、惯于、急于等；带"得"字后缀的动词，如乐得、懒得、免得、显得等；其他，如意味着、据说、叫嚣、发誓、扬言、预言、阴谋、立志、设法等。我们将这些都归入粘宾动词。根据吴锡根的研究，粘宾动词不能单说，不能带补语，不能重叠，动作性很弱，其宾语不能省略，不能出现在其他句法位置上。他指出《现代汉语词典》中收录 372 个粘宾动词，其中带谓词宾语的有 79 个。依此，判断情态助动词的句法判定标准修正为：

（277）判断标准

①带主谓结构的不及物动词或带非主谓结构的及物动词。

②不可以受时体副词"正（在）"修饰或带"地"作状语。

③不可以带时体助词"了$_1$、着、过"。

④可以单独作谓语。

---

 ① 蔡文兰也区分了两类带非名词宾语的动词：A 类动词只能带非名词宾语，即朱先生所说的真谓宾动词；B 类动词既可以带名词宾语，也可以带非名词宾语，即朱先生所说的准谓宾动词。

　　结合情态助动词的句法标准，我们考察了前人研究过的情态助动词，并分析了《现代汉语词典》与《汉语动词用法词典》中的真谓宾动词，确定情态助动词的范围包括：

　　能（能够）、可以、会、可能、敢、肯、要、应该（应当）

　　情态助动词的语义内涵如表3—2所示。

表3—2　　　　　　　　　　　　情态助动词的语义内涵

情态助动词	语义类别	语义内涵（来自《现代汉语八百词》（修订版），2006）
能₁	认知	"有可能，估计某事将要发生"
能₂	道义	"情理上或环境上的许可"
能₃	动力	"有能力做某事或善于做某事"
可以₁	道义	"情理上或环境上的许可"
可以₂	动力	"有条件有能力做某事"①
会₁	认知	"有可能"
会₂	动力	"懂得怎样做或有能力做某事，善于做某事"
可能	认知	"估计、也许、或许"
敢	动力	"有勇气做某事；有把握作某种判断"
肯	动力	"愿意、乐意"
要₁	认知	"可能、将要、估计"
要₂	道义	"需要，应该"
要₃	动力	"做某事的意志"
应该₁	认知	"估计情况必然如此"
应该₂	道义	"情理上必须如此"

　　根据帕尔默（2001：7-10）的研究，情态分为两类：命题情态与事件情态。其中，命题情态指的是说话者对命题的真值或命题的现实状态的态

────────

　　① 彭利贞（2007）指出"可以"并不具有"可能"义，而具有"有条件或有能力做某事"的意义。

度，而事件情态指的是说话者对未发生的但具有潜在可能性的事件的观点。命题情态包括认知情态和证据情态（evidential modality），事件情态包括道义情态和动力情态。认知情态指的是说话人表达对命题现实状态的判断，而证据情态则强调说话者对命题现实状态所具有的证据，包括报道型和感知型两类。道义情态指的是主语做某事的义务或许可，强调的是事件发生的外部条件因素；动力情态则指的是主语做某事的能力或意愿，强调事件发生的内在条件因素。根据表 3—2 中现代汉语情态助动词的语义内涵，可以将其分类，如图 3—2 所示。

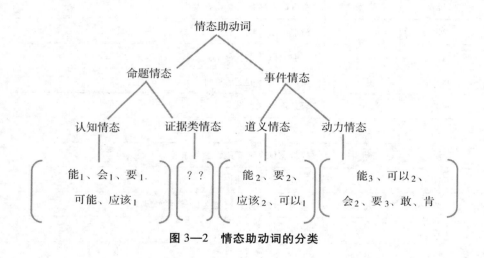

图 3—2　情态助动词的分类

　　汉语是否存在证据类情态词？张伯江的研究表明汉语存在三类传信表达，其中从信息的来源形式所分析的词指的就是帕尔默所提出的证据类情态。[①] 证据型情态可以分为两类：报道型情态和感知型情态。报道型情态词可以表示从别处听来的二手或三手信息，也可以表示来自传说的证据，如"据说、据悉、据称、据报道、传闻、传说、听说"等；感知型情态词表示说话者亲身经历获得的信息，如"听起来、看上去、摸起来、吃起

---

　　① 张伯江（1997）最早将证据型情态介绍进来，并初步分析了汉语三类传信表达，其中信息的来源形式属于本书探讨的情态动词，但他并未区分不同的信息来源，而且把这些词都看成是插入语，并未具体分析这些动词的句法特征。本书将这些词都分析为提升命题情态动词，并具体分析其句法特征。其他两类分别是表示说话人对事实真实性的态度和说话人传达确信的程度，前者多为副词，后者为语气助词。暂不在本书探讨范围之内。

来、闻上去"等。① 这些词不能被"不"或"没"否定，不能用"～不～"格式表示疑问，不允准其后的补足语子句删除，不能被程度副词修饰，不能单说，不同于的情态助动词。这些词形态上为两个或三个语素组成的复合词，因此也不宜分析为情态助词。语义上表达说话者对命题的判断，属于情态词，但其具体词汇范畴我们尚不清楚。但《现代汉语八百词》和《现代汉语词典》将这些词都归入动词。因此，本书暂且将其分析为带补足语子句的一元情态动词，不归入情态助动词，但会在认知情态助动词部分作简要分析。

综上所述，判断情态助动词的句法标准为带主谓结构的不及物动词或带非主谓结构的及物动词；不可以受时体副词"正（在）"修饰或带"地"作状语；可以单独作谓语；不可以带时体助词"了₁、着、过"，依此情态助动词主要包括"能（能够）、可以、会、可能、敢、肯、要、应该（应当）"，并将其分类为认知情态、道义情态和动力情态三类。曹逢甫（2005［1990］：287）指出汉语情态助动词从语义上分为认知、道义和动力三类与句法有重要的相关性。因此，本书将在下一章重点探讨这三类情态助动词的句法特征。

小　结

汉语情态助动词是一个"有问题的类"，问题表现在其术语的不统一，词汇范畴的不确定和判断标准的多样性。本章首先分析了"情态助动词"这一术语的合适性，指出"助动词、能词、判断词"等名称中，一部分范围太小，概括性不强；一部分范围较大，不具区分度。而已有研究对术语的介绍并不全面，甚至在理解上有些偏差，不利于这类词的研究。从句法形态上看，情态助动词与其后的动词可以与不同的时间状语组合，也可以与不同的否定词组合，允准其后面的句子成分移位或删除，可以用"～

---

① 胡裕树、范晓（1995）指出"动词+起来"可以表示看法、估计，其中该结构中的"起来"起连接作用，比其他用法语义更虚，往往可以省略。但他们并未具体说明哪些动词具有该用法，且把这类词中的"起来"看成是连接词值得商榷。本书认为"感官动词+起来"表达说话者对命题子句的观点，属于证据型命题情态，"起来"虽然词义虚化，但不可以省略。如下：
（1）这句话听＊（起来）不吉利。（2）这件事看＊（起来）靠谱。

不～"格式构成一般问句，可以被副词修饰，属于动词范畴。情态助动词的语法化研究也表明这类词并没有语音和语义上的磨损，可以带不同类型的谓词宾语，约束性较低，句法位置比较灵活，组合关系的可变性较高，属于语法化程度较低或不具语法化的词汇动词。而且，情态助动词与谓宾动词、其他情态词在语法化上表现出不同的特点，可以作为单独的一类区别于其他词。基于情态助动词与谓宾动词、情态词的句法特征比较，我们提出判断情态助动词的句法标准为：带主谓结构的不及物动词或带非主谓结构的及物动词；不可以受时间副词"正（在）"修饰或带"地"作状语；可以单独作谓语；不可以带时体助词"了$_1$、着、过"。依此，情态助动词主要包括"能（能够）、可以、会、可能、敢、肯、要、应该（应当）"，并从语义上分为认知情态、道义情态和动力情态三类。下一章，我们将逐一分析这三类情态助动词的句法特征。

第四章

情态助动词的形式句法分析

情态助动词从语义上可以分为认知、道义和动力三类，其中，认知情态助动词属于提升动词，动力情态助动词属于控制动词，这在汉语形式句法研究中观点较为一致，但对相关现象研究并不系统全面，在道义情态助动词的句法属性上尚存有争议。因此，本章首先将在最简理论框架下进一步探讨认知情态助动词的强制与非强制提升现象，研究驱动或阻碍论元移位的句法机制；其次讨论道义情态助动词的句法特征，并从语义上将其分为直接道义与间接道义两类，探讨其句法上的差异；最后分析动力情态助动词的控制特征，并讨论其相关句式。

第一节   认知情态助动词[①]

一   相关现象

一般认为，表推测的认知情态助动词的句法位置灵活，既可以出现在主语之后，也可以出现在其他位置。但并非所有的认知情态助动词都具有这种灵活性。

(278) a. 可能这本书涨价了。
      b. 这本书可能涨价了。
(279) a. *会张三去北京。
      b. 张三会去北京。

---

① 本节部分内容已经在"语言中的量化：语言理论与语言获得"研讨会和第六届形式语言学国际研讨会上汇报过，得到胡建华、李行德、潘海华等老师的指导和帮助，特此感谢。

例（278）和例（279）中的"可能、会"都是表推测的认知情态助动词，但"可能"的句法位置比较灵活，可以出现在句首与句中，而"会"的句法位置却严格受限，不可以出现在句首，只出现在句中。关注这一现象的学者主要包括吕叔湘、黄正德、曹逢甫、林若望与汤志真、蔡维天、林宗宏等。吕叔湘（1979：109–110）最先从转换生成语法的视角分析了认知情态助动词句，指出情态助动词属于高一级的谓词，其底层结构为"认知子句+会"，经过转换，"会"提升到主语之后。但由于该观点是吕先生用尾注的形式提出，并未引起学术界的注意。黄正德（1988）从主语提升的视角探讨了该类助动词的句法特征，指出（278a）和（279a）为底层结构，（278b）和（279b）都是补足语子句主语提升的结果。相比吕先生的动词移位假设，主语提升说解释更符合汉语话题突出型语言的特征①。由于黄正德主要探讨的是助动词"是"和"有"，对情态助动词的提升与控制只是简略介绍，所以该文并未具体分析主语提升的动因以及"会"的强制提升问题。曹逢甫（2005［1990］：291）从话题化的视角分析了认知情态助动词的不同句式之间的关系，并从语法化的视角分析了"会"的子句主语强制提升现象，指出语法化后的"会"保留了对有生主语的要求，所以子句主语强制提升。但该假设忽略了认知情态助动词无生命主语的强制提升现象，如例（280）。

（280）a. ＊会这本书涨价。
　　　　b. 这本书会涨价。

林若望与汤志真（1995）基于管辖与约束理论研究了情态助动词子句主语提升的动因，指出定式子句主语提升并非缘于"S'删除（S'-Deletion）"，而是 CP 的可穿透性，遵循空语类原则。子句主语既可以被子句 INFL 赋格，也可以被主句 INFL 赋格，所以不强制提升。子句主语不强制提升时，主句 I' 可以通过与空形式主语合并，遵循 EPP 准则。但情态助动词句 INFL 的自由赋格假设属于规约性的操作，且仍未能解释子句主语强制提升的动因，即为什么 INFL 不给子句主语赋格。林若望与汤志真研究话题较多，忽略了不同提升结构之间的句法差异。

① 关于汉语是话题突出型语言的观点，参见李纳和汤普森、曹逢甫等。

林宗宏（2012）则在最简方案框架下指出主语强制提升是 EPP 特征驱动与特征核查共同作用的结果。强制提升结构的生成过程中，词库不选择空主语，主句功能中心 T 的 EPP 特征驱动子句主语提升，句子合法。①

（281）a. Lexical Array　　［会、这、本、书、涨、价］
　　　　b. [$_{TP}$这本书$_i$ T$_F$会 [$_{TP}$t$_i$T$_F$涨价]]。

非强制提升结构的生成过程中，如果词库选择空主语 e，则子句主语不提升，如例（282）。但如果词库不选择空主语 e，则子句主语提升，如例（283）。

（282）a. Lexical Array［PRO、可能、这、本、书、涨、价、了]
　　　　b. [$_{TP}$　e T$_F$可能 [$_{TP}$这本书 T$_F$涨价了]]。
（283）a. Lexical Array　　［可能、这、本、书、涨、价、了］
　　　　b. [$_{TP}$这本书$_i$ T$_F$可能 [$_{TP}$t$_i$T$_F$涨价了]]。

林宗宏运用形式化的手段分析了情态助动词现象背后的句法机制，从普遍语法的视角尝试解释了情态助动词的相关句法现象，这是情态助动词研究的新突破。但他将两类提升现象的差异归因于词库中空主语选择的不同，仍属于规约性的操作，而且将强制提升与非强制提升规约为词库空形式主语的选择并没有解释两类提升结构之间的差异，因此也并不比 INFL 自由赋格假设更具解释力。此外，虽然林宗宏分析了两类情态助动词子句的不同性质，但他仍按照相同的句法机制来解释不同子句主语提升现象，忽略了子句性质之间与名词性成分移位的联系。如下：

（284）a. *会小明买这本书。
　　　　b. 小明会买这本书。
　　　　c. *这本书会小明买。

---

① 林宗宏认为汉语提升结构的子句为定式子句，由于汉语没有特征核查，因此主语的提升不会受到阻碍，不同于英语提升结构的子句主语提升现象。

　　　　　　　d. 这本书小明会买。

　　　　　　　e. ＊小明会这本书买。

　　　　　　　f. ＊会这本书小明买。

　　（285）a. 可能小明已经买了这本书。

　　　　　　　b. 小明可能已经买了这本书。

　　　　　　　c. 这本书可能小明已经买了。

　　　　　　　d. 这本书小明可能已经买了。

　　　　　　　e. 小明可能这本书已经买了。

　　　　　　　f. 可能这本书小明已经买了。

　　例（284）中"会"带不定式子句，例（285）中"可能"带定式子句，两者在子句名词性成分移位上存在较大的差异。

　　由此可见，汉语认知情态助动词的提升现象仍值得进一步探讨。认知情态助动词为何强制子句主语提升？强制与非强制提升有何差异？本书将结合特征核查、论元移位、话题提升等尝试回答这两个问题，探讨现代汉语认知情态助动词句的提升现象。本书论证将遵守以下几个重要假设：

　　1. 特征核查（Chomsky，2000：109，2001：5）

　　核心功能范畴 T 具有［EPP］特征，必须通过语段内的提升获得满足。[①] DP 具有可诠释的特征（人称、性、数）和未赋值的格特征，可以与核心功能范畴 T 的不可诠释特征进行一致操作，既可给核查 T 的特征赋值，又可核查 DP 的结构格。

　　2. 一致操作与一致条件（Chomsky，2001：6）

　　一致操作只针对特征，不针对词项。一致操作应用当且仅当：

　　（1）探头和目标在应用一致核查时都必须是活跃的；

　　（2）一致分为匹配和赋值两部分；

　　（3）探头必须包含完整的特征集以删除与之匹配的目标的不可诠释特征。

　　3. 多重一致（Chomsky，2005）

　　目标与探头进行一致核查，通过目标内在的特征给探头赋值，并获得结构格特征。DP 的可诠释特征可以进行多次一致核查，并为所有匹配的

────────────────

　　① 扩充的投射准则（Extended Projection Principle，简称 EPP）：每个句子都需要一个主语。

探头赋值。①

4. 语段不可渗透条件（Chomsky，2000：108）

在以 H 为中心的语段 α 中，H 的域不允准语段 α 之外的操作进入，只有 H 和 H 的边缘成分可以进入相关操作。

5. 形式主语插入条件

如果核心功能范畴 T 不能通过外部合并与内部合并核查其［EPP］特征，形式主语的插入便成为最后的策略，满足其［EPP］特征。

6. 循环转换（Chomsky，2004：107；2008：154-155）

运算以语段为单位进行循环转换。转换将窄句法的派生移交到语音和语义层，并且赋值和不可诠释特征的删除在转换时同时进行。在中间阶段，语段只拼读出其补足语部分，只有在最后阶段，语段才完全拼读出来。

7. 论元链条件（Chomsky，1995：46）

一个论元链必须以格位为首，且必须以一个题元位置为终点。

依此，本书认为认知情态助动词的子句主语强制提升是主句［EPP］特征核查的结果。强制提升结构中，情态助动词的不定式 TP 子句主语可以移位到主句 TP 的指示语位置，核查主句 T 的 EPP 特征。非强制提升结构中，情态助动词的定式 CP 子句阻碍子句主语移位，因此主句 T 的 EPP 特征要满足的话，需要与空形式主语（empty category，简称 ec）合并，消去主句 T 的 EPP 特征，句子运算成功。子句主语的强制提升属于论元移位，遵循移位的最简性，即论元移位遵循移位的最短距离原则（Hornstein，2009：35），子句宾语不能先于子句主语移位到主句的主语位置，但可以在子句主语移位之后提升到句子的左边界充当话题。非强制提升结构中，子句主语提升属于非论元移位，不遵循移位的最简性，子句宾语可以先于子句主语移位到句子的左边界。两类提升结构的差异表明汉语

---

① 霍恩斯坦等（Hornstein et al.，2005）指出名词性成分的可诠释特征可以与功能中心 T 多次核查。如下：

（1）a. As alunas parecem ter sido contratadas the. FEM. PL student. FEM. PL seem. 3. PL have been hired. FEM. PL

"the (female) students seem to have been hired." （葡萄牙语）

b. [TP [as alunas]i [T' -m[3.PL] [VP parece- [TP ti [T' ter [VP sido [TP ti-das[FEM.PL] [VP contrata- ti]]]]]]]]

存在不定式 TP 子句与定式 CP 子句的对立，表现在不定式 TP 子句不允准子句名词性成分提升为子句的话题，但定式 CP 子句可以。

接下来我们将主要围绕认知情态助动词句的提升现象从四个部分展开讨论：首先基于上一章对情态助动词的分析，具体分析表推测的认知情态助动词的句法特征；然后主要探讨认知情态助动词子句主语的强制与非强制提升现象；接着从论元移位与非论元移位、话题化、复现代词、情态连用等方面分析两类不同提升结构的句法差异；最后讨论认知情态助动词与其他提升动词的异同。

二　基本语义内涵及用法

认知情态助动词语义上表达说话者对命题的推测（Palmer，1986：54-55）。

> （286）a. 可能小明已经去了$_1$上海。
>
> 　　　b. 应该$_1$他还在吃饭。

例（286）中认知情态助动词"可能、应该"之后的成分既可以是完成事件，也可以是正在进行的事件，表达一个完整的命题。但认知情态助动词也可以带事件子句，并非具有真值的命题。

> （287）a. 小明可能去上海。
>
> 　　　b. 他会$_1$做这件事。

例（287）中子句"小明去上海"和"他做这件事"并不具有真值，不是一个完整的命题，仅表达事件。命题补足语是有时态的主谓结构，具有真值；而事件补足语是无时态的主谓结构，不具有真值。依此，汉语认知情态助动词表达说话者对命题或事件的推测，主要包括"会$_1$、要$_1$、能$_1$、可能、应该$_1$"，其具体语义内涵如下（源自吕叔湘，2006）：

可能：表示估计、也许、或许，可以用在助动词前，也可用在主语前。

会$_1$：通常表将来的可能性，但也已可以表示过去的和现在的。

能$_1$：表示有可能，常与表示可能的"得"同用，可以用在"应该"后面，也可以用在"愿意"前面。

应该$_1$：估计情况必然如此。

要₁：表示可能，前面可以加"会"，句末可以加"的"；表示将要，前面可以加"快、就"，句末常加"了"；表示估计，用于比较句，位置可以在"比"前或后，也可以用在"得"后，意思不变。

除"可能"外，吕叔湘将其他词都分析为情态助动词或动词。本书认为"可能"和其他情态助动词一样都属于动词。按照上一章对情态助动词动词属性的分析，"可能"既可以用"不"否定，也可以用于"～不～"格式表疑问，可以单独回答问题，允许其后的命题子句移位或删除，可以被程度副词修饰，属于动词，而不是副词。

（288）a. 但若要真待全体民众集合起来掌握政权，这事还是不可能。

b. 这事可不可能发生？

c. 玉儿说，可能。

d. 按照科学的程序和方法，从经验和定量方面研究政策，在那时还不可能。

e. 普遍模仿检验很可能是最好的检验标准。(CCL)

"会₁"表示可能性，一般用于表示将来的情形，表示过去的情形一般用在有标记的结构中，如否定、"～不～"格式，表示现在的情形一般用于状态动词或正在进行的动作事件。

（289）a. 他不会₁昨天就已经知道这件事了吧。

b. 他会₁在学校吗？

"能₁"表示可能时，一般出现在疑问句和否定句中（彭利贞，2007：152）。

（290）a. 有萝卜我们还能₁渴着？

b. 天这么晚了，他能₁来吗？

"应该₁"表示必然的推测，只能用于肯定句，不能用于否定句和疑问句中。相原茂指出"应该₁"属于拒绝否定的"肯定词"，只能用于肯定结构。其实，不仅"应该₁"，多数表极大可能性的词都属于"肯定词"。而且，这类词不仅不能用于肯定结构，也不能用于"～不～"的疑问结构。

(291) a. ＊他们不应该₁已经到了。

　　　 b. ＊他应不应该₁已经到了？

　　　 c. ＊他们不必须参加这次活动。

　　　 d. ＊他们必不必须参加这次活动？

　　　 e. ＊他们不肯定知道这件事。

　　　 f. ＊他们肯不肯定知道这件事？

　　"应该"的否定需要借助其他词才能实现，这与表必然推测的副词"肯定、必须"具有类似的用法。

(292) a. 他们应该已经到了。=>他们不可能已经到了。

　　　 b. 他们肯定知道这件事。=>他们不一定知道这件事。

　　　 c. 他们必须₁参加这次活动。=>他们不用参加这次活动。

　　表必然推测的副词"一定"可以用"不"否定，语义程度极大的"必"也可以用"不"否定，因此，部分学者（沈家煊，1999：91-114；石毓智，2001：23-86等）提出的语义程度极大的词语只能用于肯定结构的假设值得商榷。

　　此外，表示可能的"要"暂归入情态助动词，但其句法特征与其他认知情态助动词差异较大，表现在："要"不能单独作谓语，不能用"不"否定，不能用"～不～"格式提问，不允准其后的补足语移位或删除，不能用程度副词修饰。

(293) a. 会议要开始了吗？——＊会议要。

　　　 b. ＊会议不要开始了。

　　　 c. ＊会议要不要开始？

　　　 d. ＊他们出发了要。

　　　 e. ＊他们要出发了，我们也要。

　　　 f. ＊他们很要出发了。

可见表可能的"要"的语法化程度较高，因此，有学者认为"要"已经演变为将来时标记（吴福祥，2005），也有学者认为"要"已经演变为体助动词（Lin T. -H.，2012）。但为方便论述，本书仍将表可能的"要"与表道义和意志的"要"都归入情态助动词，探讨其句法特征的差异。

三　主语提升

认知情态助动词选择一个命题或事件子句作补足语，其子句主语强制或非强制提升到句子的前面。其中，认知情态助动词"会"属于强制提升动词，子句主语必须提升到情态助动词之前。[①] 如下：

（294）a. *会［这本书涨价］。
　　　　b. 这本书$_i$会［t_i涨价］。

假设"会"带不定式 TP 子句，子句主语可以移位到主句 TP 的指示语位置。依此，例（294）中"会"的子句主语提升是［EPP］特征驱动的移位。子句主语提升到主句 TP 的指示语位置，满足主句 T 的［EPP］特征，句子成功收敛。强制提升结构的派生过程如下：

（295）a. 合并"涨价"和"这本书"+题元指派：
　　　　　［这本书$_{[3.SG][case:u]}$［$_{vP}$涨价］］
　　　　b. 合并 T：
　　　　　［T$_{[\Phi:u][EPP]}$［这本书$_{[3.SG][case:u]}$［$_{vP}$涨价］］］
　　　　c. 特征匹配：
　　　　　［T$_{[3.SG][EPP]}$［这本书$_{[3.SG][case:u]}$［$_{vP}$涨价］］］
　　　　d. 内部合并"这本书"：
　　　　　［这本书$_{[3.SG][case]}$［T$_{[3.SG][EPP]}$［这本书$_{[3.SG][case:u]}$［$_{vP}$涨价］］］］

[①] 认知情态助动词"能"的用法高度受限，允准子句带时体助词，但不能出现在句首。
（1）*能他没去过北京吗？（2）他能没去过北京吗？渡边丽玲、彭利贞等指出表可能义的"能"多用于疑问句和否定句，在肯定句中限制较大。

e. 合并"会"：

[$_{vP}$会 [这本书$_{[3.SG][case]}$ [T$_{[3.SG][EPP]}$ [这本书$_{[3.SG][case:u]}$ [$_{vP}$涨价]]]]]

f. 合并 T：

[T$_{[\Phi:u][EPP]}$ [$_{vP}$会 [这本书$_{[3.SG][case]}$ [T$_{[3.SG][EPP]}$ [这本书$_{[3.SG][case:u]}$ [$_{vP}$涨价]]]]]]

g. 特征匹配：

[T$_{[3.SG][EPP]}$ [$_{vP}$会 [这本书$_{[3.SG][case]}$ [T$_{[3.SG][EPP]}$ [这本书$_{[3.SG][case:u]}$ [$_{vP}$涨价]]]]]]

h. 内部合并"这本书"：

[这本书$_{[3.SG][case:u]}$ [T$_{[3.SG][EPP]}$ [$_{vP}$会 [这本书$_{[3.SG][case]}$ [T$_{[3.SG][EPP]}$ [这本书$_{[3.SG][case:u]}$ [$_{vP}$涨价]]]]]]]

i. 合并 C：

[C [这本书$_{[3.SG][case:u]}$ [T$_{[3.SG][EPP]}$ [$_{vP}$会 [这本书$_{[3.SG][case]}$ [T$_{[3.SG][EPP]}$ [这本书$_{[3.SG][case:u]}$ [$_{vP}$涨价]]]]]]]]

j. 循环转换：

[C [这本书$_{[3.SG][case]}$ [T$_{[3.SG][EPP]}$ [会 [这本书$_{[3.SG][case]}$ [T$_{[3.SG][EPP]}$ [这本书$_{[3.SG][case]}$ [$_{vP}$涨价]]]]]]]]

k. 低层拷贝删除：

[C [这本书$_{[3.SG][case]}$ [T$_{[3.SG][EPP]}$ [会 [这本书$_{[3.SG][case]}$ [T$_{[3.SG][EPP]}$ [这本书$_{[3.SG][case]}$ [$_{vP}$涨价]]]]]]]]

（说明：T$_{[\Phi:u]}$表示 T 的 Φ 特征未赋值，T$_{[3.SG]}$表示 T 已经进行特征匹配并赋值为第三人称单数，T$_{[EPP]}$表示 T 的［EPP］特征；这本书$_{[3.SG]}$表示名词短语具有的可诠释特征第三人称单数，这本书$_{[case:u]}$表示名词短语的格位未赋值，这本书$_{[case]}$表示格位已核查主格的名词短语，这本书$_{[case]}$表示名词短语的拷贝及其特征都删除了。）

与"会"不同，"可能、应该"属于非强制提升动词，子句主语不需要强制提升。

(296) a. [可能 [这本书涨价了]]。

b. [应该 [他已经知道了这件事了]]。

假设"可能、应该"带定式 CP 子句，阻碍子句主语提升到主句 TP 的指示语位置核查 T 的［EPP］特征。主句 T 只能通过与空形式主语 e_{it} 合并，满足 T 的［EPP］特征，句子成功收敛。非强制提升结构的派生如下：

（297）a. 合并"涨价了"和"这本书"＋题元指派：

[这本书$_{[3.SG][case:u]}$ [$_{vP}$涨价了]]

b. 合并"T"和"涨价了"：

[T$_{[\Phi:u][EPP]}$ [这本书$_{[3.SG][case:u]}$ [$_{vP}$涨价了]]]

c. 特征匹配：

[T$_{[3.SG][EPP]}$ [这本书$_{[3.SG][case:u]}$ [$_{vP}$涨价了]]]

d. 内部合并"这本书"：

[这本书$_{[3.SG][case:u]}$ [T$_{[3.SG][EPP]}$ [这本书$_{[3.SG][case:u]}$ [$_{vP}$涨价了]]]]

e. 合并 C：

[C [这本书$_{[3.SG][case:u]}$ [T$_{[3.SG][EPP]}$ [这本书$_{[3.SG][case:u]}$ [$_{vP}$涨价了]]]]]

f. 循环转换：

[C [这本书$_{[3.SG][case]}$ [T$_{[3.SG][EPP]}$ [这本书$_{[3.SG][case]}$ [$_{vP}$涨价了]]]]]

g. 低层拷贝删除：

[C [这本书$_{[3.SG][case]}$ [T$_{[3.SG][EPP]}$ [这本书$_{[3.SG][case]}$ [$_{vP}$涨价了]]]]]

h. 合并"可能"：

[$_{vP}$可能 [C [这本书$_{[3.SG][case]}$ [T$_{[3.SG][EPP]}$ [这本书$_{[3.SG][case]}$ [$_{vP}$涨价了]]]]]]

i. 合并 T：

[T$_{[\Phi:u][EPP]}$ [$_{vP}$可能 [C [这本书$_{[3.SG][case]}$ [T$_{[3.SG][EPP]}$ [这本书$_{[3.SG][case]}$ [$_{vP}$涨价了]]]]]]]

j. 合并空形式主语 e_{it}：

[e_{it} [T$_{[\Phi:u][EPP]}$ [$_{vP}$可能 [C [这本书$_{[3.SG][case]}$ [T$_{[3.SG][EPP]}$

[这本书$_{[3.SG][case]}$ [$_{vP}$涨价了]]]]]]]

k. 特征匹配:

[e$_{it}$ [T$_{[3.SG][EPP]}$ [$_{vP}$ 可能 [C [这本书$_{[3.SG][case]}$ [T$_{[3.SG][EPP]}$
[这本书$_{[3.SG][case]}$ [$_{vP}$涨价了]]]]]]]]

l. 合并C:

[C [e$_{it}$ [T$_{[3.SG][EPP]}$ [$_{vP}$ 可能 [C [这本书$_{[3.SG][case]}$
[T$_{[3.SG][EPP]}$ [这本书$_{[3.SG][case]}$ [$_{vP}$涨价了]]]]]]]]]

m. 循环转换:

[C [e$_{it}$ [T$_{[3.SG][EPP]}$ [$_{vP}$ 可能 [C [这本书$_{[3.SG][case]}$
[T$_{[3.SG][EPP]}$ [这本书$_{[3.SG][case]}$ [$_{vP}$涨价了]]]]]]]]]

上述分析得以成立依赖于两个重要假设:一是情态助动词子句可以区分为定式与不定式;二是汉语存在空形式主语。关于后者,林若望与汤志真做了详细的论证,本书赞同两位作者的观点,认为汉语存在空形式主语。[①]情态助动词以一个带显性主语的时态子句为次范畴,可以出现在句首;句子主语后置违反了汉语短语结构的限制,动词后表持续或频度的短语可以与动词后的定指论元同现,表达一种非活动事件,这表明相关句子不合法与汉语是否存在空形式主语并不关联,因此认为汉语不存在空形式主语并不成立。假设汉语存在空形式主语,那么什么时候空形式主语会进入句法

---

① 空形式主语并非只存在于汉语中。Torrego 指出西班牙语的提升结构中也存在空形式主语,依此可以证明经验者附缀对提升动词与子句主语的一致核查的阻碍。

(1) a. Juan parece [$_{TP}$ leer mucho].

Juan seem-3. SG read-INF much

"Juan seems to read a lot."

b. *Juan me parece [$_{TP}$ leer mucho].

Juan CL-to-me seem-3. SG read-INF much

"Juan seems to me to read a lot."

(2) a. Parece [$_{TP}$ llover].

Seem-3. SG rain-INF

"it seems to be raining."

b. Me parece [$_{TP}$ pro$_{it}$ llover].

CL-to-me seem-3. SG rain-INF.

运算？我们认为汉语空形式主语的插入是最后策略，① 即如果子句主语不受 CP 语段阻碍，则会提升到主句主语位置，核查主句 T 的［EPP］特征；但如果子句主句受到 CP 语段阻碍，则主句 T 的［EPP］特征通过插入空形式主语获得满足。

下面我们将重点讨论第一个假设。许多学者如黄正德、李艳惠、石毓智、李京廉和刘娟、张雪平等认为汉语的词汇手段如时体助词、情态助动词、否定极性词、时体副词等能区分子句的定式与不定式。但这些观点也都不同程度地遭到其他学者（如 Xu，1985-1986；Hu et al.，2001）的反对，指出这些标准存有反例，认为汉语不存在定式与不定式之分。林宗宏（2011）研究发现事态助词"了$_2$"可以区分子句的定式与不定式。（关于句尾"了$_2$"和词尾"了$_1$"，本书沿用曹广顺（1995：110）的术语：前者为事态助词，加在句子之后陈述一个事件的状态；后者为时体助词，跟在一个谓词性成分之后表示一个动作、变化的状态。）情态助动词的语义辖域低于事态助词"了$_2$"，其子句为不定式子句；情态助动词的语义辖域高于事态助词"了$_2$"，其子句为定式子句。②

（298）a. 这本书$_i$可能［t$_i$涨价了$_2$］。可能>了$_2$
　　　　b. 这本书$_i$应该$_1$［t$_i$涨价了$_2$］。　应该>了$_2$
（299）a. 张三$_i$会$_2$［t$_i$开车］了$_2$。了$_2$>会
　　　　b. 小明$_i$敢［t$_i$跟她说话］了$_2$。了$_2$>敢

例（298）中，认知情态助动词"可能、应该$_1$"的语义辖域高于事态

---

① 霍恩斯坦等（2005）指出移位操作是最后策略，即移位操作合法当且仅当移位使得不可诠释的形态特征得到删除。但他在注释中也提到最后策略也可以是移位目标特征的核查或删除。在书文理论框架下，移位操作作为最后策略当且仅当移位目标的 EPP 特征不能得到满足。但当移位操作受 CP 语段阻碍时，空形式主语的插入则成为最后策略。

② 时体助词的语义辖域与情态助动词的语义类型密切相关，这并非汉语所独有，也存在其他语言中，如马来语、挪威语，具体内容请参考第六章的余论部分。藏缅语族的土家语中，情态助动词语义辖域低于完成体助动词 xu55，则表示现实情态事件，语义辖域高于助动词 po21、tçi53、ti55，则表达非现实事件。

（1）a. kai35 po55li21 la53ɤɨ35 to55 xu55. 这小孩路走会助 "这小孩会走路了。" b. Ko35 ti35çi55 tsha35 liau55，jiɛ21 ʐɿ55 to55 xu55. 他生病 助 好了工做能助 "他病好了，能做工了。"（2）a. Sa21 thau35 ni35 xɨ35 po21 tɤ55 çi21. 事已没有 你休息助可以 "没事了，你可以休息。" b. Kai35 li53ŋa35 lai55 phɨ35 tçi53 tɤ55 çi21. 这土我今天锄助能够 "这块土我今天能锄完。"（李启群，2008）

助词"了₂"，其子句为定式子句。例（299）中，动力情态助动词"会₂、敢"的语义辖域低于事态助词"了₂"，其子句为不定式子句。

　　林宗宏还指出同一情态助动词也可以既带不定式子句，子句主语强制提升，如例（300a）；又带定式子句，子句主语不强制提升，如例（300b）。

　　（300）a. 张三ᵢ会₁［tᵢ去台北］。
　　　　　　b. 会₁不会₁［张三准备晚餐了₂］?①　　会₁>了₂
　　　　　　c. 不会₁［他已经去上海了₂］吧? 会₁>了₂

　　带不定式子句的"会₁"与活动动词组合，一般要求在活动动词前插入趋向动词"去、来"（不带趋向动词时，"会"只能解读为动力情态助动词）。带定式子句的"会₁"则没有相关限制。

　　（301）a. 他会₁*（来）看电影。
　　　　　　b. 小明会₁*（去）打篮球。
　　（302）a. 他会₁不会₁看了₁电影了₂?
　　　　　　b. 小明不会₁已经看过电影了₂吧?

　　而且，除"会₁"外，认知情态助动词"可能"也允准定式与不定式子句。如下：

　　（303）a. 他可能买房子了₂。可能>了₂
　　　　　　b. 他去年还可能买房子，今年不可能了₂。了₂>可能

　　例（303a）中"可能"的语义辖域高于事态助词"了₂"，带定式子句。例（303b）中"可能"后面省略动词短语"买房子"，其语义辖域低于事态助词"了₂"，带不定式子句。如果例（303b）中"可能"的子句

---

①　林宗宏认为"会"可以单独带定式子句，如下：
（1）*下午三点，张三会已经去上海了。我们认为例（1）不合法，只有将"会"替换成"可能/应该"，这句话才可以接受。（2）下午三点，张三可能/应该已经去上海了。

主语不提升则句子不合法，这表明不定式 TP 子句不阻碍子句主语移位，允准子句主语移位到主句主语位置，满足主句 T 的［EPP］特征。如下：

（304）＊去年还可能他买房子，今年不可能了$_2$。

而其他认知情态助动词只允准一种类型的子句，如"要$_1$"只带不定式子句，事态助词"了$_2$"的语义辖域高于"要$_1$"，且子句不允准时体副词和时体助词；"应该$_1$"只带定式子句，且子句一般带时体副词"已经、正在、将要"或时体助词"了$_1$、着、过"。[①]

（305）a. 这套书我们应该$_1$［已经涨过价了$_2$］。应该$_1$>了$_2$
　　　　b. 小明应该$_1$［买了房子了$_2$］。应该$_1$>了$_2$

如果"应该"的语义辖域低于事态助词"了$_2$"，"应该"就不再表示推测义的认知情态助动词，而是表示义务、责任的道义情态助动词。如下：

（306）a. 这套书我们应该$_2$［涨价］了$_2$。了$_2$>应该$_2$
　　　　b. 小明应该$_2$［买房子］了$_2$。了$_2$>应该$_2$

例（305—306）除了情态助动词与事态助词"了$_2$"的语义辖域存在差异外，两类情态助动词的子句在时体副词"已经"和时体助词上表现出互补分布：认知情态助动词的子句允准时体副词和时体助词，而道义情态助动词则不允准。如果认知情态助动词句没有句尾"了$_2$"，子句是否存在时体副词或时体助词可以作为判断情态助动词类型的形态手段。依此，我们可以确定情态助动词的语义类型和子句属性。如下：

（307）a. 他们应该$_1$［已经去了$_1$上海］。

---

① 相关研究表明定式子句一般都能带时体副词"已经（已）"、"正在（正，在）"、"将要（将，要）"和时体助词"了$_1$、着、过"，而不定式子句则对时体副词和时体助词存在高度的限制。（李京廉、刘娟，2005；张雪平，2009）

　　　　b. 小明应该₂［买房子］。①

（308）a. 他们可能［已经去了₁北京］。
　　　　b. 小明今年不可能［买房子］了₂。

　　例（307a）中子句有时体副词"已经"和时体助词"了₁"，"应该"
为认知情态助动词；例（307b）中子句既不存在时体副词或时体助词，也
没有事态助词"了₂"，"应该"为道义情态助动词。例（308a）中子句有
时体副词"已经"和时体助词"了₁"，并允准事态助词"了₂"，属于定式
子句；例（308b）中子句没有时体副词或时体助词，也不允准事态助词
"了₂"，属于不定式子句。前者定式子句的主语可以不提升，而后者不定
式子句的主语必须提升。如下：

（309）a. 可能［他们去了₁北京］。
　　　　b. *今年不可能［小明买房子］了₂。②

　　例（309b）中不合法表明不定式子句主语并未受到 CP 语段阻碍，子
句主语必须提升到主句主语位置，满足主句 T 的［EPP］特征。
　　上述分析表明，认知情态助动词"要、会"带不定式 TP 子句，受主
句 T 的 EPP 特征驱动，子句主语提升到主句 TP 的指示语位置，核查主句
T 的 EPP 特征；"应该"带定式 CP 子句，主句 T 与空形式主语合并，满
足 T 的 EPP 特征。子句主语受 CP 语段阻碍，不可以提升。定式子句主语
虽不可以论元移位到主句 TP 的指示语位置，但可以非论元移位到句子的
左边界，充当句子的话题。"可能、会"既可以带定式子句，也可以带不
定式子句，其中"会"带不定式子句仅限于"～不～"格式和否定结构的

---

　　① 在中国语言学书院沙龙上，李行德老师提醒作者：如果"应该"带不定式子句，那么需
要解释"应该小明做这件事"中不定式子句主语不提升为什么合法？我们认为可能的解释是：
"应该"所表示的道义并非针对"小明"，而是针对 X，表示"X 应该让小明做这件事，不应该让
其他人做这件事"。不定式子句省略了致使动词"叫、让"，因此，"小明"并不是不定式子句的
主语，而是致使轻动词所作用的对象，作为句子的语义焦点被致使动词允准。致使动词省略在汉
语中较为常见，如下：
　　（1）你们愿意（让）他来吗？（2）他们不想（叫）你做这件事。（3）我们同意（让）你当队长。
　　② Li 指出在有些句子中"可能"出现在句首也不合法，如"*可能他去那儿"，但她并未解
释该句不合法的原因。

问句。两类子句具有不同的句法特征：不定式 TP 子句有时态缺陷，不允准事态助词"了"，不可以带时体助词和时体副词；定式 CP 子句无时态缺陷，允准事态助词，可以带时体助词和时体副词。基于此，下面我们将进一步分析强制与非强制提升的差异，探讨名词性成分的移位现象。

四 强制与非强制提升

（一）论元移位与非论元移位

认知情态助动词"会$_1$、要$_1$"带不定式子句，子句主语从子句 TP 的指示语位置提升到主句 TP 的指示语位置，属于论元移位，遵循移位的最简性原则（Minimality），即 X^1 与 X^3 的移位操作不能跨越一个与 X^3 类似的 X^2。（Hornstein，2009：35）其形式化结构如下：

（310）……X^1……X^2……X^3……

依此，认知情态助动词的子句宾语不能越过子句主语移位到主句 TP 的指示语位置。如下：

（311）a. ＊这件事$_i$会$_1$张三$_j$做 t_i。
　　　　b. 张三$_i$会$_1$ t_i做这件事$_j$。

例（311a）中，子句宾语"这件事"移位到"会$_1$"之前，跨越了另一个名词性成分"张三"，违背了移位的最简性，句子不合法。例（311b）中，子句主语"张三"移位到"会$_1$"之前，遵循移位的最简性，句子合法。

"可能、会$_1$、应该"带定式子句，不强制子句主语提升，但子句主语可以提升到句子的左边界，充当句子的话题，属于非论元移位，如（312a）；子句宾语可以越过子句主语移位到句子的左边界，如（312b）。

（312）a. 张三$_i$可能 t_i已经做了$_j$这件事$_j$。
　　　　b. 这件事$_i$可能张三$_j$已经做了$_j$ t_i。

例（312b）中，子句宾语"这件事"跨越子句主语"张三"移位到

"可能"之前，不遵守移位的最简性。

非强制提升情态助动词的子句为定式 CP 子句，允准子句宾语先话题提升到子句的 TopP 中心语位置，然后继续提升到主句的 TopP 中心语位置，遵循语段不可渗透原则。

(313) a. e 可能 [$_{CP}$ [$_{TopP}$ 这件事$_i$ [$_{TP}$ 张三$_j$ 已经做了$_1$t$_i$]]]。

　　　 b. [$_{CP}$ [$_{TopP}$ 这件事$_i$ [$_{TP}$ e [$_{VP}$ 可能 [$_{CP}$ [$_{TopP}$ t$_i$ [$_{TP}$ 张三$_j$ 已经做了$_1$t$_i$]]]]]]]。

强制提升情态助动词的子句为 TP 子句，缺乏话题投射，但子句宾语可以提升到主句的 TopP 中心语位置。

(314) a. *会 [$_{TopP}$ 这件事$_i$ [$_{TP}$ 张三做 t$_i$]]。

　　　 b. *要 [$_{TopP}$ 美国$_i$ [$_{TP}$ 张三去 t$_i$]] 了$_2$。

(315) a. [$_{CP}$ [$_{TopP}$ 这件事$_i$ [$_{TP}$ 张三$_j$ [$_{VP}$ 会 [$_{TP}$ t$_j$ 做 t$_i$]]]]]。

　　　 b. [$_{CP}$ [$_{TopP}$ 美国$_i$ [$_{TP}$ 张三$_j$ [$_{VP}$ 要 [$_{TP}$ t$_j$ 去 t$_i$] 了$_2$]]]]。

(二) 孤岛条件限制

如果非强制提升动词的补足语子句主语也是主语子句，主语子句的主语移位到句首，违反了孤岛限制的主语条件，但句子合法。强制提升结构则不允准类似的移位，必须整个补足语子句移位到句首。

(316) a. [张三$_i$，[可能 [e$_i$ 参加这个活动] 很合适]]。

　　　 b. [张三$_i$，[应该$_1$ [e$_i$ 参加这个活动] 很合适]]。

(317) a. *[张三$_i$ [会$_1$ [t$_i$ 参加这个活动] 很合适]]。

　　　 b. [[张三参加这个活动]$_i$ 会$_1$ [t$_i$ 很合适]]。

非强制提升结构中，补足语子句主语为复杂名词短语，该短语中的名词性成分也可以移位到句首，违反复杂名词短语限制，但句子仍合法。强制提升结构则不允准，必须提升整个补足语子句到句首。

(318) a. [张三$_i$，[可能 [e$_i$ 喜欢做的事情] 很多]]。

　　b. ［张三ᵢ，［应该₁［eᵢ喜欢做的事情］很多］］。

（319）a. ＊［张三ᵢ［会₁［tᵢ喜欢做的事情］很多］］。

　　　b. ［［张三喜欢做的事情］ᵢ会₁［tᵢ很多］］。

　　非强制提升动词允准名词性成分从名词短语的左分支结构中移位到句首，违反左分支条件，句子合法。强制提升结构则不允准，必须提升整个补足语子句到句首。

（320）a. ［张三ᵢ，［可能［eᵢ爸爸］很有钱］］。

　　　b. ［张三ᵢ，［应该₁［eᵢ爸爸］很有钱］］。

（321）a. ＊［张三ᵢ［会₁［tᵢ爸爸］很有钱］］。

　　　b. ［［张三爸爸］ᵢ，会₁［tᵢ很有钱］］。

　　非强制提升动词还允准附加语从句中的名词性成分移位到句首，违反附加语条件，但句子合法。强制提升结构不允准。

（322）a. ［张三ᵢ，［可能［因为eᵢ以前骗过很多人］，所以没人相信他］］。

　　　b. ［张三ᵢ，［应该₁［因为eᵢ以前骗过很多人］，所以没人相信他］］。

（323）＊［张三ᵢ［会₁［因为tᵢ以前骗过很多人］，所以没人相信他］］。

　　非强制提升动词与强制提升动词为什么会有这样的对立呢？我们认为强制提升结构是真正的移位结构，严格遵循移位的孤岛条件限制，所以孤岛条件的违反一定不合法。而根据黄正德的观点，上述非强制移位结构中并不存在移位，而是相关空位上存在空代名词，可以出现在所有的论元位置，遵循广义控制规则。

（324）广义控制规则（Generalized Control Rule，简称 GCR，Huang，1984）

空代词与最邻近的名词性成分同指。

依此，我们可以解释上述现象。非强制提升结构中，无论空代名词 e 是出现在什么句法位置，只要能与最近的名词性成分同指，则句子合法。强制提升结构中，名词性成分的移位则不能违反孤岛条件，否则句子不合法。GCR 还可以预测：非强制提升动词的子句宾语移位不能违反孤岛条件限制，否则句子不合法。

（325）a. ［张三$_i$，［可能小明$_j$认识 t$_i$］］。
　　　　b. ＊［张三$_i$，［可能小明认识［t$_i$爸爸］］］。
　　　　c. ＊［张三$_i$，［可能小明认识［t$_i$喜欢的那位姑娘］］］。

例（325a）表明非强制提升动词"可能"的补足语子句宾语可以越过子句主语移位到句首，充当句子的话题，属于非论元移位。（325bc）表明非论元移位不能违反左分支条件和复杂名词短语条件。（325bc）中，如果子句宾语为空代名词 e，可以通过 GCR 获得诠释，但该句子不能通过相关性（aboutness）解释，即位于句首的话题"张三"不能与其后的成分构成主—述位关系，句子不合法。

（三）子句名词性成分的话题化

强制提升结构中子句为不定式 TP 子句，子句宾语不能充当子句的话题，如（326a）。但子句宾语可以提升到句子的左边界，充当句子的话题，如（326b）。子句主语也可以提升到句子的左边界，充当句子的话题，如（326c）。

（326）a. ＊［张三$_i$［会这件事$_j$［t$_i$做 t$_j$］］］。
　　　　b. ［这件事$_i$［张三$_j$［会 t$_j$做 t$_i$］］］。
　　　　c. ［张三$_j$［这件事$_i$ t$_j$［会 t$_j$做 t$_i$］］］。

非强制提升结构中子句为定式 CP 子句，子句名词性成分的话题移位既可以移位到子句的话题位置，也可以移位到主句的话题位置，表现出较大的灵活性。如下：

（327）a. ［可能［这件事$_i$［张三$_j$做了 t$_i$］］］。

　　b. ［可能 ［张三ᵢ ［tᵢ做了这件事ⱼ］ ］ ］。
　　c. ［可能 ［张三ᵢ这件事ⱼ ［tᵢ做了 tⱼ］ ］ ］。
（328）a. ［这件事ᵢ ［可能 ［张三ᵢ做了 tᵢ］ ］ ］。
　　b. ［张三ᵢ ［可能 ［tᵢ做了这件事ⱼ］ ］ ］。
　　c. ［张三ᵢ ［可能 ［这件事ⱼ ［tᵢ做了 tⱼ］ ］ ］ ］。
　　d. ［张三ᵢ这件事ⱼ ［可能 ［tᵢ做了 tⱼ］ ］ ］。
　　e. ［这件事ⱼ张三ᵢ ［可能 ［tᵢ做了 tⱼ］ ］ ］。

　　蔡维天（2010）指出非特指名词短语只能出现在认知情态助动词之后，在认知情态助动词之前的是特指名词短语。不定式子句的话题提升还表现在对否定极词（negative polarity word）和无定名词短语的允准上。否定极词和数量短语不能把话题提升到认知情态助动词之前，但特指名词短语则可以。

（329）a. 可能 ［任何人都不知道这件事］。
　　b. ＊任何人 ［可能 ［tᵢ都不知道这件事］ ］。
　　c. 所有的人 ［可能 ［tᵢ都不知道这件事］ ］。
（330）a. ［可能 ［tᵢ有三个人不知道这件事］ ］。
　　b. ＊（有）三个人 ［可能 ［tᵢ不知道这件事］ ］。
　　c. 那三个人 ［可能 ［tᵢ不知道这件事］ ］。

（四）复现代词
　　强制提升结构的不定式子句主语强制提升到主句主语位置，子句主语位置不允准复现代词，如（331）和（332）。

（331）a. ［CP ［TP张三ᵢ会₁ ［TPtᵢ去北京］ ］ ］。
　　b. ＊ ［CP ［TP张三ᵢ会₁ ［TP他ᵢ去北京］ ］ ］。
（332）a. ［CP ［TP张三ᵢ今年不可能 ［TPtᵢ买房子］ 了₂］ ］。
　　b. ＊ ［CP ［TP张三ᵢ今年不可能 ［TP他ᵢ买房子］ 了₂］ ］。

　　根据曹逢甫（2005 ［1990］：29）的研究，话题化的名词短语允准删除和代名词化。强制提升结构的定式子句主语既可以话题提升到子句的左边界，也可以话题提升到主句的左边界，子句主语位置可以补充复现代词，如（333—334）。

（333）a. [CP [TP 可能 [CP [TP 张三已经吃了₁饭了₂]]]]。
　　　　b. [CP [TP 可能 [CP 张三ᵢ [TP（他ᵢ）已经吃了₁饭了₂]]]]。
　　　　c. [CP 张三ᵢ [TP 可能 [CP [TP（他ᵢ）已经吃了₁饭了₂]]]]。
（334）a. [CP [TP 应该 [CP [TP 张三还在吃饭]]]]。
　　　　b. [CP [TP 应该 [CP 张三ᵢ [TP（他ᵢ）还在吃饭]]]]。
　　　　c. [CP 张三ᵢ [TP 应该 [CP [TP（他ᵢ）还在吃饭]]]]。

　　但强制与非强制提升情态助动词的子句宾语话题提升到句子的左边界，子句宾语位置都可以补充复现代词。如下：

（335）a. [CP [TP 张三ᵢ 会₁ [TP tᵢ 批评李四]]]。
　　　　b. [CP 李四ⱼ [TP 张三ᵢ 会₁ [TP tᵢ 批评他ⱼ]]]。
（336）a. [CP [TP 可能 [CP [TP 张三ᵢ 批评了₁李四ⱼ]]]]。
　　　　b. [CP 李四ⱼ [TP 可能 [CP [TP 张三ᵢ 批评了₁他ⱼ]]]]。

　　例（335b）与（336b）中子句宾语位置补充复现代词，且复现代词只指向句子最左的名词短语。如果子句宾语位置不补充复现代词，且子句主语和宾语具有相同的人称、性、数特征，则句子会产生歧义。

（五）情态连用

　　认知情态助动词连续连用，非强制提升情态助动词一定位于强制提升情态助动词之前，否则不合法。如下：

（337）a. 这本书ᵢ 可能 tᵢ 会₁ tᵢ 涨价了₂。
　　　　b. *这本书ᵢ 会₁ tᵢ 可能 tᵢ 涨价了₂。
（338）a. 小明ᵢ 应该 tᵢ 今年不可能 tᵢ 去上海了。
　　　　b. *小明ᵢ 今年不可能 tᵢ 应该 tᵢ 去上海了。

　　例（337a）中，"会₁"带不定式 TP 子句，"这本书"强制提升到"会"之前，核查其格位，满足 T 的 EPP 特征；然后再话题提升到"可能"之前，句子合法。如果"这本书"不作话题提升，句子也合法。例

（337b）中，强制提升动词"会$_1$"不能位于非强制提升动词"可能"之前，因为"会$_1$"不允准定式子句，但带定式子句的"会$_1$不会$_1$"则可以出现在"可能"之前，且"这本书"可以位于不提升。如下：

（339）a. 这本书$_i$会$_1$不会$_1$t$_i$可能 t$_i$涨价了$_2$。
　　　　b. 会$_1$不会$_1$这本书$_i$可能 t$_i$涨价了$_2$。
　　　　c. 会$_1$不会$_1$可能这本书$_i$涨价了$_2$。

　　上述分析表明，"可能"带不定式子句，为强制提升动词，位于非强制提升动词"应该$_1$"之后，句子合法。主语"小明"从最内层子句强制提升到"可能"之前，但可以不再提升到"应该$_1$"之前。强制提升动词"可能"不能位于非强制提升动词"应该$_1$"之前。
　　此外，非强制提升动词内部可以连续连用，其语序不受限制。如下：

（340）a. 这本书$_i$可能 t$_i$应该 t$_i$涨价了$_2$。
　　　　b. 这本书$_i$应该 t$_i$可能 t$_i$涨价了$_2$。

　　例（340）中，"了$_2$"的语义辖域低于情态助动词"应该$_1$、可能"，最内层子句主语为定式子句，子句主语话题提升到句子的左边界，句子合法。
　　但非强制提升动词"会$_1$不会$_1$"受疑问形式的影响，只能位于情态助动词之前，且受语义因素制约，不能位于表极大可能性的"应该$_1$"之前。如下：

（341）a. 这本书$_i$会不会 t$_i$可能 t$_i$涨价了$_2$。
　　　　b. ＊这本书$_i$会不会 t$_i$应该 t$_i$涨价了$_2$。

　　强制提升动词与情态助动词也可以连续连用，但情形复杂。如下：

（342）a. 小明会$_1$要$_1$去上海了$_2$。
　　　　b. ＊小明要$_1$会$_1$去上海了$_2$。

"会₁"只能位于认知情态助词"要₁"之前,不能位于"要₁"之后。但"会₁"可以位于认知情态助词"该、准、必"之后,不能位于这些情态助词之后。如下:

(343) a. 这么粗枝大叶,该会₁给工作造成多大的损失。

　　　 b. 你将这事办成,九千岁准会₁重赏于你的。

　　　 c. 不需要征税也能自己富有的君主或者政府,其制度必会₁走向专制。

　　　 d. 价格问题——厂家应会₁慎重。(CCL)

此外,多个认知情态助动词连续连用基本遵循非强制提升情态助动词先于强制提升情态助动词的限制条件,同时允准两类情态助动词的内部连续连用。表现如下:

(344) a. 小明ᵢ可能 tᵢ会₁tᵢ要₁tᵢ去上海了。

　　　 b. 小明ᵢ应该₁tᵢ会₁tᵢ要₁tᵢ去上海了。

　　　 c. 小明ᵢ会₁不会₁tᵢ可能 tᵢ要₁tᵢ去上海了?

　　　 d. 小明ᵢ应该₁tᵢ可能 tᵢ会₁tᵢ要₁tᵢ去上海了。

例(344)中,最内层不定式子句主语移位到主句主语位置,可以形成形式链〔小明, t′, t〕。子句主语也可以移位到定式子句的主语位置,而不再继续作话题化的移位,如(345ab)。但不能只移位到不定式的主语位置,如(345cd)。

(345) a. 可能小明ᵢ会₁tᵢ要₁tᵢ去上海了₂。

　　　 b. 会₁不会₁可能小明ᵢ要₁tᵢ去上海了₂?

　　　 c. *应该₁会₁小明ᵢ要₁tᵢ去上海了₂。

　　　 d. *应该₁可能会₁小明要₁tᵢ去上海了₂。

非强制提升动词先于强制提升动词的限制条件表明非强制提升动词所在的子句存在空形式主语,如果最内层子句主语移位跨越空形式主语,则违背了移位的最简性。这与英语的提升结构类似。如下:

（346）a. ＊小明ᵢ会₁e 可能 tᵢ要₁tᵢ去上海了₂。

　　　b. ＊John seems it is certain to fail.

　　例（346a）中非强制提升动词位于强制提升动词之后，e 阻碍了子句主语的移位，句子不合法。例（346b）中形式主语 it 阻碍了子句主语移位到主句主语位置，句子不合法。两句中子句主语的移位都违背了移位的最简性，不同的是汉语定式子句的主语为空形式主语 e，而英语定式子句的形式主语为 it。认知情态助动词的连续连用表明：带定式子句的情态助动词只能出现在定式的语境中；带不定式子句的情态助动词可以出现在定式的语境中，也可以出现在不定式的语境中，但后者存在许多例外。

　　综上所述，认知情态助动词的子句主语强制或非强制提升属于不同的语法机制，前者属于论元移位，后者为非论元移位。强制提升动词带不定式 TP 子句，不允准子句名词性成分提升为子句的话题；子句主语提升到主句 TP 的指示语位置，满足主句 T 的 [EPP] 特征，子句宾语移位遵循最简性原则，不能先于子句主语移位到主句主语位置。非强制提升动词"可能、应该₁"带定式 CP 子句，子句名词性成分的移位为非论元移位，既可以提升为子句的话题，不遵守移位的最简性，先于子句主语提升为主句的话题。强制与非强制提升结构的差异还表现在复现代词、情态连用等句法特征上。

五　认知情态助动词与其他提升动词的对比

　　汉语中不仅认知情态助动词允准子句主语非强制提升，证据型情态词也允准。根据帕尔默的研究，证据型情态可以分为两类：报道型和感知型。报道型情态词可以表示从别处听来的二手或三手信息，也可以表示来自传说的证据，如"据说、据悉、据称、据报道、传闻、传说、听说"等；感知型情态词表示说话者亲身经历获得的信息，如"听起来、看上去、摸起来、吃起来、闻上去"等。这些词不能被"不"或"没"否定，不能用于"～不～"格式表示疑问，不允准其后的补足语子句删除，不能被程度副词修饰，不能单说，不同于一般的动词。

（347）a. （＊不／＊没）据说他已经回来了₂。

　　　b. ＊据（说）不据说他已经回来了₂。

　　c. ＊小明据说已经回来了₂，小刚也据说。

　　d. ＊很据说他已经回来了₂。

　　e. 据说小明已经回来了₂，是吗？——＊据说。／据说
　　　是。／是。

（348）a. （＊不／＊没）看上去他已经好了₂。

　　b. ＊看（上去）不看上去他已经好了₂。

　　c. ＊小明看上去已经好了₂，小刚也看上去。

　　d. ＊很看上去他已经好了₂。

　　e. 看上去他已经好了₂，是吗？——＊看上去。／看上去
　　　是。／是。

　　报道型情态词的结构是在"说、称、闻、报道"等言说类动词上附着一个类语缀"据"或两个单音节言说类动词合并，构成一个新的词；感知型情态词是感官动词加"起来、上去"等复合词缀构成一个新词。依此，我们假设这类词属于动词，是句法特征非常特殊的一类动词。《现代汉语八百词》和《现代汉语词典》也都将这些词归入动词。

　　证据型情态动词与认知情态动词一样，都以命题子句为补足语，其指示语为非题元位置。① 其句法属性与非强制提升动词相似，子句主语可以留在原位。如下：

（349）a. 据说他不喜欢这部电影。

　　b. 听说这些人能飞檐走壁。

（350）a. 看上去他不喜欢这部电影。

　　b. 听起来他的话有道理。

　　这类情态动词的子句主语也可以提升到句子的左边界，充当句子的话题，如（351）。子句宾语可以先于子句主语移位到句子的左边界，如（352）。但动词短语的剩余部分不能作为话题焦点提升到句子的左边界，

---

　　① "听说"的论元结构既可以是（＜命题子句＞），也可以是（＜施事＞，＜客体＞）或（＜施事＞，＜命题子句＞）。本书只涉及与提升相关的前一种结构，后一种结构的"听说"可以带体貌助词"了、过"，如"我听说了这件事"，不同于情态动词，暂不论述。

如（353）。

（351）a. 张三据说不喜欢这部电影。
　　　　b. 张三看上去不喜欢这部电影。

（352）a. 这部电影据说张三不喜欢。
　　　　b. 这部电影看上去张三不喜欢。

（353）a. * ［FocP 不喜欢这部电影 ［TopP 张三 ［TP 据说］］］。
　　　　b. * ［FocP 不喜欢这部电影 ［TopP 张三 ［TP 看上去］］］。

　　例（353）不合法，因为该句违反了话题与焦点的投射次序，而且证据型情态动词不能在句末充当信息焦点。所以即使话题位于话题焦点之前，遵循话题与话题焦点的投射次序，句子仍不合法。①

（354）a. * ［TopP 张三 ［FocP 不喜欢这部电影 ［TP 据说］］］，喜欢那部电视剧不据说。
　　　　b. * ［TopP 张三 ［FocP 不喜欢这部电影 ［TP 看上去］］］，喜欢那部电视剧不看上去。

　　证据型情态动词带定式子句补足语，在句法特征上与非强制认知情态动词的一致表现在以下几个方面：
　　（1）语义辖域高于句子事态助词"了$_2$"。

（355）a. 据说张三不喜欢这部电影了$_2$。据说>了$_2$
　　　　b. 看上去张三不喜欢这部电影了$_2$。看上去>了$_2$

　　（2）子句允准具有时体副词"正（在）、已经"和时体助词"了$_1$、着、过"。

（356）a. 据说张三已经出国了$_2$。

---

① 感知型情态动词一般不允准子句提升，但我们在CCL语料库中发现一个反例：
（1）我也看到，他比以前要稳，看起来。

       b. 看上去马刺正渐入佳境。

（357）a. 据说张三去过喜马拉雅山。

       b. 看上去张三已经相信了₁他的话。

（3）允准子句的名词性成分话题化与话题提升。

（358）a. 据说张三不喜欢这部电影。

       b. 据说张三这部电影不喜欢。

       c. 据说这部电影张三不喜欢。

       d. 这部电影据说张三不喜欢。

       e. 张三据说这部电影不喜欢。

       f. 这部电影张三据说不喜欢。

       g. 张三这部电影据说不喜欢。

（359）a. 看上去张三不喜欢这部电影。

       b. 看上去张三这部电影不喜欢。

       c. 看上去这部电影张三不喜欢。

       d. 这部电影看上去张三不喜欢。

       e. 张三看上去这部电影不喜欢。

       f. 这部电影张三看上去不喜欢。

       g. 张三这部电影看上去不喜欢。

    证据型情态动词的分析表明这类动词属于非强制提升动词，以定式命题子句为补足语，与认知情态动词"可能、应该₁"在话题移位、子句时体副词与时体助词的允准等方面具有相同的句法特征。

    感官类证据型情态动词与认知情态助动词可以连续连用，并且可以互为先后。但言说类证据型情态动词只能位于认知情态助动词之前。

（360）a. 张三可能看上去不喜欢这部电影。

       b. 张三看上去可能不喜欢这部电影。

       c. 看上去张三可能不喜欢这部电影。

（361）a. 张三据说可能要₃去上海。

       b. ＊张三可能据说要₃去上海。

　　　　c. 据说张三可能要₃去上海。

　　琴奎（1999）的语序类型表明证据型情态助动词与认知情态助动词可以连续连用，但不能解释认知情态可以先于证据型情态（琴奎将证据型功能中心归为语气，但我们赞同帕尔默的观点，将其归入情态范畴）的情形。

　　除证据型情态动词外，提升动词还包括时态动词如"有、开始、继续、停止"等和难易动词"难、容易"（曹逢甫，1996）。与证据型提升情态动词不同，时态动词与难易动词以命题子句为补足语，不能位于句首，子句主语需要移位到主句主语位置，属于强制提升结构。

（362）a. *开始他学数学了₂。
　　　　b. 他开始学数学了₂。
（363）a. *容易青年人接受新事物。
　　　　b. 青年人容易接受新事物。

　　这两类动词的子句宾语不能先于子句主语提升到主句 TP 的指示语位置，充当句子的主语，遵循移位的最简性，如（364）。但子句主语提升到主句主语位置后，子句宾语可以提升为句子的话题，如（365）。

（364）a. *数学开始他学了₂。
　　　　b. *新事物容易青年人接受。
（365）a. 数学他开始学了₂。
　　　　b. 新事物青年人容易接受。

　　这两类动词的补足语为不定式子句，语义辖域低于句末事态助词"了₂"，如（366）；不允准子句宾语话题化，如（367）；动词短语剩余部分可以移位到句子的左边界，如（368）。

（366）a. 他开始工作了₂。开始<了₂
　　　　b. 这个问题就容易理解了₂。容易<了₂
（367）a. *他开始数学学了₂。
　　　　b. *青年人容易新事物接受。

（368）a. 报名招生学校已经开始了₂。

　　　　b. 做到这点我们不容易。

　　对于动词"有"，我们赞同黄正德、曹逢甫等都将表存在的"有"与表时态的"有"分析为带命题子句的提升动词，但认为两者不属于同一种提升结构，表现出不同的句法特征，应该区别对待。试比较：

（369）a. *没有张三看见李四。

　　　　b. 张三没有看见李四。

　　　　c. *李四没有张三看见。

　　　　d. 李四张三没有看见。

（370）a. 有一个人看见李四了₂。

　　　　b. *一个人有看见李四了₂。

　　　　c. 李四有一个人看见了₂。

　　　　d. *李四一个人有看见了₂。

　　表时态的"有"属于强制提升动词，不能出现在句首，强制子句名词性成分移位，如（369ab）。子句名词性成分移位遵循移位的最简性，不能先于子句主语移位到主句主语位置，如（369c）。但子句宾语可以移位到主语之前，充当句子的话题，如（369d）。与表时态的"有"不同，表存在的"有"属于非强制提升动词，可以出现在句首，如（370a）。但其后的无定名词不能移位到句子的左边界，充当话题，如（370bd）。子句宾语可以越过无定名词短语移位到句子的左边界，充当话题，如（370c）。

　　认知情态助动词句的提升研究表明：汉语情态助动词允准不同类型的子句，表现出子句主语的强制或非强制移位。我们赞同林宗宏关于汉语子句区分定式与不定式的观点，认为子句主语强制提升与否与之关联，依此区分汉语的论元移位与非论元移位。不同于林宗宏的是，基于乔姆斯基提出的"EPP 特征驱动论元移位"的假设与语段不可渗透假设，我们认为 CP 语段阻碍情态助动词子句主语的论元移位，主句 T 的 EPP 特征通过与空形式主语合并获得满足。其实，林宗宏也注意到不同属性子句宾语提升到句子左边界的差异，但他并未将此与子句主语的强制与非强制提升联系起来，因此其结论需要较多的规约性操作。

相比林宗宏所提出的移位假设，我们的解决方案更具经济性，并解释了相关语言现象。首先，基于事态助词、时体助词和时体副词在认知情态助动词子句的不同表现，假定一般不允准事态助词、时体助词和时体副词的子句为不定式 TP 子句，允准相关结构的子句为无时态缺陷的定式 CP 子句。依此，根据乔姆斯基提出的移位假设，解释了汉语强制与非强制提升的差异。其次，我们区分了汉语的论元移位和非论元移位，进而解释了子句宾语的移位现象，即论元移位必须遵循移位的最简性，非论元移位则可以违反。再次，我们区分了汉语的不定式 TP 子句与定式 CP 子句，并解释了子句名词性成分在提升为子句话题方面的相关限制，即不定式 TP 子句不允准子句名词性成分的话题化，而定式 CP 子句允准。最后，我们解释了认知情态助动词连用的机制，即受子句定式与不定式的制约，非强制提升动词必须位于强制提升动词之前。

第二节　道义情态助动词

一　相关现象

道义情态助动词表达说话者对事件的观点或态度，关涉许可和义务两个概念（Palmer，2001：8）。句法上，罗斯、罗伯茨、马拉诺（Marrano）等认为道义情态助动词为控制类动词，区别于提升类的认知情态助动词。如下：

（371）Johnmay know the truth.
I. Epistemic：it is possible that John knows the truth.
II. Deontic：John is allowed to know the truth.

但汉语道义情态助动词是提升还是控制，一直未能达成一致的见解。一部分学者如黄正德、林若望与汤志真等认为道义情态助动词属于提升动词，表现在以下几个方面：

第一，道义情态助动词在语义上与其主语没有选择关系，既允准有生命主语，也允准无生命主语。

（372）a. 他应该$_2$来。

　　　　b. 书应该$_2$涨价。

（373）a. 他可以$_1$来。

　　　　b. 书可以$_1$全部卖掉。

　　第二，动词短语可以位于道义情态助动词之前，即道义情态助动词位于句末。

（374）a. 你不应该$_2$这样做。

　　　　b. 你这样做不应该$_2$。

　　如果将"应该$_2$"分析为提升动词，例（374a）属于子句主语提升，而例（374b）则属于子句提升。这与英语动词"be believed"相似。

（375）a. The earth is believed to be round（by everybody）.

　　　　b. That the earth is round is believed（by everybody）.

　　第三，假设主语与强化语"自己"的允准关系发生在底层结构，道义情态助动词主句主语是子句主语提升而来，不能允准主语强化语"自己"。

（376）a. ＊他（是）自己应该$_2$去台北（的）。

　　　　b. ＊他（是）自己可以$_1$去台北（的）。

　　第四，道义情态助动词的补足语子句不能用于"连……都"的焦点化结构。

（377）a. ＊连借给王五一百元，李四都不可以$_1$。

　　　　b. ＊连借给王五一百元，李四都不应该$_2$。

　　第五，道义情态助动词允准非宾格动词的宾语停留在原位，或提升到情态助动词之前，而动力情态助动词不允准。

（378）a. 明天的会议，应该₂/可以₁有三个人来。
　　　　b. 明天的会议，有三个人应该₂/可以₁来。

　　其他学者如曹逢甫（2005［1990］：288-290）、林宗宏等（2012）则认为义务情态助动词属于控制动词。第一，这些学者认为道义情态助动词不可以出现在句首，区别于认知情态助动词。

（379）a. *应该₂你明天念那本书。
　　　　b. 应该₁他明天会赢那场球。

　　第二，时间状语在道义情态助动词之前或之后会产生意义的差别，而在认知情态助动词之前或之后不会。

（380）a. 你应该₂明天念那本书。≠ 你明天应该₂念那本书。
　　　　b. 他应该₁明天会赢那场球。＝他明天应该₁会赢那场球。

　　第三，道义情态助动词不允准子句宾语提到句子前面，而认知情态助动词允准。

（381）a. *那本书应该₂你明天念。
　　　　b. 那场球应该₁巴西队明天会₁赢。

　　第四，道义情态助动词与动力情态助动词类似，语义辖域低于句末事态助词"了₂"，子句为不定式。

（382）a. 小明［应该₂/可以₁做这件事］了₂。
　　　　b. 小明［能/肯/敢做这件事］了₂。

　　上述学者都在形式语法的理论框架下分析了道义情态助动词的句法属性，并解释了部分现象。两种观点似乎都有相关语言事实来佐证，道义情态助动词是分析为提升还是控制值得进一步探讨。我们将进一步探讨道义情态助动词的句法结构特征，确定道义情态助动词的句法属性。论证过程将遵循上节中提出的特征核查、一致操作与一致条件、多重一致、语段不可渗透条件、循环转换、论元链条件等基本假设。我们认为道义情态区分直接道义与间接道义，直接道义作用于施事主语，间接道义作用于整个子句。直接道义助动词主要包括"应该$_2$、可以$_1$、能、要$_2$"，带不定式补足语子句，语义选择有生命的名词短语为施事主语，属于强制控制动词。依此，我们不仅可以统一解释这类词对其主语的语义限制现象、与时间状语的语义辖域关系、子句名词性成分移位与子句移位现象、子句的非宾格动词现象等，还可以解释一些其他的句法现象，区别于提升情态助动词。道义情态助动词的子句主语 PRO 受成分统治它的先行语控制，遵循邻近原则，不能指向附加语子句的名词性成分，也不能指向名词短语内部的领属成分。但间接道义助动词允准无生主语，属于强制提升动词。

接着我们将从四个部分展开讨论。首先分析道义情态助动词的基本语义内涵；其次从语义限制、句法位置、时间状语、被动态、否定、虚拟语气、情态连用等分析道义情态助动词的句法特征；然后探讨道义情态助动词的控制现象；最后研究直接道义与间接道义的异同。

二　基本语义内涵及用法

道义情态助动词表达施事主语做某事的许可或义务，属于二元动词，主要包括"应该$_2$（应当）、可以$_1$、能$_2$、要$_2$"，其具体语义内涵如下（源自《现代汉语八百词》）：

应该$_2$（应当）：表示情理上必须如此。

可以$_1$：表示许可。

能$_2$：表示情理上、环境上许可，多用于疑问或否定。

要$_2$：须要、应该。

"应该$_2$、要$_2$"都表示情理上必须如此，在肯定句中两者可以互换，但"要$_2$"更口语体化。其否定结构相差较大，"不应该$_2$"一般表示指责，暗含某事已经发生；而"不要$_2$"一般表示禁止或劝阻，所谈及的事尚未发生或正在发生。

　　（383）a. 你不要$_2$浪费水。

　　　　　　b. 你不应该$_2$浪费水。

"不应该₂"可以用于第一、二、三人称，而"不要₂"则只用于第二人称和第一人称复数，不用于第一人称单数和第三人称。

(384) a. 你（们）/我们不要₂浪费水。

　　　 b. 你（们）/我（们）/他（们）不应该₂浪费水。

(385) a. *我不要₂浪费水。

　　　 b. *他（们）不要₂浪费水。

"不应该"前面可以用程度副词来修饰，但"不要"不能。

(386) a. 你浪费水，很不应该₂。

　　　 b. *你浪费水，很不要₂。

"应该₂"的肯定形式与否定形式都可以出现在句尾，但"要₂"一般不可以。

(387) a. 你浪费水，不应该₂。

　　　 b. 你帮助同学，应该₂。

(388) a. *你浪费水，不要₂。

　　　 b. *你帮助同学，要₂。

吕叔湘（2006：624）认为"应该、应当"不能用于假设句的后一分句，表情理上的推测。这并不准确。但该用法可能受子句的句法特征限制。

(389) a. *如果你再不回去，老王应该₂说你了₂。

　　　 b. 如果你再不回去，老王应该₂会过来找你了₂。

"可以₁、能₂"都可以表示情理上、环境上的许可，都可以用于疑问句和否定句，两者一般可以互换。

(390) a. 他可以₁/能₂去参观车间。

　　　b. 他可以₁/能₂去参观车间吗？

　　　c. 他不能₂/不可以₁去参观车间。

但两者在一些句法特征上表现不同：

首先，"可以₁"能位于句首或句末，"能₂"不可以。

（391）a. 可以₁你去，也可以₁他去。

　　　 b. *能₂你去，也能₂他去。

（392）a. 他先去参观车间也可以₁。

　　　 b. *他先去参观车间也能₂。

　　道义情态助动词位于句首时，道义作用的对象为说话者。例（391）中，道义情态助动词之后省略了轻动词"让"，如果补出轻动词，则（391b）也合法。

（393）a. 可以₁让你去，也可以₁让他去。

　　　 b. 能₂让你去，也能₂让他去。

　　"可以₁"能移位提问，但"能₂"不行。"可以₁"位于句末，能替换为"成、行、好"等。不同之处在于，"可以₁"强调客观上的许可，而"成、行、好"更具口语化，突出被问话者的意愿，因此比"可以₁"更常用于回答问题。但"成、行、好"这些表许可的词都不能用在句中以"～不～"表疑问。

（394）a. 他去参观车间，可以₁吗？/行吗？/成吗？/好吗？

　　　 b. 他去参观车间，*能₂吗？

（395）a. 他去参观车间，可不可以₁？/行不行？/成不成？/好不好？

　　　 b. 他去参观车间，*能不能₂？

（396）a. *他行不行/成不成/好不好去参观车间？

　　　 b. *他行/成/好去参观车间吗？

其次,"可以₁"能用于"是~的"结构,但"能₂"不可以。

(397) a. 你先去参观车间是可以₁的。
　　　 b. *你先去参观车间是能₂的。

三　句法特征

(一)语义限制

道义情态助动词在语义上与其主语有选择关系,要求有生命的施事。

(398) a. 小明应该₂做这件事。
　　　 b. 他可以₁不参加比赛。

但汉语属于空话题型语言(Huang,1984),主语脱落不影响句子的合法性,且脱落的主语与句子的空话题(null topic)同指。如下:

(399) a. [Top e]ᵢ, proᵢ应该₂做这件事。
　　　 b. [Top e]ᵢ, proᵢ可以₁不参加比赛。

例(400)中子句宾语也可以话题化,形成多话题结构,不影响句子的合法性。这些话题性成分也可以与前面的语篇相关联,从而全部省略。

(400) a. [Top e]ᵢ, [Top 这件事]ⱼ, proᵢ应该₂做 tⱼ。
　　　 b. [Top e]ᵢ, [Top 这次比赛]ⱼ, proᵢ可以₁不参加 tⱼ。
(401) a. 这件事,我们可能要做,而且,[Top e]ᵢ, [Top e]ⱼ, proᵢ
　　　　 应该₂做 tⱼ。
　　　 b. 这次比赛,我们不能参加,而且,[Top e]ᵢ, [Top e]ⱼ,
　　　　 proᵢ可以₁不参加 tⱼ。

道义情态助动词的无生命主语可能是子句宾语的话题化或基础生成话题,话题之后可以补出脱落的施事主语。而以无生命名词成分为主语的主语提升结构中,情态助动词与主语之间不能补出有生命的名词性成分。

（402）a. [_Top_ 这批货] _j_ ，pro _i_ 可以 _1_ 全部卖掉 t _j_ 。

　　　　b. [_Top_ 这批货]′ _j_ ，你们可以 _1_ 全部卖掉 t _j_ 。

（403）a. 家乡的橘子 _i_ ，应该 _1_ [t _i_ 已经熟了 _2_]。

　　　　b. 家乡的橘子 _i_ ，（＊我们）应该 _1_ [t _i_ 已经熟了 _2_]。

　　道义情态助动词语义限制其主语，因此不出现在主谓结构的谚语；而认知情态助动词允准，但主谓结构中的主语会提升到主句的主语位置。

（404）a. ＊流水应该 _2_ 不腐。／＊滚石可以 _1_ 不生苔。

　　　　b. 流水应该 _1_ 不腐。／滚石可能不生苔。

　　上述分析表明：道义情态助动词语义选择有生命的名词短语为主语，以事件子句为补足语，其基本生成结构为：

（405）$[_{CP} [_{TP} DP_{[+animated]} [_{vP} v [_{VP} V_{Mod}+S]]]]$

　　例（405）中补足语子句 S 的句法投射并不清楚，下面我们将讨论道义情态助动词子句的句法属性。根据林宗宏的研究，汉语不定式子句不允准句末"了 _2_ "，而定式子句则允准。依此，道义情态助动词的子句不允准"了 _2_ "，为不定式子句。

（406）a. 他们应该 _2_ [_TP_ 学英语] 了 _2_ 。

　　　　b. 小明可以 _1_ [_TP_ 去北京] 了 _2_ 。

　　例（406）中"了 _2_ "的语义辖域高于道义情态助动词，子句不允准事态助词，为不定式子句。（406a）中如果"了 _2_ "的语义辖域低于"应该"，则"应该"只能诠释为认知情态助动词，其子句为定式子句。试比较：

（407）a. 他们应该 _2_ [学英语] 了。

　　　　b. 他们应该 _1_ [学英语了]。

如果句末"了₂"的语义辖域低于道义情态助动词，则句子不合法。

（408）a. 他们应该₂［学英语（＊了）］。
　　　　b. 他们可以₁［学英语（＊了）］。

不定式子句投射为 TP，子句主语为 PRO。道义情态助动词的子句宾语不能提升为子句的话题，只能提升为主句的话题。

（409）a. ＊他们应该₂［_{TP}那件事做］。
　　　　b. 那件事，他们应该₂［_{TP}做］。

依此，道义情态助动词的基本结构可以修正为：

（410）$[_{CP} \ [_{TP} \ DP_{[+animated]} \ [_{vP} \ v \ [_{VP} \ V_{Mod} + [_{TP} PRO + vP] \ ] \ ] \ ] \ ]$

但林若望与汤志真（1995）认为道义情态助动词可以出现在句首，与认知情态助动词类似。道义情态助动词居于句首是否表明这类动词属于提升动词呢？答案是否定的。汉语是空话题型语言，因此，动词出现在句首是比较常见的现象。下面我们将对比认知情态助动词，分析道义情态助动词处于句首的句法特征。

（二）道义情态助动词的句法位置

道义情态助动词可以出现在句首，这是认为汉语道义情态助动词属于提升动词的依据之一。但道义情态助动词位于句首区别于认知情态助动词"应该₁"，试比较：

（411）a. 应该₂小明去上海。
　　　　b. 应该₁他已经吃了₁饭了₂。

例（411a）中"应该₂"的子句为非定式子句，不允准事态助词"了₂"。例（411b）中认知情态助动词"应该₁"的子句允准"了₂"。

（412）a. 应该₂［小明去上海（＊了₂）］。

b. 应该₁［他已经吃了₁饭了₂］。

"应该₂"带非定式 TP 子句，子句主语可以提升到主句主语位置，满足主句 T 的 EPP 特征。但"应该₂"并未提升，这表明主句 T 已经与主句主语合并，并满足了其 EPP 特征。该主句主语 pro 为道义的对象，经过一致核查后与轻动词"让"一起脱落。① 该结构中，如果主语不脱落，则表致使的轻动词必须出现。如果道义的对象为"小明"，则小明与主句 T 进行一致核查并满足 T 的 EPP 特征。

（413）a. pro_i 应该₂PRO_i（让）小明去上海。
　　　　b. 你_i 应该₂PRO_i *（让）小明去上海。
　　　　c. 小明_i 应该₂PRO_i 去上海。

例（413c）中道义所针对的对象为主语"小明"，句子的语义焦点是"去上海"这件事，区别于（413ab）。后者的语义焦点并非"去上海"这件事，而是"小明去上海"整个事件。试比较：

（414）a. 应该₂小明去上海，（*不应该₂去北京。）
　　　　b. 小明_i 应该₂PRO_i 去上海，（不应该₂去北京。）
　　　　c. 应该₂小明去上海，（小李去北京。）
　　　　d. 小明_i 应该₂PRO_i 去上海，（*小李去北京。）

但认知情态助动词无论是位于句首，还是位于句子的第二位置，语义上没有显著区别。

（415）小明应该₁已经吃了饭了。
　　　　b. 应该₁小明已经吃了饭了。

道义情态助动词不仅可以出现在句首，还可以出现在句尾。如下：

---

① 表致使的轻动词脱落在汉语中比较常见，如：
（1）我们愿意（让）你去处理这件事。（2）他们想（叫）我承担这项任务。

（416）a. 你这样做不应该$_2$。
　　　 b. 她去上海不可以$_1$。

　　道义情态助动词的不定式补足语移位到句子之前，如例（417a），而且，施事主语也可以提升到句子的左边界，充当句子的话题，如例（417b）。

（417）a. [PRO 这样做]$_i$，你不应该$_2$ t$_i$。子句移位
　　　 b. [$_{Top}$你]$_j$，[PRO 这样做]$_i$，t$_j$不应该$_2$ t$_i$。主语话题化

　　道义情态助动词带不定式补足语，允准子句移位；而带定式子句的提升情态助动词则不允准子句剩余成分的移位。如下：

（418）a. [PRO$_j$这样做]$_i$，你$_j$不应该$_2$ t$_i$。
　　　 b. * [t$_i$去了$_1$上海]$_j$，[$_{Top}$他]$_i$不可能 t$_j$。

　　例（418a）中道义情态助动词的子句移位，子句空主语 PRO 与位于其后的控制语"你"同标，形成后向控制。例（418b）中，认知情态助动词后的句法成分移位属于定式子句的剩余成分移位。移位后，子句主语语迹 t$_i$不能受到先行语的先行管辖，违背了 ECP，所以句子不合法。因此，两类动词在表层上具有相似的结构，其实二者具有不同的基础生成结构，经过不同的句法移位派生而来。
　　道义情态助动词之后的不定式子句不仅可以提升为话题，还可以出现在"连……都"结构中。如下：

（419）a. [你的婚姻大事]$_i$ [当父母的]$_j$连 [PRO$_j$了解一下 t$_i$]$_k$ 都不应该$_2$t$_k$吗？
　　　 b. [犀牛角能壮阳]$_i$——[pro]$_j$连 [PRO$_j$想一想 t$_i$]$_k$都不应该$_2$t$_k$。（CCL）

　　例（419）的派生结构如下所示：

（420）　a.　［当父母的］_j都不应该₂PRO_j了解一下你的婚姻大事吗？

　　　　　b.　连［PRO_j了解一下你的婚姻大事］_i［当父母的］_j都不应该₂t_i吗？

　　　　　c.　［当父母的］_j连［PRO_j了解一下你的婚姻大事］_it_j都不应该₂t_i吗？

　　　　　d.　［你的婚姻大事］_k［当父母的］_j连［PRO_j了解一下t_k］_it_j都不应该₂t_i吗？

　　例（420a）为句子的基础生成结构。道义情态助动词的不定式子句话题移位，形成例（420b）。主句主语可以进一步提升为话题，则形成例（420c）。例（420d）表明焦点结构中的名词性成分也可以提取为话题，且句中的两个话题变换位置并不改变语义，也不影响句子的合法性。

（421）　［当父母的］_j［你的婚姻大事］_k连［PRO_j了解一下t_k］_it_j都不应该₂t_i吗？

　　认知情态助动词和动力情态助动词均允准子句出现在"连……都"结构。如下：

（422）　a.　他爸气得连［e嫌他站没站相、坐没坐相］也不可能。

　　　　　b.　他连［PRO摸摸她的手］都不敢。

　　林若望和汤志真所引用的道义情态助动词子句话题移位的句子都可接受，并非不合语法，只是语义上较难构拟出道义情态的等级序列事件。如果给出具体的语境，句子都可以接受。

（423）　a.　李四不可以₁借给王五任何东西，连借给他一分钱都不可以₁。

　　　　　b.　李四不应该₂借钱给王五，连借给他一分钱都不应该₂。

　　认知情态助动词的子句话题移位也是如此。

（424）a. 李四不可能借给王五任何东西，连借给他一毛钱都不可能。

b. 他不会$_1$违反学校的任何纪律，连迟到他都不会$_1$。

以上分析表明，道义情态助动词位于句首是主句主语脱落的结果；而出现在句尾是子句话题移位的结果。不定式子句移位区别于认知情态助动词的子句剩余成分移位，前者不定式子句主语为 PRO，移位不违反句法限制条件，句子合法；而剩余成分移位携带不能得到适当管辖的语迹 t，违背了空语类原则，句子不合法。但"连……都"能允准两种类型的移位，其机制本书尚不清楚。可能的解释是"连"作为 FocP 的中心语能成分统治其后的空语类，从而使得语迹 t 得到适当管辖，句子合法。

（三）时间状语

除名词性成分移位和不定式子句的焦点提升外，时间状语也是判断道义情态助动词句法属性的有效手段。道义情态助动词在时间状语之前或之后会产生意义的差别，其语义辖域的大小与句法位置的高低严格对应，即句法位置高的成分语义上取宽域。如下：

（425）a. 小明应该$_2$后天/现在/昨天去步行街。

b. 小明后天/现在/昨天应该$_2$去步行街。

（426）a. 小明应该$_2$昨天去步行街。

b. 小明昨天应该$_2$去步行街。

例（425a）中"应该$_2$"在时间状语之前，并以时间状语为对比语义焦点，表示在现在、过去或将来的某个时间中，"后天/现在/昨天去步行街"是合情理的；例（425b）中"应该$_2$"在时间状语之后，以事件为对比语义焦点，表示就后天/现在/昨天而言，"去步行街"是合情理的。但"应该$_2$"在过去时间之前，隐含子句事件在过去时间并未发生，而是在过去之前的某个时间发生了或现在才发生；"应该$_2$"在过去时间之后，句子表示子句事件并未发生，而是发生了其他事情。

但"可以$_1$、能$_2$"不能位于过去时间状语之前，即说话者不可能在说话时间允许某人在过去时间做某事；只能位于过去时间状语之后，表示就过去某个时间而言，某人做某事是允许的。表道义的"要$_2$"不与过去时间状语搭配。

（427）a. ＊小明可以$_1$昨天去步行街。

b. 小明昨天可以$_1$去步行街。

（428）a. ＊你不要$_2$昨天去步行街。

b. ＊小明昨天不要$_2$去步行街。

道义情态助动词区别于认知情态助动词，后者在时间状语之前或之后，句子的意义没有明显的差异。如下：

（429）a. 小明可能昨天去了$_1$步行街。

b. 小明昨天可能去了$_1$步行街。

（430）a. 小明应该$_1$下午去了$_1$步行街。

b. 小明下午应该$_1$去了$_1$步行街。

道义情态助动词与时间状语的语义辖域关系影响句子的意义，因为子句事件的发生受某种道义力量的约束，会产生不同的对比语义焦点；而认知情态助动词则仅表示说话者的某种推测，并不影响子句事件，不产生对比语义焦点，因此认知情态助动词在时间状语之前或之后不会影响句子的意义。需要指出的是，道义情态助动词出现在过去时间状语后，表达一种虚拟语气，意思是说话者认为某人过去本应该/可以做但却没做某事。

（431）a. 他$_i$昨天（本）应该$_2$PRO$_i$去上海，但他没去。

b. 他$_i$昨天本可以$_1$PRO$_i$去上海，但他没去。

例（431）中"可以$_1$、应该$_2$"带不定式子句，表示"他昨天本来可以/应该去上海而没有去"，属于虚拟语气结构，其中"本"为虚拟标记词。但认知情态助动词与过去时间状语连用，表达说话者还可以推测某人过去做某事的可能性，但不表虚拟语气，不允准"本"。

（432）a. 那个囚犯$_i$昨天还（＊本）可能 PRO$_i$跑得出去，今天就不可能了₂。

　　b. 他ᵢ去年（＊本）可能 PROᵢ 买得起房子。

（四）动词短语强化语"自己"

　　道义情态助动词的子句允准动词短语强化语"自己"，强调方式，这与认知情态助动词和动力情态助动词表现一致，因此不能作为区分提升情态助动词与控制情态助动词的标准。如下：

（433）a. 他ᵢ应该₂PROᵢ自己去台北。
　　　　b. 他ᵢ可以₁PROᵢ自己去台北。
（434）a. 他ᵢ肯 PROᵢ自己来。
　　　　b. 他ᵢ不敢 PROᵢ自己参加比赛。
（435）a. 他ᵢ可能 tᵢ自己去了台北。
　　　　b. 他ᵢ应该₁tᵢ自己去过台北了。

　　林若望与汤志真假设主语与动词短语强化语"自己"的允准关系发生在底层结构，认为"自己"在动力情态助动词之前仍表示对动词短语的强化，而"自己"在道义情态助动词和认知情态助动词之前则不表示对动词短语的强化，所以道义情态助动词为提升情态助动词。但问题在于"自己"在动力情态助动词之前表示对主句主语的强化。如下：

（436）a. 他ᵢ自己肯 PROᵢ来，没人劝他。
　　　　b. 他ᵢ自己不敢 PROᵢ参加比赛，谁也帮不了他。

　　例（436）中"自己"位于动力情态助动词之前，表示对主句主语的强化，而"自己"位于动力情态助动词之后，表示对动词短语的强化。因此，林若望与汤志真根据动词短语强化语"自己"的现象认为道义情态助动词为提升动词的观点并不可靠。此外，他们假定认知情态助动词与道义情态助动词都是提升动词，其主语都是子句主语提升而来，因此推断主语强化语"自己"不能被主句主语允准。事实上，"自己"位于道义情态助动词和认知情态助动词之前可以表示对主语的强化。如下：

（437） a. 他_i自己应该₂PRO_i去台北。

 b. 他_i自己可以₁PRO_i去台北。

（438） a. 他自己_i可能 t_i去了台北。

 b. 他自己_i应该₁t_i去过台北了。

例（438）中，"他自己"从子句主语提升而来，"自己"为主语强化语。如果"他自己"位于认知情态助动词的子句，则句子有歧义。如下：

（439） a. 可能他自己去了₁台北。

 b. 应该₁他自己去过台北了₂。

词汇主语与主语强化语"自己"的允准关系发生在底层结构，依此可以解释"自己"位于情态助动词前表示对主语的强化现象。位于情态助动词之后的"自己"为动词短语强化语。因此，强化语"自己"不能区分提升情态助动词与控制情态助动词。此外，子句带所谓的"非宾格动词"也不是区分两类动词的有效手段。

（五）非宾格动词

道义情态助动词允准所谓的非宾格动词"来"，这并不表示道义情态助动词就是提升动词。

（440） a. [Top e]_i，明天的会议，pro_i应该₂/可以₁PRO_i来三个人。

 b. [Top e]_i，明天的会议，pro_i * 应该₂/可以₁PRO_i有三个人来。

 c. ·明天的会议，有三个人_i应该₂/可以₁PRO_i来。

例（440a）以"明天的会议"为话题，主句主语为脱落空主语 pro，与前面的空话题同指。"应该"为控制动词，带不定式子句，且子句动词"来"为非宾格动词转换的及物动词，^① 子句主语位置存在空主语 PRO，与脱落空主语 pro 同指。语义上，道义所针对的对象脱落的空主语 pro，表示说话者认为"某个团队来三个人是合情理的/允准的"。如果"应该₂/可

---

① 关于动词类型的转变，读者可参考黄正德的相关研究。

以₁"为提升动词,"来"为非宾格动词,那么提升动词应该允准子句"来三个人"整体提升到句子的前面,① 形成"＊明天的会议,来三个人应该₂/可以₁",不违背 ECP,但该句并不合法。语义上,"明天的会议来三个人是合情理的/允准的"也不合逻辑。此外,该句中"可以"还可能是动力情态意义,表达一种物力,即"明天的会议能₂来三个人",与"一锅饭可以₂吃十个人"的结构类似。②

例(440b)中,"应该"并不表道义,只表推测,为认知情态助动词,表示"明天的会议,有三个人来是很可能的",因此"应该₂"不合法。道义情态助动词"可以₁"前存在脱落的空主语 pro,其道义所针对的对象为脱落的空主语 pro,表示"某个团队有三个人来是允准的"。该句中,"有"并非表存在的助动词,而是表领属关系的及物动词,其宾语可以是有定名词短语(黄正德,1988),而且,"有"前面存在空主语 PRO,不同于完成助动词"有",不允准有定名词短语提升到"有"之前。如下:

(441) a. [Top e]ᵢ,明天的会议,proᵢ可以₁PROᵢ有这三个人来。
b. ＊[Top e]ᵢ,明天的会议,proᵢ可以₁这三个人有来。

例(441a)中,道义的对象为无定名词短语"三个人",充当存在助动词"有"的补足语子句主语,与最内层嵌入子句主语 PRO 同指。但存在助动词"有"不能带有定名词短语。

(442) 明天的会议,有(＊这)三个人ᵢ应该₂/可以₁PROᵢ来。

因此,道义情态助动词位于句首,并非允准所谓的非宾格动词"来",而是允准及物动词"来",不具有提升动词的特征,是控制动词。前面提到,主句主语脱落在汉语中是比较常见的现象。只要语境允许,动力情态助动词也可以出现在类似的结构中。如下:

---

① 将动词允准子句整体提升到动词之前,如下:
(1) 可能他去北京。=>他去北京可能。(2) It is likely for him to go to Beijing. =>For him to go to Beijing is likely.
② 关于动力情态助动词,其句法语义特征较为复杂,我们将另文探讨。

（443）a. 你们，明天的会议，肯来几个人？

　　　　b. [Top e]$_i$，明天的会议，pro$_i$肯 PRO$_i$来三个人。

　　　　c. 你们，明天的会议，能够来几个人？

　　　　d. [Top e]$_i$，明天的会议，pro$_i$能够 PRO$_i$来三个人。

　　综上所述，道义情态助动词语义选择有生命的名词性成分为外论元，以不定式子句为内论元，子句主语为空主语 PRO，属于控制类动词。依此，我们不仅可以统一解释道义情态助动词与时间状语的语义辖域关系、子句名词性成分移位与子句移位、子句的非宾格动词现象等研究，区别于提升情态助动词。下面我们将从被动态、否定、虚拟语气等进一步探讨道义情态助动词与认知情态助动词的差异。

（六）被动态

　　道义情态助动词的子句表达为主动态还是被动态，整个句子的真值条件不同。

（444）a. 张医生$_i$应该$_2$PRO$_i$救治那个病人。

　　　　b. 那个病人$_i$应该$_2$PRO$_i$被张医生救治 t$_i$。

（445）a. 张医生$_i$可以$_1$PRO$_i$救治那个病人。

　　　　b. 那个病人$_i$可以$_1$PRO$_i$被张医生救治 t$_i$。

　　例（444a）中"应该$_2$"带主动态的补足语子句，其真值条件不同于带被动态子句的（444b）。原因在于两句的论元结构发生了变化，逻辑上不具有同构关系。前者道义所针对的对象为外论元"张医生"，而后者道义所针对的对象为外论元"那个病人"，两者具有不同的道义基础。前者救死扶伤是医生的基本道义；而后者那个病人应不应该被救治？应该被谁救治？则是另一种道义准则。所以两者具有不同的真值条件。例（445）亦是同理。例（445a）中道义所针对的对象是"张医生"，即张医生救治那个病人是允准的，允准的主体是 X；而例（445b）中道义所针对的对象是"那个病人"，即那个病人可不可以被救治？可以被谁救治？允准的主体可能是 Y。两者具有不同的真值条件。

　　认知情态助动词为一元动词，带命题或事件子句补足语。子句的被动态与其主动态的真值条件意义相同。

（446）a. 他ᵢ可能 tᵢ伤害过那几个女孩。

　　　　b. 那几个女孩ᵢ可能 tᵢ被他伤害过 tᵢ。

　　例（446a）"可能"带主动态的补足语子句，其真值条件与带被动态子句的（446b）相同。原因在于提升动词"可能"不能给主句主语指派题元角色，子句主语提升到主句主语位置属于话题提升，因此，句子的论元结构没有发生变化，真值条件相同。子句主语不提升，句子同样合法。如下：

（447）a. 可能他伤害过那几个女孩。

　　　　b. 可能那几个女孩被他伤害过。

（七）否定词"不"与"没（有）"

　　道义情态助动词的子句动词只能用"不"否定，不能与"没（有）"搭配。这区别于带定式子句的认知情态助动词。

（448）a. 他ᵢ可以₁PROᵢ去上海。

　　　　b. 他ᵢ可以₁PROᵢ不去上海。

　　　　c. * 他ᵢ可以₁PROᵢ没去上海。

（449）a. 小明ᵢ应该₂PROᵢ当这个官。

　　　　b. 小明ᵢ应该₂PROᵢ不当这个官。

　　　　c. * 小明ᵢ应该₂PROᵢ没当这个官。

　　认知情态助动词带定式子句，子句动词既可以与"没"搭配，也可以用"不"否定。如果定式子句表示对将来会发生的事件推测，子句动词则只能用"不"否定，不能用"没"否定。

（450）a. 他ᵢ应该₁tᵢ去了上海了。

　　　　b. 他ᵢ应该₁tᵢ没去上海。

　　　　c. 他ᵢ应该₁tᵢ不去上海。

（451）a. 小明ᵢ可能 tᵢ想赢他的钱了。

　　　　b. 小明ᵢ可能 tᵢ没想赢他的钱。

　　　　c. 小明ᵢ可能 tᵢ不想赢他的钱。

（452） a. ＊他$_i$明天应该$_1$t$_i$没去读书。

　　　 b. ＊他$_i$明天可能 t$_i$没去上海。

但道义情态助动词的主观性较强，不表达现实事件，只能用"不"否定，不能用"没"否定。

（453） a. 他$_i$可以$_1$PRO$_i$去上海。

　　　 b. 他$_i$不可以$_1$PRO$_i$去上海。

　　　 c. ＊他$_i$没可以$_1$PRO$_i$去上海。

（454） a. 小明$_i$应该$_2$PRO$_i$当这个官。

　　　 b. 小明$_i$不应该$_2$PRO$_i$当这个官。

　　　 c. ＊小明$_i$没应该$_2$PRO$_i$当这个官。

这一点与认知情态助动词相似，① 区别于动力情态助动词。

（455） a. 他$_i$会$_1$去上海。

　　　 b. 他$_i$不会$_1$去上海。

　　　 c. ＊他$_i$没会$_1$去上海。

（456） a. 小明$_i$可能已经放弃了。

　　　 b. 小明$_i$不可能已经放弃了。

　　　 c. 小明$_i$没可能已经放弃了。

这是因为道义情态助动词和认知情态助动词的主观性较强，不具现实性特征；而动力情态助动词的主观性较弱，具有现实性特征。

（八）情态连用

道义情态助动词与认知情态助动词连续连用，道义情态助动词只能位于认知情态助动词之后，如例（457ab），而不能先于认知情态助动词，如例（457cd）。

---

① 认知情态助动词的否定结构比较复杂。表推测的"可能"既可以用"不"否定，也可以用"没"否定。

（1）他不可能认识李主席。（2）他没可能认识李主席。我们认为"可能"用"没"否定与可能可以用作名词的特征相关，表达"没有可能性"。此外，表推测的"应该"不能用于否定结构。

（3）＊他不应该已经知道这件事了。（4）＊他没应该已经知道这件事了。

（457）a. 他ᵢ应该₁tᵢ可以₁去上海。

　　　　b. 他ᵢ可能 tᵢ应该₂做这件事。

　　　　c. * 他ᵢ应该₂可能 tᵢ去了₁上海。

　　　　d. * 他ᵢ可以₁应该₁tᵢ去了₁上海。

　　道义情态助动词可以连续连用，但其顺序受词汇限制。"应该₂"可以与"要₂"连续连用（彭利贞，2007：422），但"应该₂"不能位于"要₂"之后。

（458）a. 野外宿营应该₂要₂注意什么？

　　　　b. * 野外宿营要₂应该₂注意什么？

　　林宗宏（2012）为道义情态助动词与认知情态助动词的连续连用机制提出了一种解释方案，即"带定式子句的情态助动词只能出现在定式的语境中，而带不定式子句的情态助动词可以出现在不定式的语境中"。问题是，带不定式子句的道义情态助动词出现的语境是不定式，还是定式呢？

　　道义情态助动词所在的子句允准句末事态助词"了₂"，子句为定式子句。

（459）a. 他ᵢ可能 ［tᵢ可以₁去上海了₂］。

　　　　b. 他ᵢ可能 ［tᵢ应该₂做这件事了₂］。

　　因此，带不定式子句的道义情态助动词也可以出现在定式子句语境中。但林宗宏认为表道义的"必须"既可以带定式子句，也可以带不定式子句，允许出现在认知情态助动词之前。这不符合我们的语感。

（460）a. * ? 张三必须可能来，否则计划会₁失败。

　　　　b. * ? 张三必须应该来了₂。

　　　　c. * ? 张三必须会₁来。

　　我们认为"必须"带定式子句的观点值得商榷。首先，如果"必须"带定式子句，那么例（460）中子句的脱落主语应该可以补充出来，不违背句法规则，但这种句子完全不可接受，不同于一般带定式子句的动词。

（461）a. ＊张三ᵢ必须他ᵢ/ⱼ可能来₁，否则计划会₁失败。
　　　　b. ＊张三必须他ᵢ/ⱼ应该₁来了。
　　　　c. ＊张三ᵢ必须他ᵢ/ⱼ会₁来。
（462）a. 张三ᵢ说他ᵢ/ⱼ可能来。
　　　　b. 张三认为李四应该₁来了。
　　　　c. 张三ᵢ说他ᵢ/ⱼ会₁来。

其次，"必须"并不允准句末"了₂"，不符合林宗宏所提出的定式子句特征。

（463）a. ＊张三必须吃了₁饭了₂。
　　　　b. ＊张三必须来了₂。
　　　　c. ＊张三必须已经读过这本书了₂。

最后，"必须"不能被否定，不能用"A-不-A"提问，不同于其他道义情态助动词。

（464）a. ＊士兵不必须听指挥。
　　　　b. ＊士兵必须不必须听指挥？
　　　　c. 士兵不应该不听指挥。
　　　　d. 士兵应该不应该不听指挥？

本节分析表明，道义情态助动词语义限制其主语，属于控制动词。这类动词位于句首是主句主语脱落的结果，而出现在句尾是子句话题化的结果；道义情态助动词与时间状语的语义辖域关系影响句子的意义；允准不定式子句移位；带主动态子句或被动态子句具有不同的真值条件；道义情态助动词的非定式子句只能用"不"否定，不能与"没（有）"搭配；不能位于认知情态助动词之前而只能位于其后。这些句法特征区别于提升类的认知情态助动词。下面我们将在最简方案理论框架下分析道义情态助动词的控制。

四 控制假设

（一）空主语 PRO

无论是理论上，还是经验事实上，空主语 PRO 都有其存在的合理性。PRO 的存在可从题元准则、扩充的投射原则和约束原则中找到相关的证据。如下：

（465） a. John$_i$ wants [Mary$_{*i/j}$to help herself / * himself].

b. John$_i$ wants [PRO$_{i/*j}$to help * herself /himself].

这两个句子都含有不定式子句 TP，例（465a）中的 TP 有显性主语，子句反身代词受子句主语约束；而例（465b）中的 TP 没有，子句反身代词受主句主语约束。因此，研究者们认为没有显性主语的 TP 子句中包含一个 PRO。设置这样一个 PRO 的位置有其理论依据：

1. 论元结构（argument structure）和题元准则（theta criteria）

每个动词都具有论元结构。论元结构规定了实现动词表达的动作或状态所需要的最少论元数量。根据题元准则，每一个论元都必须充当一个题元角色，而且只能充当一个；每一个题元角色都必须分派给一个论元，而且只能分派给一个论元。例（465）中动词 help 是一个二元谓词，需要一个获得 help 的述题题元角色的域外论元。因此，设置 PRO 满足了动词的论元结构以及题元准则。

2. 扩充的投射原则（Extended Projection Principle，简称 EPP）

根据 EPP，每个句子都必须有主语，否则句子不合语法。例（465）中不定式子句可以存在一个显性的主语 you 或者 PRO，满足子句 T 的 EPP 特征。

3. 约束原则（binding theory）

反身代词要求有一个局部先行词，即反身代词所在的 TP 包含它的先行词。例（465a）中反身代词 herself 所在的 TP 子句中包含它的先行词 Mary，句子合语法，而反身代词 himself 在 TP 子句中找不到局部先行词，违背了约束原则，句子不合语法。例（465b）中 PRO 的设置满足了约束原则。作为反身代词 himself 的局部先行词，PRO 与主句主语"John"同标共指，不允准子句的反身代词 herself。

PRO 的存在具有理论上的依据，同时，PRO 的设置也符合语言学理论所要求的非冗余性和简约性（non-redundancy and economy）。朗道（Landau，2013：69-78）还提出了一系列经验事实支持 PRO 的存在，其重要的证据之一是主句的主语和宾语可以作 PRO 的控制语，并充当子句互指反身代词 each other 的局部先行语。

(466) a. John$_i$ proposed to his uncle$_j$ [PRO$_{i+j}$ to help each other$_{i+j}$].
　　　 b. *John$_i$ hoped that his uncle$_j$ would help each other$_{i+j}$.

此外，在格一致丰富的语言中，谓词的格与其所修饰论元的格保持一致，但不定式子句谓词所表现出的格特征与其先行语的格特征并不一致。这表明不定式子句空主语 PRO 与子句谓词进行了一致核查。

(467) a. Ona poprosila ego ne PRO ezdit' tuda odnomu zavtra.
　　　　　 She. NOM asked him. ACC not to-go there alone. DAT to-
　　　　　 morrow
　　　　　 "She asked him not to go there alone tomorrow." （俄语）
　　　 b. Ólaf hafði ekki gamman af PRO að vanta einan í veisluna.
　　　　　 Ólaf. NOM had not pleasure of to lack alone. ACC to
　　　　　 party. the
　　　　　 "Olaf didn't find it pleasurable to be absent alone from the
　　　　　 party." （冰岛语）

（Landau，2013：74）

在俄语中，领属反身代词 svoj 是主语取向词，不能被宾语约束；德语中，反身代词 sich 不能被与格论元约束。但前者在不定式子句中与主语的宾语同标，如例（467a）；后者在不定式子句中与主句中的与格宾语同标，如例（467b）。这表明两者都被与主句宾语同标的子句空主语 PRO 约束。

(468) a. John$_j$ ubedil Mary$_i$ [PRO$_i$ navestit svoju$_i$ sestru].
　　　　　 John persuaded Mary to. visit SELF's sister
　　　　　 "John persuaded Mary to visit her own sister." （俄语）
　　　 b. Sie hat dem hans$_i$ erlaubt [PRO$_i$ sich$_i$ den Fisch mit streifen

vorzustellen].

She has the. DAT John allowed SELF the. ACC fish with
stripes to. imagine

"She allowed John to imagine what the fish would look like
with stripes."（德语）

（Wurmbrand 2001：234）

上述分析表明，无论是理论上还是经验事实上，PRO 都有其存在的合理性和必然性，任何否认 PRO 存在的理论都难以解释上述现象。①

（二）道义情态助动词的控制现象

道义情态助动词带不定式补足语子句，以有生名词短语为外论元。其结构如下所示：

（469）$[_{CP} [_{TP} DP_{[+animated]} [_{v*P} v * [_{VP} V_{mod} + [_{TP} PRO + v * P]]]]]$

根据朗道（2013：29）的 OC（Obligatory Control，简称 OC）识别特征，例（469）属于强制控制结构。OC 识别特征描述为：

在控制结构 $[... X_i... [_S PRO_i...]...]$ 中，X 控制句子 S 中的空主语 PRO。其中，

（1）单个（多个）控制语 X 必须是 S 的相互依存成分；

（2）PRO（或 PRO 的一部分）必须被诠释为约束变量。

OC 的识别特征表明控制语标记为 X 而不是 DP，因此控制语不仅包括显性控制语，还包括隐性控制语；S 的相互依存成分既可以是 S 的论元，也可以是 S 的附加语，因此 OC 包括了补足语 OC 和附加语 OC 两类结构；控制语可以是单个，也可以是多个，这表明 OC 包括了分裂控制结构；约束变量既可以是 PRO，也可以是 PRO 的一部分，这表明 OC 还包括了部分控制结构。

依此，道义情态助动词结构的句法运算过程如下所示：

---

① 霍恩斯坦，布克斯（Boeckx）等学者尝试在最简理论框架下放弃 PRO，并提出了控制移位理论。我们将在第六章详细分析该理论所面临的诸多挑战，故不在此展开说明。

（470）小明可以看电影。

a. 合并"看"和"电影"+题元指派：

$$[_{\text{VP}}看电影_{[3.SG][case:u]}]$$

b. 合并 v＊：

$$[v\ast_{[\Phi:u][EPP]}\ [_{\text{VP}}看电影_{[3.SG][case:u]}]\ ]$$

c. 合并"PRO"：

$$[PRO_{[3.SG][case:u]}\ [v\ast_{[\Phi:u][EPP]}\ [_{\text{VP}}看电影_{[3.SG][case:u]}]\ ]\ ]$$

d. 特征匹配：[1]

$$[PRO_{[3.SG][case:u]}\ [v\ast_{[3.SG][EPP]}\ [_{\text{VP}}看电影_{[3.SG][case:u]}]\ ]\ ]$$

e. 循环转换：

$$[PRO_{[3.SG][case]}\ [v\ast_{[3.SG][EPP]}\ [_{\text{VP}}看电影_{[3.SG][case]}]\ ]\ ]$$

f. 合并 T：

$$[T_{[\Phi:u][EPP]}\ [PRO_{[3.SG][case:u]}\ [v\ast_{[3.SG][EPP]}\ [_{\text{VP}}看电影_{[3.SG][case]}]\ ]\ ]\ ]$$

g. 特征匹配：

$$[T_{[3.SG][EPP]}\ [PRO_{[3.SG][case:u]}\ [v\ast_{[3.SG][EPP]}\ [_{\text{VP}}看电影_{[3.SG][case]}]\ ]\ ]\ ]$$

h. 内部合并 PRO：

$$[\ PRO_{[3.SG][case:u]}\ [\ T_{[3.SG][EPP]}\ [\ PRO_{[3.SG][case:u]}\ [\ v\ast_{[3.SG][EPP]}$$
$$[_{\text{VP}}看电影_{[3.SG][case]}]\ ]\ ]\ ]\ ]$$

i. 合并"可以"：

$$[_{\text{VP}}可以\ [\ PRO_{[3.SG][case:u]}\ [\ T_{[3.SG][EPP]}\ [\ PRO_{[3.SG][case:u]}\ [\ v$$
$$\ast_{[3.SG][EPP]}\ [_{\text{VP}}看电影_{[3.SG][case]}]\ ]\ ]\ ]\ ]\ ]$$

j. 合并"他们"：

$$[他们_{[3.SG][case:u]}\ [_{\text{VP}}可以\ [\ PRO_{[3.SG][case:u]}\ [\ T_{[3.SG][EPP]}\ [\ PRO$$
$$_{[3.SG][case:u]}\ [v\ast_{[3.SG][EPP]}\ [_{\text{VP}}看电影_{[3.SG][case]}]\ ]\ ]\ ]\ ]\ ]\ ]$$

k. 合并 T：

$$[T_{[\Phi:u][EPP]}\ [他们_{[3.SG][case:u]}\ [_{\text{VP}}可以\ [PRO_{[3.SG][case:u]}\ [T_{[3.SG][EPP]}$$
$$[PRO_{[3.SG][case:u]}\ [v\ast_{[3.SG][EPP]}\ [_{\text{VP}}看电影_{[3.SG][case]}]\ ]\ ]\ ]\ ]\ ]$$

l. 特征匹配：

$$[T_{[3.SG][EPP]}\ [他们_{[3.SG][case:u]}\ [_{\text{VP}}可以\ [PRO_{[3.SG][case:u]}\ [T_{[3.SG][EPP]}$$

---

[1]　特征匹配发生在外论元合并之前还是之后？存在动词与宾语一致的语言，特征匹配发生在外论元合并之前；但如果动词和主语一致，则发生在外论元合并之后。

$$[PRO_{[3.SG][case:u]}[v*_{[3.SG][EPP]}[_{VP}看电影_{[3.SG][case]}]]]]]]]]]$$

m. 内部合并"他们"：

$$[他们_{[3.SG][case:u]}[T_{[3.SG][EPP]}[他们_{[3.SG][case:u]}[_{VP}可以$$
$$[PRO_{[3.SG][case:u]}[T_{[3.SG][EPP]}[PRO_{[3.SG][case:u]}[v*_{[3.SG][EPP]}$$
$$[_{VP}看电影_{[3.SG][case]}]]]]]]]]$$

n. 合并 C：

$$[C[他们_{[3.SG][case:u]}[T_{[3.SG][EPP]}[他们_{[3.SG][case:u]}[_{VP}可以$$
$$[PRO_{[3.SG][case:u]}[T_{[3.SG][EPP]}[PRO_{[3.SG][case:u]}[v*_{[3.SG][EPP]}[_{VP}$$
$$看电影_{[3.SG][case]}]]]]]]]]]$$

o. 循环转换：

$$[C[他们_{[3.SG][case]}[T_{[3.SG][EPP]}[他们_{[3.SG][case]}[_{VP}可以$$
$$[PRO_{[3.SG][case]}[T_{[3.SG][EPP]}[PRO_{[3.SG][case]}[v*_{[3.SG][EPP]}[_{VP}$$
$$看电影_{[3.SG][case]}]]]]]]]]]$$

p. 低层拷贝删除：

$$[C[他们_{[3.SG][case]}[T_{[3.SG][EPP]}[他们_{[3.SG][case]}[_{VP}可以$$
$$[PRO_{[3.SG][case]}[T_{[3.SG][EPP]}[PRO_{[3.SG][case]}[v*_{[3.SG][EPP]}[_{VP}$$
$$看电影_{[3.SG][case]}]]]]]]]]]$$

　　道义情态助动词子句主语 PRO 受最近成分统治它的先行语控制，不能指向位于其他名词性成分，也不能指向附加语子句的名词性成分和先行语的领属成分。

(471) a. 张三$_j$知道小明$_i$可以$_1$[PRO$_{i/*j}$做这件事]。
　　　　b. 张三$_j$认为小明$_i$应该$_2$[PRO$_{i/*j}$做这件事]。
(472) a. 小明$_i$可以$_1$[在李四$_j$离开的时候][PRO$_{i/*j}$做这件事]。
　　　　b. 小明$_i$应该$_2$[在李四$_j$离开的时候][PRO$_{i/*j}$做这件事]。
(473) a. 小明$_j$的爸爸$_i$可以$_1$[PRO$_{i/*j}$做这件事]。
　　　　b. 张三$_j$的朋友$_i$应该$_2$[PRO$_{i/*j}$去上海]。

　　例（471）中，PRO 只能以最近成分统治它的子句主语"小明"为控制语，不能指向主句的主语"张三"。例（472）中，虽然"李四"在线性次序上先于 PRO，但"李四"处于附加语子句的主语位置，并不成分统治 PRO，因此，也不能充当 PRO 的控制语。例（473）中，先行语的领属成分不成分统治 PRO，不能充当 PRO 的控制语。因此，句法上的成分统治关系是确定 PRO 的控制语的关键。

PRO 受最近的成分统治先行语控制，不具有独立的指称特征，区别于具有独立指称特征的词汇名词短语或脱落的主语 pro，两者呈互补分布。道义情态助动词的不定式子句允准 PRO，排斥词汇名词短语；认知情态助动词的定式子句允准词汇主语或 pro。

（474）a. 小明$_i$可以$_1$［PRO$_i$做这件事］。

b. 张三$_i$应该$_2$［PRO$_i$去上海］。

（475）a. 小明$_i$可以$_1$［（＊他$_i$）做这件事］。

b. 张三$_i$应该$_2$［（＊他$_i$）去上海］。

（476）a. ［Top e］$_i$，可能［pro$_i$做了这件事了$_2$］。

b. ［Top e］$_i$，应该$_1$［pro$_i$去过上海了$_2$］。

（477）a. 可能［小明做了$_1$这件事了$_2$］。

b. 应该$_1$［张三去过上海了$_2$］。

例（474—475）表明道义情态助动词的子句主语 PRO 与代词互补分布；而例（476—477）表明认知情态助动词的子句主语位置可以补充词汇名词短语。

道义情态助动词的子句主语位置虽然不允准代词"他"，但却允准"自己"。如下：

（478）a. 小明$_i$可以$_1$［自己$_i$做这件事］。

b. 张三$_i$应该$_2$［自己$_i$去上海］。

马迪根（Madigan，2008）认为日语、韩语和汉语控制动词的子句主语位置都可以允准光杆反身代词"自己"，"自己"具有焦点解读（＝Only I），只能被局部控制语约束。依此，"自己"被看成是词汇化的 PRO 成分。汉语的"自己"是否属于词汇化的 PRO 成分?[①]

---

① Landau（2013）也指出显性控制反身代词和代词也可能是加强语气的双重角色词，不影响 PRO 的空语类的本质特征。

　　我们认为例（478）中的"自己"并非反身代词，而是方式状语。理据有二：首先，方式状语只与动作动词组合，而不与状态动词组合。如果把子句动词换为表示状态的动词时，"自己"就不能得到允准。

　　　　（479）a. 小明ᵢ可以₁［（＊自己ᵢ）相信他的话］。
　　　　　　　　b. 张三ᵢ应该₂［（＊自己ᵢ）相信他的话］。

　　其次，语义上与"自己"对等的词如"一个人、独自、只身"等都可以出现在该位置，句子意义基本一致。

　　　　（480）a. 小明ᵢ可以₁［一个人ᵢ做这件事］。
　　　　　　　　b. 张三ᵢ应该₂［独自ᵢ去上海］。

　　如果"自己"是作主语的反身代词则不应该存在类似的限制条件，因此汉语不定式子句主语位置的"自己"并非词汇化的 PRO 成分，而是方式状语。

五　直接道义与间接道义

　　我们在本章开头指出道义情态助动词属于二元动词，语义限制主语的题元角色，指派主语题元角色。但道义情态助动词在一些语境中也允准无生命的名词性成分出现在前面，并且区别于子句宾语话题提升的无生命主语句。

　　　　（481）a. 这本书可以₁买。
　　　　　　　　b. 那件事应该₂做。
　　　　（482）a. 这本书可以₁下架。
　　　　　　　　b. 会议应该₂按时开始。

　　例（481）属于子句宾语话题提升结构，道义作用的对象是情态助动词前脱落的词汇主语。但例（482）属于子句主句提升结构，道义情态助动词之前不能补出词汇主语。根据布伦南的研究，道义情态区分直接道义与间接道义，直接道义情态助动词的语义辖域低于主语，间接道义情态助动词的语义辖域高于主语。语义上，直接道义情态作用于句子的主语，而间接道义情态作用于整个命题。依此，例（481）的句式属于直接道义情态，而例（482）的句式属于间接道义情态。直接道义情态带主语和 VP 补足语，指派主语题元角色，属于控制动词；间接道义情态助动词在句法上与认知情态助动词相同，带句子补足语，不指派主语题元角色，属于提升动词。两者的结构如下：

（483）a. 这本书$_i$pro$_j$可以$_1$［PRO$_j$买 t$_i$］。
　　　b. 那件事$_i$pro$_j$应该$_2$　［PRO$_j$做 t$_i$］。
（484）a. 这本书$_i$［可以 $_1$t$_i$下架］。
　　　b. 会议$_i$［应该$_2$［t$_i$按时开始］］。

　　两类道义情态助动词带补足语子句，子句句末"了$_2$"的语义辖域高于情态助动词，为不定式子句。

（485）a.［这本书可以$_1$［PRO 买］了$_2$］。
　　　b.［这本书可以$_1$［t$_i$下架］了$_2$］。

　　间接道义情态助动词的不定式子句主语强制提升到主句的主语位置，句子成功收敛。所以，间接道义情态助动词不能出现在句首。直接道义情态助动词可以位于句首，但道义作用的对象是未出现的空主语 pro，指"pro 根据某些规定允许某人做什么事情"或"pro 根据某些准则让某人做什么事情是有合情理的"。

（486）a. ＊可以$_1$这本书下架。
　　　b. ＊应该$_2$会议按时开始。
（487）a.［pro［可以$_1$［PRO 买这本书］］］。
　　　b.［pro［应该 $_2$［PRO 做那件事］］］。

　　直接道义情态助动词允准其后的补足语子句话题提升到句子的左边界，而非直接道义情态助动词不允准。

（488）a.［PRO 去上海］$_j$，小明可以$_1$t$_j$。
　　　b.［PRO 去上海］$_j$，小明应该$_2$t$_j$。

（489）a. ＊［t_i 下架］_j，这本书_i 可以_1 t_j。
　　　　b. ＊［t_i 按时开始］_j，会议_i 应该_2 t_j。

直接道义情态的子句宾语提升为非论元移位，子句宾语原来的位置可以补出复现代词；但间接道义情态的子句主语提升为论元移位，则不允准。

（490）a. 这本书_i 你_i 应该_2［PRO_i 买（它_j）］。
　　　　b. 这本书_i 可以_1［t_i ／（＊它_i）下架］。

道义情态助动词区别直接道义和间接道义，两者在能否出现在句首、是否允准子句移位和复现代词上表现出系统的对立。但为了论述更为清晰，我们在后面的章节将避开间接道义情态助动词结构，只讨论直接道义情态助动词结构。

综上，道义情态助动词带不定式补足语子句，以有生名词短语为外论元，属于控制类动词，在子句宾语话题化、被动态、否定等区别于提升类的认知情态助动词。道义情态助动词子句空主语 PRO 受最近成分统治它的先行语控制，遵循邻近原则，不能指向附加语子句的名词性成分和先行语的领属成分。PRO 不具有独立的指称特征，区别于具有独立指称特征的词汇名词短语或脱落的主语 pro，两者呈互补分布。

第三节　动力情态助动词

一　相关现象

动力情态助动词表示说话者对事件的观点或态度，涉及主语的能力和意愿等概念，包括"敢、肯、能_3、会_2、要_3、可以_2"。

国内汉语学界对动力情态助动词的观察描写多处于情态助动词的整体研究之中，鲜有对这类动词的结构生成及其句法属性的专门讨论。海外学者们如黄正德、曹逢甫、林若望与汤志真、黄小柚、林宗宏在生成语法视角下分析了动力情态助动词的句法现象，认为动力情态助动词属于二元动词，以有生名词短语为主语，以动词短语为宾语。如下：

（491）a. 你敢跟他说话吗？

b. 李四不肯帮我。

c. 张三能₃三天不吃饭。

d. 小明不会₂开车。

动力情态助动词的句法属性与英语控制动词 try/want 等类似，因此归为控制动词的一类，其句法结构为：$NP_i + V_{mod} + [PRO_i + VP]$。这些研究较为一致地赞同其控制属性，在一系列句法特征上区别于提升情态助动词。但相关研究并不深入，对其句法特征分析不足。此外，动力情态助动词在一些句法现象中却表现出与控制结构不一样的特征，在一些情形中动力情态助动词的补足语子句也呈现为主谓结构，其前面的主语也可以是无生名词短语。如下：

（492）a. 可是周信芳却死活不肯他儿子承己衣钵。

b. 可是我不肯他们就打。

c. 一锅饭能₃吃十个人。

d. 酒精可以₂消毒。

动力情态助动词的补足语子句空主语 PRO 是否与词汇主语互补分布？动力情态助动词是否允准无生主语？这些问题值得我们进一步探讨。此外，虽然汉语形式语言学界一致认可动力情态助动词属于控制类动词，对主语存在语义选择限制，但对该类控制结构的其他句法特征却少有论述，鲜有对其控制现象的系统研究。因此，本节将重点分析动力情态助动词的句法特征，探讨其控制现象，并遵循本章第一节中提出的特征核查、一致操作与一致条件、多重一致、语段不可渗透条件、循环转换、论元链条件等假设。

接下来我们将从四个部分展开讨论：首先分析动力情态助动词的基本语义内涵及其用法；接着讨论动力情态助动词的句法特征；然后重点探讨动力情态助动词的控制现象；最后探讨特殊动力情态助动词句。

二　基本语义内涵及用法

汉语动力情态助动词带事件补足语子句，主要包括"敢、肯、要₃、能₃、可以₂、会₂"，其中"能₃、可以₂、会₂"表能力，"敢、肯、要₃"表

意愿。其具体语义内涵如下所示（源自《现代汉语八百词》）：

　　能$_3$：有能力做某事或善于做某事。

　　可以$_2$：有条件有能力做某事。

　　会$_2$：懂得怎样做或有能力做某事，善于做某事。

　　敢：有勇气做某事；有把握作某种判断。

　　肯：愿意、乐意。

　　要$_3$：做某事的意志。

动力情态助动词主要表达主语做某事的能力或意愿，强调事件发生的内在条件因素（Palmer，2001：8）。动力情态助动词的补足语子句表达一个潜在的事件，不具有真值，不同于带命题子句的认知情态助动词。后者表达说话者对已经发生的事件的推测，其命题子句具有真值，句法形态上表现为允准时体助词和时体副词。

　　　　（493）a. 小明能$_3$完成（＊了$_1$）任务。

　　　　　　　　b. 他不肯吃（＊过）东西。

　　　　　　　　c. 小明可能完成了$_1$任务。

　　　　　　　　d. 他应该$_1$吃过东西了$_2$。

　　表意愿的动力情态助动词都可以用程度副词修饰，可以单独回答问题，也可以用"不"否定。[①]

　　　　（494）a. 听上去是个很模范的县官，很肯替皇帝笼络人心。

　　　　　　　　b. 我是很敢讲话的，可是我会笑嘻嘻地跟你讲。

　　　　　　　　c. 为了摆脱孤独感，我更要$_3$拼命地工作。（CCL）

　　　　（495）a. "你要$_3$不要$_3$对他讲这件事？""要$_3$。"

　　　　　　　　b. 我不要$_3$跟陈水扁通电话，他的"好意"，免了。（CCL）

　　表能力的"能$_3$、会$_2$、可以$_2$"存在细微的差别，在一些情形中可以互换。吕叔湘（2006：415-416）指出表示初次获得的某个动作或技能，或

---

　　① 吕叔湘认为表意志的"要$_3$"一般不单独回答问题，通常不说"不要$_3$"，但这并不否定"要$_3$"可以这样用，可能受地域限制。

具备某种能力时，"能₃、会₂、可以₂"可以互换；但表示恢复某种能力或达到某种效率时只能用"能₃、可以₂"，不能用"会₂"。

> （496）a. 他现在会₂/能₃/可以₂游泳了₂。
> b. 小李会₂/能₃/可以₂刻钢板。
> c. 我病好了，能₃/可以₂/＊会₂劳动了₂。
> d. 他一小时能₃/可以₂/＊会₂刻一千多字。

"能₃"与"可以₂"的差异在于前者可以表示善于做某事，并且能用程度副词"很"来修饰，而后者不可以。此外，后者的否定形式只能用"不能"，不能用"不可以"。

> （497）a. 他现在很能₃/＊很可以₂写，一写就是一大篇。
> b. 我明天有事，不能₃/＊不可以₂来了。

吕叔湘（2006：337）认为"可以"表示可能，但他（2006：416）又认为"可以"以表示可能性为主，有时也表示有能力做某事。如果"可以"可以表可能性，属于认知情态，那么应该与表能力的动力情态"可以"区别开来，二者具有不同的句法属性。彭利贞（2007：153）分析了吕叔湘所分析的"可以"的用例，指出所谓"表示可能"的"可以"其实表示的是一般意义上的能力，即人或其他有生物的本能或后天获得的某种能力。我们赞同彭利贞的观点，但认为一般意义上的能力并不仅限于有生物，应该是一般物体所具有的能力。根据蒋绍愚（2007）对汉语情态词的演变研究，即一般从主观性弱的动力情态向主观性强的认知情态演变，我们认为"可以"的语义问题源于其正处于演变过程中，语义演变之间并无明晰的分界线，因此，"有能力或有条件做某事"蕴含"做某事是可能的"，两种情态之间的具体区分应根据其句法形态特征来判断。本节最后会对相关现象作深入的分析。

三　句法特征

（一）补足语子句

虽然多数研究者认为动力情态助动词属于控制类动词，但对其补足语子句的性质却少有论述。林宗宏（2011）指出情态助动词的语义辖域低于句末完成体标记"了₂"，子句为不定式子句；高于句末"了₂"，子句为定式子句。动力情态助动词带不定式子句，其语义辖域低于句末"了₂"，如（498ab）。如果其语义辖域高于句末"了₂"，则句子不合法，如（498cd）。

（498） a. 小明不敢［坐过山车］了₂。
　　　　 b. 李四肯［帮我］了₂。
　　　　 c. ＊小明不敢［坐过山车了₂］。
　　　　 d. ＊李四肯［帮我了₂］。

　　动力情态助动词的语义辖域低于"了₂"表明其不定式子句不允准"了₂"。林宗宏认为"了₂"允准依赖于句子的时态，如果子句时态中心 T 不具特征值（标记为［n］），那么该句的体貌中心语 Asp 缺乏参照时间（标记为 Ø，指示状态体），不允准句末"了₂"。如下所示：

（499）

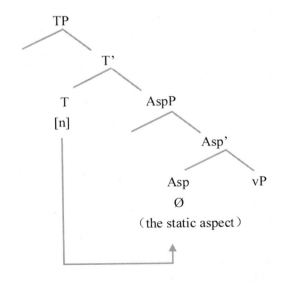

　　如何确定汉语子句时态中心语 T 具有特征值？林宗宏认为这依赖于子句的时间修饰语或语境。但依据时间修饰语或语境作为确定子句定式与不定式的标准并不可靠，不定式子句允准时间修饰语。汉语动力情态助动词的子句也允准时间修饰语，但并不允准完成体"了$_2$"。

（500）a. 我要$_3$下周去上海（＊了$_2$）。①
　　　　b. 他不肯明天离开这个地方（＊了$_2$）。

我们认为句末"了$_2$"可以作为判断标准，确定子句时态中心语 T 是否具有特征值，即子句允准句末"了$_2$"，则子句 T 具有特征值，为定式子句；反之则为不定式子句。但为什么汉语不定式子句不能允准句末"了$_2$"？而其他语言（如英语）的不定式子句允准完成体范畴？问题的关键在于不同语言在时体范畴上表现出不同的特征。刘丹青指出汉语体范畴承载着表达时态范畴的功能，体标记"了"在中性语境中被默认为过去时，即没有特殊条件，"了"起着时态语言中过去时的表义作用。而英语则具有独立的时态范畴和体范畴。依此，不定式子句的时态不具特征值，不允准时态范畴，蕴含过去时态的"了"不能出现在不定式子句中；而英语时体范畴相对独立，体范畴可以出现在不定式子句中。综上所述，动力情态助动词的子句不允准时体助词"了$_1$"和句末完成体"了$_2$"，为不定式子句。

（二）话题化

动力情态助动词的子句不允准句末"了$_2$"，为不定式子句，并且不允准子句宾语提升为子句话题，不同于带定式子句的认知情态助动词。如下：

（501）a. ＊小明$_i$不肯 [$_{Top}$上海]$_j$ [PRO$_i$去 t$_j$]。
　　　　b. ＊小明$_i$敢 [$_{Top}$那件事]$_j$ [PRO$_i$做 t$_j$]。
　　　　c. 他$_j$应该$_1$ [$_{Top}$张三]$_i$ [t$_j$已经通知了$_2$t$_i$]。
　　　　d. 他$_j$可能 [$_{Top}$那件事]$_i$ [t$_j$已经做了$_2$t$_i$]。

例（501ab）中，子句宾语为专名或有定名词短语，提升为子句的话题，句子不合法；例（501cd）中，认知情态助动词允准子句宾语的话题

---

① 表道义情态的"应该"下标为 1，而表认知情态的"应该"下标为 2。

移位。但子句宾语提升为子句"连……都"结构的焦点，则句子合法。
如下：

（502）a. 小明$_i$不肯 ［$_{Top}$连上海］$_j$ ［PRO$_i$都（不）去 t$_j$］。

　　　　b. 小明$_i$不敢 ［$_{Top}$连那件事］$_j$ ［PRO$_i$都（不）做 t$_j$］。

　　如果子句宾语为量化短语，可以提升为子句的焦点，焦点化的子句宾语具有穷尽性特征，此时焦点标记"连"必须省略。如下：

（503）a. 小明$_i$不肯 ［$_{Top}$三个地方］$_j$ ［PRO$_i$都（不）去 t$_j$］。

　　　　b. 小明$_i$不肯 ［$_{Top}$所有地方］$_j$ ［PRO$_i$都（不）去 t$_j$］。

　　　　c. 小明$_i$敢 ［$_{Top}$两件事］$_j$ ［PRO$_i$都（不）做 t$_j$］。

　　　　d. 小明$_i$敢 ［$_{Top}$什么事］$_j$ ［PRO$_i$都（不）做 t$_j$］。

　　子句宾语为专名或定指名词短语，可以提升到句子的左边界，充当句子的话题焦点。[①]

（504）a. ［$_{Top}$上海］$_j$，小明$_i$不肯 ［$_{TP}$ PRO$_i$去 t$_j$］。

　　　　b. ［$_{Top}$那件事］$_j$，小明$_i$敢 ［$_{TP}$ PRO$_i$做 t$_j$］。

　　根据刘丹青、徐烈炯（1998）的相关研究，话题焦点不影响居于小句末尾的自然焦点，自然焦点的信息强度高于话题焦点；且话题焦点及其述题都可以构成对比焦点。

（505）a. ［$_{Top}$上海］$_j$，小明$_i$不肯 ［$_{TP}$ PRO$_i$去 t$_j$］，北京，小明$_i$肯
PRO$_i$去。

　　　　b. ［$_{Top}$那件事］$_j$，小明$_i$敢 ［$_{TP}$ PRO$_i$做 t$_j$］，这件事，小明$_i$
不敢 PRO$_i$做。

　　例（505）中主句主语还可以提升为句子的话题，形成话题与话题焦

---

① 关于话题焦点的详细论述，读者可以参考刘丹青、徐烈炯的相关研究。

点的双重结构。

（506）a. [_Top 小明]_i，[_Top 上海]_j，t_i 不肯 [_TP PRO_i 去 t_j]，北京，
肯 PRO_i 去。

b. [_Top 小明]_i，[_Top 那件事]_j，t_i 敢 [_TP PRO_i 做 t_j]，这件
事，不敢 PRO_i 做。

子句宾语为数量短语，可以提升到句子的左边界充当话题焦点，量化短语具有穷尽性特征，不可以构成对比焦点。其中，全称量化短语提升为话题焦点，动力情态助动词前必须补充全称量词"都"。

（507）a. [_Top 三个地方]_j，小明_i 都不肯 [_TP PRO_i 去 t_j]。

b. [_Top 所有事]_j，小明_i 都敢 [_TP PRO_i 做 t_j]。

（三）子句移位和删除

动力情态助动词允准不定式子句提升到句子的左边界，充当焦点话题，且自然焦点位置居于句子末尾。

（508）a. [_Top PRO_j 参加日本的会议]_i 小明_j 不肯 t_i。

b. [_Top PRO_j 坐海盗船]_i 小明_j 敢 t_i。

例（508a）中，子句"PRO_j 参加日本的会议"为焦点话题，句末的"不肯"为自然焦点，且其信息功能高于焦点话题。例（508b）中，子句"PRO_j 坐海盗船"为焦点话题，句末的"敢"为自然焦点，且其信息功能高于焦点话题。根据刘丹青、徐烈炯的研究，焦点话题及其述题都要构成对比，且信息重心仍在述题上。

（509）a. [_Top PRO_j 参加日本的会议]_i 小明_j 不肯 t_i，参加德国的会议，他肯。

b. [_Top PRO_j 坐海盗船]_i 小明_j 敢 t_i，坐过山车，他不敢。

提升情态助动词则不允准子句剩余成分的话题移位。如下：

（510）a. ＊ ［Top tj 已经提了1干了2］i 小明j 应该1 ei。
　　　b. ＊ ［Top ti 去了1上海］j ［Top 他］i 不可能 tj。

　　可能的解释是控制语 DP 的生成独立于补足语子句，允准补足语子句移位；而提升结构中提升语 DP 生成于补足语子句，补足语子句移位则其内部的主语语迹 t 不能获得解读。动力情态助动词之后的不定式子句不仅可以提升为话题，还可以出现在"连……都/也"结构中。如下：

（511）a. 连 ［PROj 坐海盗船］i 小红j 都不敢 ti。
　　　b. 连 ［PROj 摸摸她的手］i 他j 也不肯 ti。

　　以上分析表明，动力情态助动词的子句可以话题移位到句子的左边界，移位不违反句法限制条件，句子合法。
　　汉语动力情态助动词不仅允准其后的补足语子句作为话题移位到句子的左边界，也允准子句省略。

（512）a. 小红不敢坐海盗船，小明也不敢。
　　　b. 他肯去上海，我不肯。

　　这与乔姆斯基所提出的两类与语段关联的 v 一致：一种是以及物动词和非作格动词为代表的强语段中心 v＊，另一种是以提升动词、被动动词和非宾格动词为代表的弱语段中心 v，二者的差异在于指示语的出现与否。动力情态助动词具有完整的论元结构，指派指示语题元角色，属于强语段中心；而认知情态助动词则缺乏外论元，其指示语位置为空，属于弱语段中心语。只有强语段中心语能允准不具语音形式的补足语。
　　并列结构中，动力情态助动词的补足语子句省略，既允准松散解读，也允准严格解读。

（513）a. 小红不敢帮助她的朋友，小丽也不敢。
　　　b. 小红肯帮助她的朋友，小丽也肯。

例（513）中，小丽不敢帮助的人或肯帮助的人既可以是小红的朋友，也可以是小丽她自己的朋友。前者为松散解读，后者为严格解读。

如果补足语子句移位到句首，则只允准严格解读。

> （514）a. 她的朋友，小红不敢帮助，小丽也不敢。
>
> b. 她的朋友，小红肯帮助，小丽也肯。

两句中"她"既可以指代"小红"，也可以指代"小丽"，或是其他人，但该代词在并列句中只能获得一种解读，不存在"小红不敢帮助小红的朋友，小丽不敢帮助小丽的朋友"的解读。

徐烈炯（2009：110-112）指出部分情态助动词也可以用在第二个分句中，后面跟一个省略的动词短语，如表将来的"会$_1$"。此外，表能力的"会$_2$"也存在类似的结构。但只有动力情态"会$_2$"允准补足语子句移位到句首，而"会$_1$"不能。

> （515）a. 约翰会$_1$仔细刷牙，彼得也会$_1$。
>
> b. 约翰会$_2$刷牙，彼得也会$_2$。
>
> （516）a. *仔细刷牙，约翰会$_1$，彼得也会$_1$。
>
> b. 刷牙，约翰会$_2$，彼得也会$_2$。

可见，亚当（Adan Szczegielniak, 2004）提出的动词短语的省略通过动词短语的话题化得到允准的观点不准确。此外，需要指出的是，徐烈炯一方面认为表将来的"会$_1$"是动词，但在说明其后的句法成分省略时又表示例（515）中方式状语"仔细"距离动词比其他成分更近，所以方式状语必须与动词一起省略，这表明他在解释时忽略了情态助动词的动词属性，因此前后并不一致。例（515）中句法成分省略并非是方式状语"仔细"距离动词更近，因为"仔细"与情态助动词和子句动词"刷"距离是等距的。但汉语方式状语一般位于动词前，所以"仔细"属于子句辖域之内，修饰子句动词，而并非修饰情态助动词。情态助动词之后的子句省略也就只能诠释为彼得也会仔细刷牙，而不表示彼得也会刷牙但不仔细。

（四）情态连用

动力与认知情态助动词连续连用，只能位于认知情态助动词之后，如例（517），而不能先于认知情态助动词，如例（518）。

　　（517）a. 他ᵢ应该₂tᵢ不肯 PRO 去上海。
　　　　　　b. 他ᵢ可能 tᵢ敢 PRO 做这件事。
　　（518）a. ＊他ᵢ不肯应该₂去上海。
　　　　　　b. ＊他ᵢ敢可能做这件事。

　　例（517）表明带定式子句的认知情态助动词不能出现在不定式的语境中，印证了林宗宏提出的"带定式子句的情态助动词只能出现在定式的语境中"的假设，但他对于"带不定式子句的情态助动词可以出现在不定式的语境中"的假设并不完整。例（517）的子句可以允准句末体助词"了₂"，这表明带不定式子句的动力情态助动词也可以出现在定式语境中。

　　（519）a. 他ᵢ应该₁［tᵢ不肯 PRO 去上海了₂］。
　　　　　　b. 他ᵢ可能［tᵢ敢 PRO 做这件事了₂］。

　　例（519）中句末"了₂"的语义辖域高于动力情态助动词，但低于认知情态助动词，依此，动力情态助动词可以出现在定式的语境中。当然，动力情态助动词也可以出现在定式语境中，位于带不定式子句的道义情态助动词或动力情态助动词之后。

　　（520）a. 交警应该₂［会₂讲英语］。
　　　　　　b. 能₃［肯陪我喝酒］，你已经很给面子了₂。（转引自彭利贞，2007：394，403）

　　情态连用表明：动力情态助动词既可以出现在认知情态助动词之后的定式语境中，又可以出现在道义与其他动力情态助动词之后的不定式语境中，但不能位于带定式子句的认知情态助动词之前。这是情态助动词连用的句法限制条件，与彭利贞（2007：436）所指出的情态助动词连用的"主观性强者优先"语义限制相对应，但同类情态助动词连用还存在其他语义上的限制，就动力情态而言，"［能力］先于其他动力情态"。

（五）否定

动力情态助动词的子句动词只能用"不"否定，不能用"没"否定。这区别于带定式子句的认知情态助动词。

（521）a. 他_i肯 PRO_i系安全带。

b. 他_i肯 PRO_i不系安全带。

c. * 他_i肯 PRO_i没系安全带。

（522）a. 他_i不敢 PRO_i服从这样的指挥。

b. 他_i不敢 PRO_i不服从这样的指挥。

c. * 他_i不敢 PRO_i没服从这样的指挥。

（523）a. 他_i不可能 t_i服从这样的指挥。

b. 他_i不可能 t_i不服从这样的指挥。

c. 他_i不可能 t_i没服从过这样的指挥。

例（521—523）表明动力情态助动词的子句只能被"不"否定，而不能被"没"否定；例（521）表明认知情态助动词的子句既可以被"不"否定，也可以被"没"否定。陈莉等指出否定词"没"和"不"都具有独立的否定投射，分别位于高低两层否定投射的中心语位置，"没"的句法位置高于"不"。他们认为汉语情态助动词属于 TP 的中心语，因此，"不"的句法投射位置为 TP 之上的否定中心语，但这显然不能解释汉语中情态助动词位于"不"之前的现象。此外，他们也未具体指明"没"的句法投射位置。

本书赞同汉语具有独立的否定投射，但不同于陈莉等的是，认为否定中心语"不"和"没"都以 TP 为补足语，二者的差异。"没"具有现实性，"不"既具有现实性，又具有非现实性。动力情态助动词只能带非现实性 TP 子句，因此子句不能用"没"否定，只能用"不"否定。^①

（524）a. [_{CP}我们 [_{TP} [_{VP}肯 [_{TP} * （ [_{NegP}没）邀请他]]]]。

---

① 认知情态助动词既可以带现实性 TP 子句，也可以带非现实性 TP 子句，因此允准"没"和"不"出现在其子句中。

（1）a. [CP 我们 [TP [VP 可能 [CP [NegP（没）邀请他]]]]。b. [CP 我们 [TP [VP 可能 [CP [NegP 不 [VP 邀请他]]]]]。

b. ［_{CP}我们 ［_{TP} ［_{VP}肯 ［_{TP} ［_{NegP}不 ［_{VP}邀请他］ ］ ］ ］ ］。

动力情态助动词既可以表达现实性事件，也可以表达主观性事件，因此既可以用"没"否定，也可以用"不"否定。

（525）a. ［_{CP}我们 ［_{NegP}不 ［_{TP} ［_{VP}肯 ［_{TP}邀请他］ ］ ］ ］。
b. ［_{CP}他 ［_{NegP}没 ［_{TP} ［_{VP}敢 ［_{TP}接受我们的馈赠］ ］ ］ ］。

四　控制假设

动力情态助动词带不定式补足语子句，以有生名词短语为外论元。其结构如下所示：

（526）$\big[_{CP} \big[_{TP} DP_{[+animated]} \big[_{v*P} v* \big[_{VP} V_{mod} + \big[_{TP} PRO + vP\big] \big] \big] \big] \big]$

根据朗道（2013：29）的 OC 识别特征，例（526）属于强制控制结构。其句法运算过程与道义情态助动词类似，我们在此不详细展开了。

动力情态助动词子句主语 PRO 受最近成分统治它的先行语控制；不能指向位于最近先行语之前的其他名词性成分；不能指向附加语子句的名词性成分和先行语的领属成分；补足语子句删除后，PRO 只能获得松散解读（sloppy interpretation），与反身代词相似。

（527）a. 张三_j知道小明_i肯 ［PRO_{i/*j}做这件事］。
b. 张三_j认为小明_i不敢 ［PRO_{i/*j}做这件事］。
（528）a. 小明_i肯 ［在李四_j离开的时候］ ［PRO_{i/*j}做这件事］。
b. 小明_i不敢 ［在李四_j离开的时候］ ［PRO_{i/*j}做这件事］。
（529）a. 小明_i的爸爸_j肯 ［PRO_{i/*j}做这件事］。
b. 张三_j的朋友_i不敢 ［PRO_{i/*j}去上海］。
（530）a. 小明_i肯 ［PRO_i做这件事］，小强_j也肯。
b. 张三_i不敢 ［PRO_i去上海］，李四_j也不敢。

例（527）中，PRO 只能以最近成分统治它的子句主语"小明"为控制语，不能指向主句的主语"张三"。例（528）中，虽然"李四"在线性次序上先于 PRO，但"李四"处于附加语子句的主语位置，并不成分统治 PRO，因此，也不能充当 PRO 的控制语。例（529）中，先行语的领属成分不成分统治 PRO，不能充当 PRO 的控制语。例（530）中，后一句情态助动词省略了补足语子句，省略子句中的 PRO 只能解读为后一句的主句主语，而不能解读为前一句的主句主语。

　　PRO 受最近的成分统治先行语控制，不具有独立的指称特征，区别于具有独立指称特征的词汇名词短语或脱落的主语 pro，两者呈互补分布。动力情态助动词的不定式子句允准 PRO，排斥词汇名词短语。

（531）a. 小明$_i$肯 ［（＊他$_i$）PRO$_i$做这件事］。
b. 张三$_i$不敢 ［（＊他$_i$）PRO$_i$去上海］。
c. 小明$_i$假装 ［（他$_i$）pro$_i$认识这个人］。
d. 张三$_i$以为 ［（他$_i$）pro$_i$到了上海］。

　　动力情态助动词之后的不定式子句主语为 PRO，受主句主语控制。但在某些情形中，动力情态助动词之后可以有词汇名词短语。一种可能的解释是动力情态助动词之后存在"使让"类轻动词，核查其后的名词性成分。① "使让"类轻动词语义内涵较少，作其他动词的谓词宾语时，脱落后并不影响句子的语义解读。

（532）a. 可是周信芳却死活不肯 ［$_{TP}$ PRO（让）他儿子承己衣钵］。
b. 可是我不肯 ［$_{TP}$PRO（让）他们就打］。

　　但动力情态助动词的子句主语位置还可以出现"自己"。

（533）a. 小明$_i$肯 ［自己$_i$做这件事］。
b. 张三$_i$不敢 ［自己$_i$去上海］。

---

　　① 另一种可能的解释是"使让"类轻动词脱落，句子结构发生重组，不定式子句主语通过动力情态助动词例外赋格获得允准，句子成功收敛。这种现象并非汉语独有，其他语言也存在这种情形。
（1）a. John wants ［PRO to join in the club］. b. John wants ［Mary to join the club］.

"自己"为方式状语，只与动作动词组合，而不与状态动词组合。如果把子句动词换为表示状态的动词时，"自己"就不能得到允准。

（534）a. 小明ᵢ肯［（＊自己ᵢ）相信他的话］。
　　　　b. 张三ᵢ不敢［（＊自己ᵢ）相信他的话］。

语义上与"自己"对等的词如"一个人、独自、只身"等方式状语都可以出现在该位置，句子意义基本一致。

（535）a. 小明ᵢ肯［一个人ᵢ做这件事］。
　　　　b. 张三ᵢ不敢［独自ᵢ去上海］。

因此汉语动力情态助动词的不定式子句主语位置的"自己"也是方式状语。

五　特殊动力情态助动词句

情态助动词"能₃、可以₂"还可以表示某事物有某种用途，语义选择无生命的名词短语为其主语。（吕叔湘，2006：337，414）

（536）a. 大蒜能₃杀菌。
　　　　b. 棉花可以₂织布。

例（536）中"能₃、可以₂"表示事物所具有的"能力"，从语义上出发可以归入表能力的动力情态范畴（彭利贞，2007）。语义上，无生命名词短语并非动词"杀、织"的施事，而是"杀、织"事件的工具题元。其完整的论元结构为：

（537）施事 + 能₃ + 用 + 工具 + 来 + 动词 + 受事

句法派生过程中，词库中并没有施事论元，只有工具论元和受事论元。句子生成过程中遵循施事性等级序列（陆丙甫，2006）。①

    （538）施事＞感事＞工具＞地点＞与事＞受事

    句法成分与题元角色之间的匹配关系遵循题元角色的施事性等级序列。题元序列左侧的成分比右侧的成分更有可能映射为主语。因此，当施事主语缺失时，工具题元充当了句子的主语。引出工具题元并为其赋格的介词"用"合并入"能$_3$、可以$_2$"中，因此，"能$_3$、可以$_2$"表用途是表能力的"能$_3$、可以$_2$"用法在一定句法条件下的引申。这类句子可以强调其用途，转换为：

    （539）a. 大蒜能$_3$用来杀菌。
          b. 棉花可以$_2$用来织布。

    "能$_3$、可以$_2$"之前能补充施事主语，表明其基本语义属于表能力的动力情态。

    （540）a. 大蒜我们能$_3$用来杀菌。
          b. 棉花我们可以$_2$用来织布。

    此外，曹逢甫（2005［1990］：290）指出动力情态助动词带无生命的主语，还可以表达情况的可能性、容量和必要性。

    （541）a. 一锅饭能$_3$吃十个人。
          b. 一间大教室可以$_2$坐五百个人。

    但例（541）中"容量"义并非情态助动词的语义内涵，而是句式义所隐含的内容，因为"可以$_2$"不出现并不影响句子获得的"容量"义的

---

    ①　施事性等级序列在处理汉语事实时仍存在问题，胡建华（2010）提出了基于局部性和显著性的题元的允准与连接条件。但就本书而言，施事性等级序列和题元的允准与连接条件都可以解释相关问题，因此，为方便论证，本书选取了前者。

解读。

　　（542）a. 一锅饭吃十个人。
　　　　　 b. 一间大教室坐五百个人。

　　而且曹逢甫所指的"必要性"也较难从上述两句中获得，也不属于"可以$_2$、能$_3$"的语义内涵。我们认为该结构中的情态助动词趋向于表达情况的可能性，即存在某种可能性，使得例（542）所表达的事件为真。
　　这表明表能力的动力情态演化为表可能的认知情态，是情态助动词主观化的结果。"可以、能"还可以出现在句首，但仅限于条件从句中。

　　（543）a. 如果能$_3$一锅饭吃十个人，那么我们这几十个人只需要
　　　　　 　 几锅饭。
　　　　　 b. 如果可以$_2$一间大教室坐五百个人，那么这次活动就只
　　　　　 　 需要几间大教室。

　　不带情态助动词的结构中，主宾语可以互换，不影响句子的合法性。

　　（544）a. 十个人吃一锅饭。<=> 一锅饭吃十个人。
　　　　　 b. 五百个人坐一间大教室。<=>一间大教室坐五百个人。

　　但带情态助动词的结构中，主宾语互换后，情态助动词的语义并不相同，句子的可接受度发生变化。

　　（545）a.? 十个人能$_3$吃一锅饭。
　　　　　 b.? 五百个人可以$_2$坐一间大教室。

　　例（545a）中的"能"表示能力，而不是可能性，要求其补足语具有状态变化。因此，"十个人能吃一锅饭"可接受度较低，但"十个人能$_3$吃完一锅饭"则合乎语法。例（545b）中的"可以"也表示能力，要求其补足语具有状态变化，因此，"五百个人可以$_2$坐一间大教室"并不符合我们的语感，但"五百个人可以$_2$坐满一间大教室"则很好。"能$_3$、可以$_2$"

以无生命量化短语作主语，表达可能性，属于提升动词，区别于表能力的"能$_3$、可以$_2$"。后者以有生命的量化短语作主语，要求其补足语具有状态变化特征，属于控制动词。

综上，动力情态助动词为二元动词，以不定式子句为补足语，并指派主语施事题元角色。其子句宾语不能提升为子句话题，但可以提升到句子的左边界充当句子的话题，但受限于子句动词的句法语义限制。不定式子句也可以提升为句子的话题，主句主语再提升为句子的话题，形成双话题结构。动力情态助动词与其他情态助动词连用，只能位于其他情态助动词之后。动力情态助动词所表达的事件既可以是现实事件，也可以是非现实事件，因此可以用"不"或"没"否定，但其子句事件为非现实事件，只能用"不"否定，不能用"没"否定。动力情态助动词属于典型的强制控制动词，其子句主语 PRO 受最近统治它的先行语控制，不能指向位于最近先行语之前的其他名词性成分，也不能指向附加语子句的名词性成分和先行语的领属成分。本节最后分析了动力情态助动词带无生命主语的结构，指出这类结构中的"能$_3$、可以$_2$"处于从动力情态助动词演化为认知情态助动词的过程中，"物体具有做某事的能力"蕴含"物体做某事是可能的"，属于提升情态结构。

小　结

本章研究表明认知情态助动词属于提升动词，其中"可能、会$_1$、要$_1$、能$_1$"带非定式 TP 子句时，子句主语强制提升到主句 TP 的指示语位置满足 T 的 EPP 特征，属于论元移位。"可能、应该$_1$、会$_1$"带定式 CP 子句时，子句主语受 CP 语段阻碍，不能论元移位到主句 TP 的指示语位置，但子句主语可以提升到句子的左边界充当话题，属于非论元移位。两类提升结构在子句宾语移位、话题化、复现代词、情态连用等表现出不同的句法属性。道义情态助动词"应该$_2$、可以$_1$、能$_2$、要$_2$"和动力情态助动词"敢、肯、能$_3$、可以$_2$、会$_2$、要$_3$"带非定式 TP 子句，语义选择有生主语，属于控制动词。其子句主语 PRO 受成分统治它的主语控制，遵循最近距离原则，不能指向附加语子句的名词性成分，也不能指向名词短语内部的领属成分，与词汇名词短语/pro 呈互补分布。但道义情态助动词并非只表现出一种属性，区别直接道义和间接道义，前者属于控制结构，后者属于提升结构。两者在能否出现在句首、是否允准子句移位和复现代词上表现出系统的对立。情态助动词区分提升与控制两类，并在一系列句法特征上表现出不同的属性，下一章我们将详细探讨。

第五章

情态助动词的提升与控制[*]

在前面两章中，我们逐步探讨了情态助动词的判断标准，确定了情态助动词的研究范围，并分析了各类情态助动词的句法属性。下面我们将从论元结构、语义限制、否定、被动化、疑问代词等方面尝试对比分析各情态助动词的句法特征，探讨汉语提升与控制结构的特征差异。此外，汉语属于话题优先性语言（Li & Thompson，1976），提升与控制结构各类句式之间的变换是名词性成分话题提升的结果。本章亦将进一步探讨情态助动词对话题化的限制，分析提升与控制结构在话题化现象上的异同。这种异同与子句的句法属性相关联，因此，本章最后将重点分析情态助动词子句的句法属性，研究子句的定式与非定式。

第一节　提升与控制的差异

一　论元结构

认识情态助动词"能$_1$、可能、会$_1$、要$_1$、应该$_1$"包含一个命题或事件子句论元，为提升动词。前面第四章第一节指出，受子句的句法特征制约，情态助动词"能$_1$、会$_1$、要$_1$"不可以出现在句首，为强制提升动词；其他情态助动词可以出现在句首，为非强制提升动词。

根据乔姆斯基，EPP 特征驱动论元移位，一致核查阻碍移位。强制提升动词带不定式 TP 子句，子句功能中心 T 存在缺陷，不能核查子句主语的格位。子句主语提升到主句 TP 的指示语位置核查其格位，并消去主句 T

---

[*] 本章部分内容已发表在《当代语言学》2015 年第 2 期。

的 EPP 特征。非强制提升动词带定式 CP 子句，主句主语位置通过空形式
主语 e 核查主句 T 的 EPP 特征。

（546）a. e 可能［CP张三独自去了西藏］。
　　　　b. 这本书ᵢ会₁［TP　tᵢ出版］。

补足语子句主语可提升到情态助动词之前，充当句子的话题，如例
（547）。但强制提升动词"能₁、会₁、要₁"不能出现在句首，否则句子不
合法，如例（548）。

（547）a. 张三ᵢ可能 tᵢ独自去了西藏。
　　　　b. 李四ᵢ应该₁tᵢ已经结婚了。
（548）a. * 会₁彗星撞到地球。
　　　　b. * 能₁比赛按预期进行吗？

曹逢甫（2005［1990］：282-293）认为强制提升动词"能₁、会₁、
要₁"不能出现在句首，原因在于这些情态助动词的认识情态义源于动力
或道义情态义，单音节情态助动词保留了对有生主语的要求，强制最近的
有生名词短语提升为主语。但从例（546b）中可以看出，强制提升的主语
并不是有生主语。本书第四章第一节指出强制提升情态助动词的补足语为
不定式子句，子句词汇主语不能获得格位，因此必须提升到主句的主语位
置核查其格位。还有一种可能的解释是此类情态助动词的语法化并非保留
其对有生主语的要求，而是保留了其论元结构。

动力情态助动词"敢、肯、要₃、能₃、可以₂、会₂"和直接道义情态
助动词"能₂、可以₁、要₂、应该₂"为二元动词，包含一个事件论元和一
个施事论元，为控制动词。控制动词的事件论元为 TP 的不定式子句，子
句主语为空主语 PRO，语义指向主句主语，属于主语控制结构，如例
（549）。

（549）a. 张三ᵢ敢 PROᵢ独自去西藏。
　　　　b. 李四ᵢ会₂PROᵢ说普通话。

二 语义限制

提升情态助动词不限制提升主语的语义内涵，允准任何与子句动词语义兼容的主语。

(550) a. 你们能₁有什么正经事？

b. 学生会₁读你的书吗？

c. 你应该₁跟他结婚。

d. 他们可能去了学校。

e. 张三要₁还李四一笔钱。

(551) a. 这次比赛能₁成功吗？

b. 那颗陨星不会₁撞到地球。

c. 婚礼应该₁结束了。

d. 政治丑闻可能会让他一败涂地。

e. 这件事要₁黄了。

控制情态助动词语义限制主语的语义内涵，要求主语具有感知性和意志性，控制情态助动词指派给主语非典型施事题元角色。① 如下：

(552) a. 张三敢/肯独自去西藏。

b. 他不会₂说普通话。

c. 我可以₂左右他。

d. 张三能₃独自去西藏。

e. 我要₃洗澡了。

(553) a. *这本书敢/肯很贵。

b. *这工具会₂有些困难。

c. *这种果子可以₂吃。

d. *这件事能₃给他们带来好运。

---

① 道蒂（Dowty，1991，转引自徐烈炯、沈阳，1998）指出典型施事和典型受事都具有一系列独立的语义特征。构成典型施事的特征有五条：意志性、感知性、使动性、移位性和自立性。施事是五种特征中的一部分的组合，但至少要包括意志性和使动性。

　　　　　　e. ＊这项工程要₃结束了。

　　林若望与汤志真认为道义情态助动词也不限制主语的语义内涵，无生命的 NP 也可以充当其主语，如例（554）。

　　（554）a. 那批书应该₂送给学校。
　　　　　　b. 那件事可以₂告诉张老师。

　　但道义情态助动词的不定式子句施事主语为 PRO，且 PRO 并不以无生命的 NP 为先行语，而是以道义情态助动词前脱落的主语为先行语，遵循 GCR。

　　（555）a. ［那批书ⱼ［proᵢ应该₂［PROᵢ送给学校］］］。
　　　　　　b. ［那件事ⱼ［proᵢ可以₂［PROᵢ告诉张老师］］］。

　　道义情态助动词之前的脱落主语为道义作用对象，可以补充出来，道义作用的对象仍是句子的主语，属于直接道义情态。

　　（556）a. 那批书他应该₂送给学校。
　　　　　　b. 那件事你可以₂告诉张老师。

　　因此，该类句子中无生命的 NP 并非主语而是话题，其中的道义情态助动词为控制动词。但并非所有带无生命主语的道义情态助动词都属于这种类型。当道义情态作用的对象不指向句子主语，而是指向命题，独立于主语的动作与态度，为间接道义情态。

　　（557）a. 车站应该₂按时发车。
　　　　　　b. 会议可以₁结束了。

　　间接道义情态助动词的语义辖域高于整个命题，属于提升动词，不限制提升主语的语义内涵，允准无生命名词短语。

　　（558）a. ［车站ᵢ应该₂［tᵢ按时发车］］。

b.［会议$_i$可以$_1$［t$_i$结束］了］。

此外，情态助动词"能$_3$、可以$_2$"也可带无生命的 NP 作主语，如例（559）。

（559）a. 一锅饭可以$_2$吃十个人。
　　　　b. 一间大教室能$_3$坐五百个人。

曹逢甫（2005［1990］：290）指出动力情态助动词带无生命的主语，表达情况的可能性、容量和必要性。但上述句式中的"容量"义并非情态助动词的语义内涵，而是句式义所隐含的内容，因为"可以"不出现并不影响句子获得的"容量"义的解读。而且曹先生所指的"必要性"也较难从上述两句中获得。我们认为该结构中的情态助动词趋向于表达情况的可能性，属于提升动词。这类结构的主宾语可以互换，但互换后的结构中，情态助动词为表达能力的控制动词，且子句事件要求表达状态变化。

（560）a. 十个人可以$_2$吃一锅饭。
　　　　b. 五百个人能$_3$坐一间大教室。

三　否定

控制情态助动词既可以用"没"否定，也可以用"不"否定；但提升情态助动词只能用"不"否定。情态助动词能否被"没"或"不"否定与其表达事件的现实性与非现实性、过程性状与非过程性状相关。根据《现代汉语八百词》，"没、没有"用于客观叙述，否定动作或状态已经发生，只用在"能$_3$、能够、要$_3$、肯、敢"等少数几个情态助动词之前，限于指过去和现在，不能指将来；而"不"用于主观意愿，可指过去、现在和将来，用于所有情态助动词之前。《现代汉语八百词》对情态助动词的否定结构描写非常准确，但对否定词的使用情形分析并不符合语言事实。否定词"不"修饰认知情态与道义情态助动词并不表示主观意愿，而且"不"修饰动力情态助动词也可以是客观叙述。如下：

（561）a. 张三不可能认识李小姐。

b. 小明不可以₁去海南。

c. 她不敢采取任何行动。

我们假设否定词"没"只用于具有现实性的客观事件,而"不"既可以用于具有现实性的客观事件,也可以用于具有非现实性的主观事件。依此,动力情态助动词既可以表达客观的现实事件,能用"没"否定,又可以表达主观的非现实事件,用"不"否定;而提升情态助动词只表达说话者的主观判断,属于非现实事件,不能与"没"搭配,只能用"不"否定。如下:

(562) a. 张三没/不敢采取任何行动。

b. 小明没/不要₃去海南。

c. 她没/不肯听我的话。

d. 李四一直没/不能₃上大学。

(563) a. 这次比赛 * 没/不能₁成功。

b. 这本书 * 没/不会₁出版。

c. 这件事 * 没/不要₁黄了。

d. 这件事 * 没/不可能让你名誉扫地。

道义情态助动词主观性强度较强,具有非现实事件特征,只能用"不"否定,且不涉及主语的主观意愿,而是表达说话者的主观态度和观点。

(564) a. 这台机器 * 没/不应该₂送去维修。

b. 张三 * 没/不可以₁参加这次活动。

c. 他没到年龄, * 没/不能₂去上学。

d. 你 * 没/不要₂提前还贷款。

此外,彭利贞(2007:346)指出"没、没有"不能与控制情态助动词"可以₃、会₂"搭配,原因在于动力情态控制动词"可以"表示极大量特征的能力,使得它本身不存在否定形式;"会₂"表示的能力具有连续量、无界特征,不能与"没"相容。"没、没有"表示对动力情态的否定,即某种外力使得施事失去实施某种行为的动力,常以起始句或后续句的形式出现,预先或补充说明施事最后导致动力缺失的原因,如例(565);

"没"与动力情态搭配常充当"使"或表示致使结果的"得"的补足成分，如例（566）。

> （565）a. 怕你不要，我刚才就没敢当着众人给你。
> b. 马先生从一进门到现在，始终没敢正眼看温都太太。
> c. 这最后的称赞，他没肯指出姓名来，怕桌子传给那个人，而他的屁股遭殃。
> （566）a. 瑞丰听到安儿胡同与烤肉，口中马上有一大团馋涎往喉中流去，噎得他没能₃说出话来，而只极恳切地点头。
> b. 这种自警自惕，使他没敢和任何人瞪眼吵嘴，可也没使他高兴。

情态助动词能否被"没"修饰与说话者断言一个事件没有必然的关联。彭利贞（2007：320）认为动力情态虽具有非现实的性质，但不同于其他情态，具有断言的意味，可以理解为具有现实的性质，所以能用"没"否定。但断言的事件不一定能用"没"否定，以彭利贞所举例句说明如下：

> （567）a. 他能₃开车。
> b. ＊他没能₃开车。

例（567a）表达一个断言事件，但用"没"否定不合法。类似的例子还有："＊他没可以开坦克。"可见，这类"现实"事件不能用"没"否定。但并非"能"不能用"没"否定。

> （568）a. 他能₃打开那把锁。
> b. 他没能₃打开那把锁。

例（568a）也表达一个断言事件，但不同于例（567），表达一个具体的行为动作，可以用"没"否定。我们认为能否用"没"修饰除了与情态事件的现实性相关外，还与事件的过程性状相关①。如果现实事件为类指

---

① 关于过程性状与非过程性状，请参阅郭锐的相关研究成果。

性能力事件，只抽象地表示某种能力状态，属于"非过程性状"，只能用"不"否定，不能用"没"否定。

（569）a. 他的儿子能₃走路了。

b. *他的儿子没能₃走路。

c. 他的儿子（还）不能₃走路。

（570）a. 他可以₂下床走路了。

b. *他没可以₂下床走路。

c. 他（还）不可以₂下床走路。

（571）a. 他会₂骑自行车了。

b. *他没会₂骑自行车。

c. 他（还）不会₂骑自行车。

如果现实能力事件为非类指性事件，表达完成一个具体动作的能力，可以用"没"否定，区别于类指性能力事件，但"可以₂、会₂"用于非类指性能力事件时仍不能用"没"否定。

（572）a. 他能₃打开那把锁。

b. 他没能₃打开那把锁。

（573）a. *他没可以₂打开那把锁。

b. *他没会₂开那把锁。

这种细微的区别可能是表达能力的"能₃、会₂、可以₂"语法化的结果。"能₃、可以₂、会₂"之间的差异可能源于其演化的不同来源。根据王力的研究（1989：242-245），"能"在上古时代表示有能力做到某事；而"可以"表示能凭着这个的意思，是由两个词凝结而成。到后代"能、可以"的分别逐渐模糊了。关于"会"，蒋绍愚指出"会"指人或生物生来就能发出或学习后能做的某类动作，表示具有"行"的能力，形成于唐宋以后；后演变出善于做某事，表充分具有某种能力；继而演变出能够做某事。后者指人或生物发出的某种具体动作，是非类指的，但这种非类指用法在现代汉语中已经被"能、能够"替代，因此我们不说"他会₂打开那把锁"，而说"他能₃打开那把锁"。"会₂"在现代汉语中仍表学习而来的能力，因此，我们可以说"他会₂开锁"。"能₃、可以₂"都可以用于具体的行为动作，但只有"能₃"能用于类指动作，"可以₂"则不能。

> （574）a. 他能₃/可以₂打开那把锁。
> b. 他能₃（＊可以₂）开锁。

除否定外，三者的差异还表现在：表恢复某种能力时，只能用"能₃"，不能用"会₂"；表达到某种效率时，只能用"能₃"，不能用"会₂"（《现代汉语八百词》）。

> （575）a. 我的病好了，能₃（＊会₂）劳动了。
> b. 小李能₃（会₂）刻钢板，一小时能₃（＊会₂）刻一千多字。

表恢复某种能力或达到某种效率时还可以用"可以₂"。

> （576）a. 我的病好了，可以₂劳动了。
> b. 小李一小时可以₂刻一千多字。

"能₃、会₂"可以表示有能力或善于做某事，但"可以₂"只表有能力做某事，不能表示善于做某事。

> （577）a. 小李能₃/会₂（＊可以₂）刻钢板。
> b. 他能₃（＊可以₂）说会₂（＊可以₂）道。

最后，我们谈谈"可能"的否定现象。"可能"表达的非现实事件可以放入时间流逝过程中来观察，即当作外部时间流逝过程中的一个可能性事件，则属于"过程性状"，可以用"没"否定，不同于其他认知情态助动词。

> （578）a. 由于编辑控制，他没可能为我说话，但他的文章笔调开始缓和。
> b. ……国民党政府，此际亦已经完全没可能来为宋子文发表声明了。

c. 从当时的情况看，这个受害人根本就没可能抢救过来。（CCL）

这类可能性事件可以转换为名词性结构。

（579）a. 他没（有）为我说话的可能。

b. ……已经完全没（有）来为宋子文发表声明的可能。

c. 这个受害人根本就没（有）抢救过来的可能。

其实，赵元任（2002［1968］：365）指出情态助动词可用"不"否定，"没"只在有限的情形下使用，但仅表述"情态助动词可以受'不'或'没，没有'否定"并不够。从句法上区分提升与控制情态助动词，可以区分"不"与"没有"与情态助动词搭配上的差异。

四　真值条件

提升情态助动词的补足语子句表达为主动态或被动态，句子的真值条件相同；而控制情态助动词的补足语子句表达为主动态或被动态，句子的真值条件并不相同。

（580）a. 他可能欺骗过那几个女孩。

b. 那几个女孩可能被他欺骗过。

（581）a. 张医生不敢医治那个病人。

b. 那个病人不敢被张医生医治。

（582）a. 任何人不可以₁强迫着他们去做事。

b. 他们不可以₁被任何人强迫着去做事。

例（580）表明认知情态助动词子句的被动结构与主动结构仅在信息结构上存在差异，并不具有真值条件上的差异。这是因为认知情态助动词属于提升动词，其前面的主语是从子句主语提升而来，情态助动词并不改变提升主语的题元角色。例（581）和（582）表明动力情态助动词和直接道义情态助动词子句表达被动语态与主动语态，不仅在信息结构上存在差异，二者的真值条件也不相同，因为动力情态助动词和直接道义情态助动词能赋予其前面的主语施事题元角色。

但有些动力情态助动词的子句不能表达被动语态，因为客体的非意愿性与控制情态助动词要求主语的意愿性相冲突。

（583） a. 武松能₃打死老虎。
　　　　 b. ＊老虎能₃被武松打死。

此外，蔡维天（2010）提出的对称性谓词能区分情态助动词的提升与控制，表现为认知情态助动词的论元变换位置，句子的真值条件不变（蔡维天讨论的是两句的蕴含关系不变），原因在于提升动词不指派题元角色，以补足语子句为补足语。因此，对称性谓词的两个论元调换位置不影响句子的真值条件，再提升到提升动词之前也不会影响句子的真值条件。但控制情态助动词指派主语题元角色，其前面的主语并非提升而来，所以对称性谓词的两个论元调换位置则具有不同的真值条件。

（584） a. 小李可能跟老李很像。=>老李可能跟小李很像。
　　　　 b. 张三应该₁和李四一起去了学校。=>李四应该和张三一
　　　　　　 起去了学校。
（585） a. 小李可以₁跟老李一起去学校。≠ 老李可以₁跟小李一起
　　　　　　 去学校。
　　　　 b. 小李不肯跟老李一起去学校。≠ 老李不肯跟小李一起去
　　　　　　 学校。

蔡维天将上述差异归结于认知情态助动词的诠释高度高于主语，而道义情态助动词和动力情态助动词的诠释高度低于主语。这只部分说明两者的差异。其实，这两类词对应于提升与控制两种结构，依此可以统一解释两类动词在对称性谓词主宾语互换和子句表达主/被动态上表现出的差异。

五　疑问代词

认知情态助动词带包含疑问代词的主谓结构补足语子句，只能解读为陈述句，不可以解读为直接问句。道义情态助动词和动力情态助动词带包含疑问代词的非主谓结构补足语子句，不能解读为陈述句，只能解读为直接问句。

（586）a. 可能小明买了什么。

　　　　b. *可能小明买了什么？

（587）a. *小明可以₁买什么。

　　　　b. 小明可以₁买什么？

（588）a. *小明肯买什么。

　　　　b. 小明肯买什么？

　　蔡维天（2010）认为认知情态助动词带句子层次的隐性存在操作词（implicit existential operator），这个操作词经由约束关系赋予子句疑问代词存在的语义内涵。但子句主语提升到认知情态助动词之前，补足语子句既可以解读为陈述句，也可以解读为直接问句。

（589）a. 小明可能买了什么。

　　　　b. 小明可能买了什么？

　　因此，如果认知情态助动词是位于 TP 之上的功能词，可以在 TP 层引出存在操作词，这可以解释例（589a）中疑问词的存在解读，但并不能解释例（589b）中疑问代词的疑问解读。一种可能的解释是认知情态助动词和动词"想知道"类似，允许语义选择一个命题子句，能赋予子句疑问代词存在的语义内涵。整个句子被解读为陈述句，不能被解读为直接问句。但认知情态助动词的子句主语提升到句子的左边界后，句子结构发生了重构，认知情态助动词正逐步演化为功能词，子句疑问代词既可以被解读为无定名词短语，也可以被解读为疑问短语，取决于说话者的交际意图。

　　表示对将来事件推测的"会₁"语义选择一个非现实事件子句，子句疑问代词不能获得存在解读，因此句子只能解读为直接问句。

（590）a. *小明会₁买什么。

　　　　b. 小明会₁买什么？①

---

　　①　"我想知道小明会₁买什么。"这一例句中，"什么"可以获得无定名词解读，但"小明会₁买什么？"中，"什么"只能解读为疑问词。可能的解释是动词"想知道"引出了一个存在量化算子，约束了子句疑问代词"什么"。此外，"没有人会买什么。"这一例句中，"什么"只能诠释为无定名词。其机制本书尚不清楚。

　　吕叔湘（2006：485）指出的"什么"在是非问句、否定句和肯定句中可以指示不肯定的事物或人。依此，无定的疑问代词通过其他句法手段获得允准，如在疑问代词前添加限定词"点"、否定、是非问句等。

　　（591）a. 小明会₁买点什么。
　　　　　 b. 小明不会₁买什么。
　　　　　 c. 小明会₁买什么吗？/小明会₁不会₁买了什么？

　　例（591a）中，肯定句中对无定疑问代词的允准与"点"相关。蔡维天认为"点"属于存在量化约束的限定词，能引出一个存在量化算子，指派"什么"无定指特征。但"点"不是限定词，而是量词（quantifier），因为"点"的前面可以补充数词"一"，回答时，"点"还可以被指示词"这、那"修饰，如"这一点东西"。我们假设量词"点"为量化短语（Quantifier Phrase，简称 QP）的中心词，在 nP 的左边界引出存在量化算子，约束其辖域内的"什么"。而且该句还能解读为直接问句，这意味着受存在量化约束的"什么"还可以在 LF 层提升到 CP 的指示语位置，获得疑问解读。

　　（592）

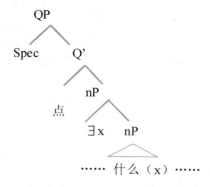

例（591b）中无定疑问代词的允准则与否定相关。陈振宇（2010：57）指出疑问表达式被否定词约束时就成了非疑问标记词，如果不受否定词约束，句子为直接问句。依此，句子是否具有疑问与否定词作用的范围相关。根据陈莉等（2013）的研究，否定词以 TP 为补足语，成分统治 TP 及动词短语 VP。否定词选择的否定焦点可以是 TP 内的任何句法成分，疑问代词在其成分统治的辖域之内，因此，否定词可以选择疑问代词为否定焦点。假设否定词引导存在量化算子，疑问代词被存在量化算子约束，获得存在解读。当然，如果疑问代词在逻辑层的移位先于否定约束，即疑问代词先提升到 CP 的指示语位置，获得疑问解读，否定词则无法存在约束句法位置位于其前的疑问代词。

（593）

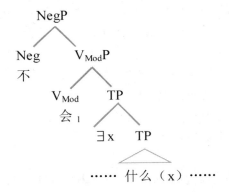

例（591c）中无定疑问代词的允准与疑问相关，且只能解读为无定代词。可能的解释是：疑问标句词"吗"和"～不～"疑问成分能引导出存在操作词，给子句疑问代词指派无定指称特征。并且，主句的疑问标句词被"吗"和"～不～"占据，阻碍了疑问代词移位到 CP 的指示语位置，因此句子只能诠释为一般问句，而不能对"什么"提问。

（594）

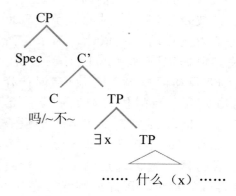

道义情态助动词和动力情态助动词带包含疑问代词的非主谓结构补足语，补足语子句只能解读为直接问句，不能解读为陈述句。因为这类动词语义选择非现实事件补足语子句，疑问代词不能获得存在解读，句子只能解读为直接问句。但子句的无定代词可以通过其他方式获得允准，如在疑问代词前加限定词"点"、情态助动词的否定形式以及是非问句等。

（595）a. 小明应该₂说点什么。
       b. 小明不应该₂说什么。
       c. 没有人应该₂说什么。
       d. 小明应该₂说什么吗？

情态助动词的句法特征在疑问结构上表现如下：疑问代词"什么"在非强制提升情态助动词句中只能获得存在解读，但子句主语提升使得句子结构发生重构，"什么"可以根据说话者的交际意图获得疑问解读；"什么"在强制提升情态助动词句和控制情态助动词句中只能解读为疑问代词，但限定词"点"、否定形式以及是非问句疑问词可以引导出一个存在量化算子，约束疑问代词，所以"什么"可以被诠释为无定名词短语。

综上所述，现代汉语情态系统区分提升与控制，其中提升情态助动词包括认识情态助动词"能₁、可能、会₁、应该₁、要₁"；控制情态助动词包括动力情态助动词和道义情态助动词"敢、肯、要₂、要₃、能₂、能₃、可以₁、可以₂、会₂、应该₂"。提升情态助动词与控制情态助动词存在系统的句法特征差异：提升情态助动词为一元谓词，包含一个命题子句论元，其主语位置可以是真空位置，不需补出形式主语；允准子句主语提升为主句的主语，不限制提升主语的语义内涵，允准任何与子句动词语义兼容的主语；其补足语子句的被动化与主动结构的意义相近。控制情态助动词为二元谓词，包含一个事件论元和一个非典型施事；控制情态助动词语义限制主语的语义内涵，要求主语具有感知性和意志性；可以用"没、没有"否定；其子句主语为空主语 PRO，语义指向主句主语；其补足语子句被动化与主动结构意义不同，有些子句甚至不能被动化；其子句疑问代词没有其他句法手段帮助则只能获得疑问解读。提升情态助动词允准定式与不定式子句，语义辖域既可以高于也可以低于句末完成体助词"了"，而控制情态助动词只允准不定式子句，语义辖域低于句末完成体助词"了"。

第二节　话题提升

一　名称性成分的话题提升

曹逢甫探讨了汉语话题提升律，指出汉语认识情态助动词如"可能"、"应该"、"会"以及分裂句的"是"、"好像"、"看起来"皆为提升动词，允许子句名词短语提升为话题。子句的名词短语由底层结构位置提升到子句 IP 的指示语位置，此名词短语即为话题化；子句话题化的名词短语可以再提升到主句 CP 的指示语位置，形成句子的话题。前者称为子句话题，后者为句子话题。无论在子句或句子层次，话题都可以有一个以上。汉语多话题结构中，大话题出现于子句或句子之首，其语意领域大于次话题，次话题则是在同一子句或句子内紧接着大话题；一个话题的语意领域大于它所成分统治的任何一个话题。举例如下：

（596）a. 可能<u>他</u>已经买了那本书。

　　　　b. <u>他</u>可能已经买了那本书。

　　　　c. 可能<u>他</u>那本书已经买了。

　　　　d. <u>他</u>可能<u>那本书</u>已经买了。

　　　　e. <u>他那本书</u>可能已经买了。

　　　　f. 可能<u>那本书</u>他已经买了。

　　　　　g. <u>那本书</u>可能<u>他</u>已经买了。
　　　　　h. <u>那本书他</u>可能已经买了。

　　上述分析有如下几点值得进一步思考。

　　第一，曹逢甫将提升结构中动词前的名词短语都分析为话题，却未具体解释其提升机制以及话题堆积的问题。

　　根据阎勇的观点，汉语存在话题功能短语 TopP（Topic Phrase），其中心语具有强特征［+Def］（Definite Feature），子句主语提升不同于英语的格驱动，是强话题特征核查的结果。提升结构子句与主句的名词短语都可以提升为句子的话题，遵循典型范畴的强弱顺序。汉语中，主语、施事和话题这些句法语义语用范畴都是典型范畴，其成员有强弱主次之分。（沈家煊，2004：241）我们假设名词性成分受［+Def］强特征驱动移位，形成大话题与次话题，二者存在强弱之分。大话题与次话题的语序遵循以下顺序：［主句施事+主句话题］＞［主句客体+主句话题］＞［子句施事+主句话题］＞［子句客体+主句话题］＞［主句施事］＞［子句施事+子句话题］＞［子句客体＋子句话题］＞［子句施事］。例（596b）中，话题"他"是子句施事与话题的重合。例（596e）和（596h）中，"他"和"那本书"都属于话题，前者是子句施事与话题的重合，后者是子句受事与话题的重合。两句的差异在于：例（596e）中"他"的施事性强于"那本书"的施事性，因此，当"那本书"作为话题提升到话题"我"之前，"我"受强施事特征驱动，可以再一次移到"那本书"之前。典型范畴假设下的话题提升也能解释子句话题堆积现象，如例（596c）和（596f）。

　　第二，话题提升受补足语子句的句法语义限制。现代汉语中存在一部分动词不允许宾语脱离动词而悬空，其宾语不能移到句首充当句子的话题（袁毓林，1996；沈家煊，2004；徐烈炯，2009 等）。提升情态助动词与这些动词搭配，其子句的名词短语也不能提升为句子的话题。如下：

（597）a. 新政策会繁荣金融市场。
　　　　b. ＊金融市场$_i$新政策会繁荣 t$_i$。
（598）a. 他可能抢了小王一百元钱。
　　　　b. ＊一百元钱$_i$他可能抢了小王 t$_i$。

　　第三，强制提升与控制情态助动词补足语子句的宾语不能提升为子句的话题，但能提升为主句的话题；非强制提升情态助动词子句宾语既允准提升为子句话题，也可以提升为主句话题。这表明两类情态助动词子句的性质各异：提升情态助动词带定式 CP 子句，根据瑞兹的 CP 分裂假设，可以投射出 TopP；而控制情态助动词带不定式 TP 子句，不能投射出 TopP。如下：

（599）a. ［他能₄［TP 买那本书］］。
　　　　b. ［＊他能₄［TP 那本书买］］。
（600）a. ［他可能 ［CP 买了那本书］］。
　　　　b. ［他可能 ［CP ［TopP 那本书 ［TP 买了］］］］。

　　非强制提升情态助动词句中，话题化了的名词短语允许删除和代名词化；但强制提升情态助动词句中，提升的主语不允准代名词化，不属于话题提升。

（601）a. 小明，可能（他）不喜欢那位姑娘。
　　　　b. 那位姑娘，可能小明不喜欢（她）。
　　　　c. 今年小明不可能（＊他）买房子了。
　　　　d. 这个女孩会₁（＊她）去看电影。

　　综上所述，汉语为话题优先型语言（Li & Thompson，1976），存在各类话题功能投射。提升情态助动词与控制情态助动词子句与主句的名词短语都可提升至主句 TopP 的指示语位置，形成句子的话题。提升结构的话题既可以是施事与话题的重合，也可以是受事与话题的重合，表现为具有主次之分的话题结构。话题提升受限于子句的句法语义特征，宾语不能悬空的动词不允准提升宾语为句子的话题。

二　补足语子句的话题提升

　　控制情态助动词的补足语子句可以移位到句首，充当句子的话题。但提升情态助动词的子句主语提升后，子句剩余成分的移位则不合法。如下：

（602）a. [$_{\text{Top}}$PRO$_j$接这趟活]$_i$，他$_j$不敢 t$_i$。

　　　　b. [$_{\text{Top}}$PRO$_j$遵守课堂纪律]$_i$，每个人$_j$都应该$_2$t$_i$。

（603）a. * [$_{\text{Top}}$t$_i$已经去了上海]$_j$，[$_{\text{Top}}$他]$_i$应该$_1$t$_j$。

　　　　b. * [$_{\text{Top}}$t$_i$已经去了上海]$_j$，[$_{\text{Top}}$他]$_i$不可能 t$_j$。

　　例（602）中情态助动词的事件或命题子句移位到句首，句子合法。但认知情态助动词的子句主语话题提升后，子句的剩余成分移位到句首则不合法。原因在于移位后子句主语语迹 t$_i$不能受到先行语的先行管辖，违背了 ECP，所以句子不合法。因此，提升情态助动词与控制情态助动词具有相似的派生结构，但其基础生成结构并不一致，所以在子句移位上表现出不一样的句法特征。

　　曹逢甫（2005［1990］：263）指出汉语的话题之后可以使用四个停顿助词。情态助动词的补足语子句提升之后，也可以带停顿助词。

（604）a. 接这趟活么，他不敢。

　　　　b. 接这趟活呢，他不敢。

　　　　c. 接这趟活吧，他不敢。

　　　　d. 接这趟活啊，他不敢。

（605）a. 遵守课堂纪律么，每个人都应该$_2$。

　　　　b. 遵守课堂纪律呢，每个人都应该$_2$。

　　　　c. 遵守课堂纪律吧，每个人都应该$_2$。

　　　　d. 遵守课堂纪律啊，每个人都应该$_2$。

　　动力情态助动词的事件子句还可以用于"连……都"话题结构中，且话题之后可以带停顿助词。如下：

（606）a. 连 [$_{\text{Top}}$PRO$_i$坐过山车]$_j$，他$_i$都不敢 t$_j$。

　　　　b. 连 [$_{\text{Top}}$PRO$_i$靠近她一点点]$_j$，小明$_i$都不肯 t$_j$。

（607）a. 连坐过山车么，他都不敢。

　　　　b. 连坐过山车呢，他都不敢。

　　　　c. 连坐过山车吧，他都不敢。

　　　　d. 连坐过山车啊，他都不敢。

主句的主语也可以话题提升到子句话题之前，形成双话题结构。

（608）a. [$_{Top}$ 他$_i$]，连 [$_{Top}$ PRO$_i$ 坐过山车]$_j$，t$_i$ 都不敢 t$_j$。
　　　　b. [$_{Top}$ 小明$_i$]，连 [$_{Top}$ PRO$_i$ 靠近她一点点]$_j$，t$_i$ 都不肯 t$_j$。

上述分析表明，子句名词性成分和主句主语的话题提升不受移位的最简性限制，可以跨越同类句法成分。而且，子句的焦点移位和主句主语的话题提升也不受移位的最简性限制。

第三节　定式与不定式

汉语动词子句是否区分定式与不定式一直是汉语学界较具争议的话题（Huang，1982；Li，1985；Xu，1985－1986；T.－C. Tang，2000；Hu，Pan & Xu，2001；李京廉，刘娟，2005；张雪平，2009 等）。最新研究表明（Boeckx et al.，2010；Landau，2013 等）：定式功能中心 T 具有完全的 φ 特征（表现为 [＋T，＋Φ]，其中 [T] 为语义时态特征）；不定式功能中心 T 不具有完全的 φ 特征（表现为 [＋T，－Φ]，或 [－T，＋Φ]，或 [－T，－Φ]）。我们假定汉语子句同样可以区分定式与不定式，但汉语名词性成分不具有显性的 Φ 特征，因此汉语子句的定式与不定式之分依赖于子句的时态特征 [T]。

但汉语是否存在时态特征 [T] 呢？胡建华等（2001）认为汉语没有过去与非过去的形态标记，是非时态语言。[①] 根据斯塔森（Stassen，1997：350-351）对于有时态参数的类型学定义，他们认为有时态语言的必要条

[①]　汉语是否是非时态语言值得进一步商榷。胡建华等认为有时态语言的必要条件是时态必须是语法化的范畴。但如果一种语言的将来时是语法化的范畴，那么这种语言是否具有时态？如果是，这就与斯塔森提出的过去条件相矛盾。斯塔森指出有时态的语言必须满足过去条件（Past Condition），即有时态的语言应该有单独指示过去的动词形式。但逻辑上，语法化的时态范畴并不只过去形式一种途径，用过去条件推导语言的时态范畴不具有逻辑的必然性。其次，胡建华等依据斯塔森提出的形容词编码的时态普遍性，指出汉语的谓词性形容词符合这种普遍性，所以汉语是无时态的语言。但根据社科院黄成龙老师的调查研究（个人交流）表明藏缅语的日旺语（Rawang）有四个过去时，但也有谓词性的形容词，因此，一种语言是否具有谓词性的形容词与该语言的有无时态特征并未必然联系。

件是时态必须是语法化的范畴，不同语言具有不用的方式编码时间概念，但只有进入到语法系统的形式手段才被认为是具有语法化的时态范畴，仅仅具有词汇化的编码并不意味着该语言具有时态范畴。我们赞同胡建华等关于汉语不具语法化时态范畴的观点，但这并不表示汉语不具有词汇化/半语法化的时态范畴。词汇化的时态范畴向语法化的时态范畴的演变是个连续统，是逐渐发生的过程。汉语的时态范畴正处在这样的演变过程中。根据林宗宏的观点，汉语不定式子句不允准句末事态助词"了$_2$"，而定式子句则允准。依此，道义情态助动词和动力情态助动词的子句不允准"了$_2$"，为不定式子句。

(609)　a. 他们可以$_1$［学英语］了$_2$。
　　　　b. *他们可以$_1$［学英语了$_2$］。
(610)　a. 他们肯［学英语］了$_2$。
　　　　b. *他们肯［学英语了$_2$］。

例（609—610）中"了$_2$"的语义辖域高于道义情态助动词和动力情态助动词，子句不允准事态助词，为不定式子句。具有认知与道义的情态助动词"应该"的歧义现象表明"了$_2$"在判断子句性质上的差异。如果"了$_2$"的语义辖域低于"应该"，则"应该"只能诠释为认知情态助动词，其子句为定式子句；反之则认知和道义诠释两可。试比较：

(611)　a. 他们应该$_{1/*2}$［学英语了$_2$］。
　　　　b. 他们应该$_{1/2}$［学英语］了$_2$。

但为什么汉语道义情态助动词和控制情态助动词子句不允准体标记"了$_2$"？我们知道，时态语言（如英语）道义情态助动词的不定式子句允准完成体和过去时间状语，但并不允准子句动词带时态标记。

(612)　a. You should have done it (three days ago).
　　　　b. He might have done it (yesterday).
(613)　a. *You should did it (three days ago).
　　　　b. *He might does it (yesterday).

　　对比英汉两种语言，我们认为问题的关键在于汉语体标记具有时态特征。根据刘丹青的研究，汉语的体标记"了"在中性语境中被默认为过去时，即没有特殊条件，起着时态语言中过去时的表义作用。汉语不同于英语，英语具有时态范畴和体范畴，两者相对独立，允准体范畴出现在不定式子句；但汉语只具有体范畴，其时态特征通过体范畴传递，因此汉语道义情态助动词的不定式子句不允准蕴含过去时态的"了$_2$"。其实，子句即使有过去时间状语，也不允准"了$_2$"。

（614）a. 他们应该$_2$［去年学英语（＊了$_2$）］。
　　　　　b. 小明可以$_1$［昨天去北京（＊了$_2$）］。

　　例（614）表明汉语"了$_2$"不是单纯的体标记，它既是体范畴，也隐含时态特征，所以不能出现在道义情态助动词的不定式子句中。例（614）中带受过去时间状语修饰的不定式子句表达一个与过去事实相反的假设，子句并非表达一个过去发生的事件，因此不允准隐含过去时态的"了$_2$"。
　　但句末"了$_2$"只是间接体现了句子的定式与不定式，定式与不定式在汉语中还有哪些直接形态表现值得进一步说明。因为如果没有句末"了$_2$"，我们还可以根据哪些特征确定情态助动词的语义内涵，判断子句的句法属性？
　　研究表明，情态助动词子句定式与不定式的区别还反映在时体助词"了$_1$、着、过"和时体副词"已经、正在"能与谓语动词搭配上。非强制提升情态助动词子句允准时体助词和时体副词，子句为定式子句。

（615）a. 可能张三已经吃了$_1$饭。
　　　　　b. 应该小明正在吃着饭。

　　强制提升情态助动词和控制情态助动词的子句都不允准时体助词与时体副词，子句为不定式子句。

（616）a. 张三可以去（＊着／＊了$_1$／＊过）北京。
　　　　　b. 张三可以（＊已经／＊正在）去北京。

（617）a. 张三肯去（＊着/＊了$_1$/＊过）北京。

　　　　b. 张三肯（＊已经/＊正在）去北京。

　　非强制提升情态助动词的子句为定式结构，表达一个命题，具有现实性，允准时体助词"了$_1$、着、过"和时体副词"已经、正在"；而强制提升情态助动词与控制情态助动词的子句为不定式结构，表达一个事件，具有非现实性，不允准时体助词和时体副词。这也可以解释为什么时体助词"了$_1$、过"与事态助词"了$_2$"在定式子句中很和谐，而在不定式子句中则相冲突。

（618）a. 可能张三已经吃了$_1$饭了$_2$。

　　　　b. 应该小明已经吃过饭了$_2$。

（619）a. 张三肯去（＊了$_1$）北京了$_2$。

　　　　b. 张三肯（＊已经）去北京了$_2$。

　　定式子句与不定式子句的这种差异还可以区分情态助动词"会"的句法属性。非强制提升情态助动词"会$_1$"带定式子句，允准子句带时体助词和时体副词；而强制提升情态助动词"会$_1$"不允准。

（620）a. 会$_1$不会$_1$张三已经吃了$_1$饭了$_2$？

　　　　b. 不会$_1$小明正在看电影吧？

（621）a. ＊张三会$_1$已经去了$_1$北京。

　　　　b. ＊小明会$_1$正在看电影。

　　子句的定式与不定式差异还表现在过去时间词的允准上：定式子句允准过去时间词，但不定式子句一般不允准过去时间词。

（622）a. 他可能昨天已经去了$_1$学校了$_2$。

　　　　b. 他应该$_1$昨天去过学校。

（623）a. ＊他肯昨天已经去了$_1$学校了$_2$。

　　　　b. ＊他敢昨天去过学校。

　　但道义情态助动词的不定式子句在特定的句法条件下允准过去时间词，但这并不意味着子句表达过去完成事件。

　　（624）a. 他可以₁昨天去上海，今天去北京。
　　　　　　b. 他应该₂昨天去学校，但却没去。

　　例（624a）中过去时间词只表达过去做某事的可能，属于非现实事件。例（624b）中表示过去应该做某事而未做，也属于非现实事件。因此，两句都不允准时体助词和时体副词。

　　（625）a. 你可以₁昨天（＊已经）去（＊了₁／＊过）上海，今天去北京。
　　　　　　b. 张三应该₂昨天（＊已经）去（＊了₁／＊过）学校。

　　上述分析表明，情态助动词的子句区分定式与不定式，二者表现出一系列的句法特征差异。带定式子句的情态助动词的语义辖域高于句末事态助词"了₂"，带不定式子句的情态助动词的语义辖域低于句末事态助词"了₂"；定式子句具有现实性，允准时体助词和时体副词，而不定式子句具有非现实性，则不允准。

小　结

　　本章在最简理论框架下从论元结构、语义限制、否定、被动化等方面探讨了汉语情态助动词的提升与控制。提升情态助动词是包含命题子句论元的一元动词，允准子句主语提升为主句主题，不限制提升主语的语义内涵，不可以用"没、没有"否定，其带被动化子句结构与带主动子句结构的意义相近。控制情态助动词为包含事件论元和非典型施事论元的二元动词，可以用"没、没有"否定，其带被动化子句结构与带主动子句结构的意义相差较大。两类情态助动词子句的名词短语提升为句子主题受限于子句动词的句法语义特征。情态助动词的提升与控制分析有助于我们厘清不同情态助动词以及多义情态助动词的句法特征差异，探索汉语提升与控制结构。提升情态助动词与控制情态助动词子句与主句的名词短语都可提升至主句 TopP 的指示语位置，核查其话题特征，形成句子的话题；话题提升受限制于子句动词的句法语义特征。依此，我们解释了情态助动词结构的话题提升现象。子句名词性成分的话题化与子句的句法属性相关联，定式子句允准子句宾语提升为子句话题，但不定式子句则严格限制子句话题结构。子句的定式与不定式差异体现在句末事态助词"了$_2$"、子句的时体助词"了$_1$、着、过"和时体副词"已经、正在"、过去时间词的允准等方面。刘丹青（2008：504）从类型学的视角指出缺乏限定、非限定显性形态标记的语言中，限定与非限定的区分可以通过较为深入的句法研究来揭示。

第六章

结　语

第一节　总结

　　汉语情态助动词是动词语法化及其语义虚化的产物，处于动词演变为情态助词的中间阶段，语义上主要表达说话者的主观态度和意见，句法上在带谓词宾语、可以单说、能够被"不"否定、并用"X不X"表示疑问等特征上与动词表现一致，但在重叠、被动化、带时体助词等方面又表现出独特的个性特征。

　　自黎锦熙首次全面分析现代汉语情态助动词系统以来，其名称、词汇范畴和范围就一直是相关研究的焦点，并在20世纪五六十年代掀起了一次语法讨论的高潮，基本确立了情态助动词的词汇范畴与范围。但这次讨论产生了一批术语，如"助动词、能愿词、能愿动词、能词"等，对其后的研究影响较大。刘丹青（2010）指出："术语合理与否不仅是一个名称问题，更是实质性的概念化问题；术语所提炼概括的现象应具有科学性和内部一致性，应有助于发现和提炼科学规则。"综合分析各术语的语义内涵及对这类词动词属性的基本认识，本书确立了"情态助动词"作为研究主体的名称，并基于朱德熙的相关研究探讨了情态助动词的词汇范畴。情态助动词与其后的动词可以与不同的时间状语组合，也可以与不同的否定词组合，允准其后面的句子成分移位或删除，可以用"～不～"格式构成一般问句，可以被副词修饰，属于动词范畴。情态助动词的语法化研究也表明这类词并没有语音和语义上的磨损，可以带不同类型的谓词宾语，约束性较低，句法位置比较灵活，组合关系的可变性较高，属于语法化程度较低或不具语法化的词汇动词。而且，情态助动词与谓宾动词、其他情态词在语法化上表现出不同的特点，可以作为单独的一类区别于其他词。基于情态助动词与谓宾动词、情态词的句法特征比较，本书提出判断情态助动词的句法标准为：带主谓结构的不及物动词或带非主谓结构的及物动词；不可以受时间副词"正（在）"修饰或带"地"作状语；可以单独作谓语；不可以带时体助词"了₁、着、过"。依此，情态助动词主要包括"能（能够）、可以、会、可能、敢、肯、要、应该（应当）"，并从语义上分为认知情态、道义情态和动力情态三类。

认知情态助动词"可能、会、要、能"的补足语为非定式 TP 子句，子句主语强制提升到主句 TP 的指示语位置通过一致核查其格位，并消去 T 的 EPP 特征，属于论元移位。"可能、应该、会"的补足语为定式 CP 子句，其子句主语非强制提升到句子的左边界充当话题，属于非论元移位。两类提升结构在子句宾语移位、话题化、复现代词、情态连用等表现出不同的句法属性。汉语没有显性格位，因此，非强制提升与强制提升之间的对比充分说明了汉语是话题优先型语言，不仅普遍存在非论元移位，也存在论元移位，是主语存在的有力证据。理论上，非强制提升情态助动词结构归入提升结构，还可以解释论元移位的最简性原则。强制提升情态助动词带不定式 TP 子句，子句主语移位到主句 TP 的指示语位置，遵循论元移位的最简性原则。而强制提升情态助动词的子句宾语移位到主句 TP 的指示语位置要跨过子句主语，违反论元移位的最简性原则，所以不合法。但非强制提升情态助动词带定式 CP 子句，子句主语移位到句子的左边界，属于非论元移位，因此，子句宾语也可以跨越子句主语移位到句子的左边界，句子仍合法。

(626) a. 这本书ᵢ可能小明看完了 tᵢ。
　　　 b. *这本书ᵢ会₁小明看完 tᵢ。

根据黄正德等（2009）的研究，话题提升允准代名词化，这表明非强制提升结构的主语提升属于话题提升；但强制提升则不允准。强制提升情态助动词的子句主语提升为主句主语，子句宾语可以再提升到句子的左边界，并且其原来的位置可以补充复现代词。主句主语也可以话题提升到句子的左边界，其原来的位置可以补出复现代词。

(627) a. 这本书ᵢ，小明ⱼ会₁ tⱼ看完 tᵢ。

　　　　b. 这本书$_i$，小明$_j$会$_1$t$_j$看完它$_i$。

（628）　a. 小明$_j$，这本书$_i$，t$_j$会$_1$t$_j$看完 t$_i$。

　　　　b. 小明$_j$，这本书$_i$，t$_j$会$_1$t$_j$看完它$_i$。

（629）　a. 小明$_j$，这本书$_i$，他$_j$会$_1$t$_j$看完 t$_i$。

　　　　b. 小明$_j$，这本书$_i$，他$_j$会$_1$t$_j$看完它$_i$。

　　但如何解释汉语话题的多次移位现象？这仍然是一大难题。可能的解释是汉语话题的主位功能既属于句子结构，又具有语篇功能（Halliday，1970：164；转引自曹逢甫，2005：51），因此话题投射存在于句子话题和语篇话题两个层次。依此可以解释话题的多次移位及代名词化现象。

　　道义情态助动词带非定式补足语子句，语义选择有生命的名词短语为施事主语，属于强制控制动词。控制情态助动词的子句主语 PRO 受成分统治它的主语控制，遵循最近距离原则，不能指向附加语子句的名词性成分，也不能指向名词短语内部的领属成分，与词汇名词短语/pro 呈互补分布。但本书发现，汉语道义情态助动词也区分直接道义与间接道义，虽然后者用例较少。直接道义助动词作用于施事主语，属于典型的控制动词；而间接道义助动词作用于整个事件子句，属于强制提升动词，允准无生命的主语。直接道义情态助动词可以出现在句首，允准子句焦点化；但间接道义情态助动词不允准，其子句主语移位为论元移位，不允准子句主语位置出现复现代词。

　　动力情态助动词属于二元动词，以不定式子句为补足语，并指派主语施事题元角色。子句宾语不能提升为子句话题，但可以提升到句子的左边界充当句子的话题，但受限于子句动词的句法语义限制。不定式子句也可以提升为句子的话题，主句主语再提升为句子的话题，形成双话题结构。动力情态助动词与其他情态助动词连用，只能位于其他情态助动词之后。动力情态助动词所表达的事件既可以是现实事件，也可以是非现实事件，因此可以用"不"或"没"否定，但其子句事件为非现实事件，只能用"不"否定，不能用"没"否定。其次，探讨了动力情态助动词的控制属性，指出动力情态助动词属于典型的强制控制动词，其子句主语 PRO 受最近统治它的先行语控制，不能指向位于最近先行语之前的其他名词性成分，也不能指向附加语子句的名词性成分和先行语的领属成分。动力情态助动词的不定式子句主语为 PRO，与词汇主语呈互补分布，一些表面上看似为不定式子句主语的词汇名词其实是"使让"类轻动词脱落造成的。当然，轻动词脱落可能产生句子重构，控制动词演化为例外赋格动词。此外，动力情态助动词带无生命主语的结构，指出这类结构中的"能、可以"已经从动力情态助动词演化为认知情态助动词，表达可能性，属于提升情态结构。

情态助动词的提升与控制表现为：提升情态助动词是包含命题子句论元的一元动词，允准子句主语提升为主句主题，不限制提升主语的语义内涵，不可以用"没、没有"否定，其带被动化子句结构与带主动子句结构的意义相近。控制情态助动词为包含事件论元和非典型施事论元的二元动词，可以用"没、没有"否定，其带被动化子句结构与带主动子句结构的意义相差较大。两类情态助动词子句的名词短语提升为句子主题受限于子句动词的句法语义特征。情态助动词的子句区分定式与不定式，二者表现出一系列的句法特征差异。带定式子句的情态助动词的语义辖域高于句末事态助词"了$_2$"，带不定式子句的情态助动词的语义辖域低于句末事态助词"了$_2$"；定式子句具有现实性，允准时体助词和时体副词，而不定式子句具有非现实性，则不允准。

相关语言习得研究表明情态助动词的习得顺序为道义情态助动词和动力情态助动词先于认知情态助动词，这说明控制类情态助动词的习得先于提升类情态助动词。张云秋（2013）的研究表明认识情态的习得大大晚于动力情态和道义情态，并且情态与时体、语气、句式、否定等有较强的关联。杨贝（2014）指出（直接）道义情态助动词和动力情态助动词首次出现在同一时期（一岁半到两岁期间），而认知情态助动词则在两岁以后才首次出现（见表6—1）。

表6—1　　　　　　　　　　**情态助动词的习得顺序**

	要	会	能
动力	V1；11.22	D1；8.29	D1；11.04
道义	D1；9.23	X	D1；10.22
认知	D2；1.19	D2；1.29	D2；7.15

汉语儿童情态助动词的提升与控制结构习得顺序表明就操作的经济性

而言，乔姆斯基提出的外部合并操作要比内部合并操作更经济，因为后者涉及拷贝和合并，因此儿童更容易较早习得控制而不是提升操作。

第二节　余论

汉语情态助动词的形式句法研究处于初步阶段，仍有许多话题值得进一步探讨。

话题之一：情态助动词、情态助词与情态副词三者的异同。

虽然多数传统语法研究或基于形式句法理论的研究认为情态助动词能单说或能单独作谓语，但基本上并未将不能单说的情态助词与情态助动词区别开来，这影响到对情态助动词句法形态特征的分析。基于认知语言理论的分析正是认识到情态词的不同语法化程度，因此采用原型范畴的概念，根据一系列句法特征将情态助动词分析为典型、较典型和非典型的范畴。但这类分析的不足之处在于这些不同程度的范畴之间的句法特征差异并没有固定的标准，具有一定的任意性；区分特征与范畴之间的联系也缺乏解释；将具有不同句法特征的词按照语义归入到同一范畴，无论与其对应的句法投射是什么，都较难解释句法投射与句法特征之间的联系，不利于语法分析。蔡维天将汉语情态助动词分析为功能中心语，并指出情态功能中心语与情态副词之间存在投射上的不同，并依此解释了情态助动词与情态副词的差异及相关语言现象，并将其纳入普遍句法投射中去，对相关研究启发很大。但他并未深入分析汉语情态助动词的词汇范畴，未能重视林若望与汤志真提出的相关证据，而是从理论出发将汉语情态助动词分析为功能中心，相关结论值得商榷。

汉语情态助动词仍属于动词，在句法形态特征上区别于情态副词和情态助词。情态副词和情态助词语法化程度较高，都投射为动词的修饰性成分，即情态助词和情态副词都属于动词修饰词（qualifier），但情态助词属于不能单说的修饰性成分，而情态副词则是能单说的修饰性成分。这些情态词的差异还有待进一步的研究。

话题之二：不定式功能核心 T 的赋格能力。

控制结构的不定式子句 T 可以核查空主语 PRO 的主格或宾格，在子句带 quirky 动词的结构中，可以核查 Q 格，表现为宾格、与格或属格。

（630）　a. Ego Volo PRO esse bonus.

　　　　　I. NOM want to-be good. NOM

　　　　　"I want to be good."

　　　　b. Ego iubeo te PRO esse bonum.

　　　　　I. NOM order you. ACC to-be good. ACC

　　　　　"I command you to be good."

（拉丁语，Cecchetto and Oniga，2004；转引自 Boeckx et al.，2010：61）

（631）　a. Strákarnir vonast til PRO að vanta ekki alla í skólann.

　　　　　The. boys. NOM hoped for toto. lack not all. ACC in the. school

　　　　　"The boys hopenot to be all absent from school."

　　　　b. Strákarnir vonast til PRO að leiðast ekki öllum í skóla.

　　　　　The. boys. NOM hoped for to to. be. bored not all. DAT in school

　　　　　"The boys hopenot to be all bored in school."

　　　　c. Strákarn-ir vonuðust til PRO að verða allra getið í ræðnnie.

　　　　　The boys – NOM hoped for to be all. GEN mentioned in the. speech

　　　　　"The boys all hoped to be all mentioned in the speech."

（冰岛语，Sigurðsson 1991）

　　西格逊（Sigurðsson）指出 PRO 可以携带 CP 内部格，不同于其控制语的格位；也可以携带与控制语一样的格位。如下：

（632）　a. NP. CASE-α …… [$_{CP}$PRO. CASE-β …… (X. AGR-β)]

　　　　b. NP. CASE-α …… [$_{CP}$PRO. CASE-α …… (X. AGR-α)]

　　PRO 的格位可以在 CP 内部指派，也可以从控制语继承，但后者只适用于宾语控制结构，因此 CP 内部指派格位具有普适性。但如何确定 PRO 所指派的格位仍值得进一步研究。

　　此外，假设不定式子句 T 可以核查子句主语格位，如果没有 CP 语段阻碍，子句主语可以提升到主句 T 的指示语位置满足主句 T 的 EPP 特征。但该假设存在的难题之一是 Tough 移位结构（Postal & Ross, 1971；Lasnik & Fiengo, 1974；Culicover & Wilkins, 1984；Hornstein, 2001；Hicks, 2003 等）。

（633） a. Moby Dick is hard for Bill to read.

　　　 b. These books are hard for Bill to read.（Hornstein et al., 2005：59）

Tough 移位结构中，句子主语语义上与不定式子句动词 read 关联，是该动词的补足语。动词 read 具有指派格的能力，且主句主语位置允准形式主语 it。

（634） a. It is hard for Bill to read Moby Dick.

　　　 b. It is hard for Bill to read these books.

因此，这类移位结构属于从一个有格位置移位到有格位置，且不违背题元准则。乔姆斯基认为这类移位属于非论元移位，子句补足语位置存在一个操作词，并且该操作词移位到子句的左边界，并与主句 Tough 动词一起形成复杂谓词，从而给主句主语指派题元角色。霍恩斯坦（2005：61-62）指出在管辖与约束理论框架下解释 Tough 移位结构存在理论上的两难抉择，即要么底层结构先于所有的移位，要么所有的题元位置在底层结构被填充，但在没有底层结构操作的最简方案框架下，根据题元角色指派原则，Tough 移位结构就不存在理论上的问题。

（635） 题元角色指派原则（Hornstein et al., 2005：62）

题元角色仅在合并操作时指派。
根据乔姆斯基关于外部和内部合并假设，题元角色指派原则可以修正为：

（636） 题元角色指派原则（修正）

题元角色仅在外部合并操作时指派。

根据本书的假设，EPP 特征驱动论元移位，CP 语段阻碍论元移位。但 Tough 移位结构中，子句宾语从 CP 子句移位到主句主语位置，不仅违背了论元移位的最简性原则，而且违背了跨语段移位的限制条件，应该不合法。但事实上，句子可接受。我们赞同乔姆斯基的处理，这类移位并不是论元移位，而是非论元位置。子句宾语操作词移位到子句 CP 的话题位置，并不违反论元移位的最简性原则，也不违背跨语段移位的限制条件。主句主语与主句 T 进行外部合并，获得题元角色，与子句操作词同标。

（637）a. Moby Dick$_i$ is hard $[\,_{CP}$ OP$_i$ for them to read t$_i\,]$.

　　　　b. These books$_i$ are hard $[\,_{CP}$ OP$_i$ for Bill to read t$_i\,]$.

子句补足语位置可以补出复现代词，这进一步说明主句主语具有话题特征。

（638）a. Moby Dick$_i$ is hard $[\,_{CP}$ OP$_i$ for them to read it$_i\,]$.

　　　　b. These books$_i$ are hard $[\,_{CP}$ OP$_i$ for Bill to read them$_i\,]$.

如果子句为 TP 子句，子句空主语为任意控制 PRO，子句宾语可以论元移位到主句 TP 的指示语位置，如（639）。子句宾语的论元移位后，子句原来的位置并不能补出复现代词，如（640）。子句宾语不移位，则主句 T 通过最后策略插入形式主语 it 满足 T 的 EPP 特征，如（641）。

（639）a. Moby Dick$_i$ is hard $[\,_{TP}$ PRO to read t$_i\,]$.

　　　　b. These books$_i$ are hard $[\,_{TP}$ PRO to read t$_i\,]$.

（640）a. ＊ Moby Dick$_i$ is hard $[\,_{TP}$ PRO to read it$_i\,]$.

　　　　b. ＊ These books$_i$ are hard $[\,_{TP}$ PRO to read them$_i\,]$.

（641）a. It is hard $[\,_{TP}$ PRO$_{arb}$ to read Moby Dick$\,]$.

　　　　b. It is hard $[\,_{TP}$ PRO$_{arb}$ to read these books$\,]$.

Tough 移位结构中 PRO 为任意指向的空主语，区别于一般提升动词。提升动词不允准任意指向的空主语。

（642） a. * It seems ［PRO_{arb} to visist Mary］. （Hornstein et al.,
2005：124）

b. Le_i parece PRO_i haber resuelto todas las dificultades.
CL-to-him seem-3. SG have-INF solved all the difficulties
'It seems to him_i PRO_i to have soved all the difficulties.'

（西班牙语，Gallego，2010：175）

例（642a）中，提升动词的不定式子句存在缺乏控制语的 PRO，PRO
指向任意主体，句子不合法；而（642b）中，提升动词的不定式子句空主
语以子句附缀代词为先行语，句子合法。这表明，Tough 移位结构的不定
式子句 T 与空主语 PRO 合并，PRO 指向任意主体，为非强制控制结构。
当然，Tough 结构中主句动词既可以给主句主语指派题元角色，又可以允
准形式主语。为什么 Tough 动词同时存在这两种特征？其机制是什么？这
些都有待进一步研究。

话题之三：子句的 TP 与 CP 属性。

提升动词以 TP 子句为补足语，子句主语强制提升到主句的主语位置。
但提升动词也可以带定式 CP 子句补足语，主语位置通过插入形式主语使
其变得合法。

（643） a. Barnett_i seemed ［_{TP} t_i to understand the formula］.

b. * It seemed ［_{TP} Barnett to understand the formula］.

c. It seemed ［_{CP} that Barnett understood the formula］.

这一点，汉语提升情态助动词结构与英语提升结构类似，也允准 TP
和 CP 子句，表现出强制与非强制提升。不同的是，汉语不存在词汇形式
主语，主句 TP 的 EPP 特征只能通过插入隐性的形式主语删除。

（644） a. 小明_i今年不可能 ［_{TP} t_i买房子］ 了₂。

b. * e_{it}今年不可能 ［_{TP}小明买房子］ 了₂。

c. e_{it}今年不可能 ［_{CP}小明已经买了₁房子了₂］。

但汉语 CP 子句的标句词 C 并没有显性的形态标记，是否将强制与非

强制提升的差异归因于 CP 语段的阻碍效应需要更多的经验事实来证明。此外，朗道指出控制结构允准 CP 子句，但汉语是否存在非定式 CP 子句有待进一步探讨。

话题之四：话题与焦点的提升。

强制提升情态助动词的不定式子句不允准子句宾语提升为子句的话题，如（645），但子句宾语可以出现"连……都"结构，则句子合法。

（645）a. ＊［张三ᵢ［会这件事ⱼ［tᵢ做tⱼ］］］。
　　　 b. ＊［小明ᵢ［会他们几个ⱼ［tᵢ原谅tⱼ］］］。
（646）a. ［张三ᵢ［会连这件事ⱼ［tᵢ都做tⱼ］］］。
　　　 b. ［小明ᵢ［会连他们几个ⱼ［tᵢ都原谅tⱼ］］］。

非强制提升情态助动词则并没有相应的限制。非强制提升情态助动词的定式子句宾语可以提升为子句话题，也可以出现在"连……都"引导的话题结构。

（647）a. ［张三ᵢ［应该这件事ⱼ［tᵢ已经做了tⱼ］］］。
　　　 b. ［张三ᵢ［应该连这件事ⱼ［tᵢ都已经做了tⱼ］］］。

保罗（Paul，2005）也指出无标记词引导的前置宾语本质上不是焦点而是话题。因此，例（647）表明汉语定式子句允准内话题。① 情态助动词的子句宾语话题化的限制机制是什么？与子句的定式与不定式有何关联？这些问题都值得进一步思考。

话题之五：汉语方言和少数民族语言的情态助动词研究。

汉语方言和少数民族语言中情态助动词的句法现象研究不足，其中不少有意思的现象只在部分论文中稍有提及，本书的研究并未对相关现象进行展开论述。戴庆夏、邱月（2008）研究发现 SOV 型拉祜语、荣红羌语中情态助动词位于动词之后，而波拉语中情态助动词位于动词之前。

---

① 根据张志恒（2013）的结论，汉语话题与焦点结构区分屈折内域的焦点与话题和屈折外域的焦点与话题，前者为内焦点和内话题，后者为外焦点与外话题。不同于张的是，本书屈折内外域的分界线为 TP，而不是 IP。

（648） a. ta53 xe21 tshi33 zɔ53 ma53 te33 ga53

事情这他不做肯

"这事情他不肯做。"（拉祜语）

b. qɑ dʑe mo-xʂu-ɑ

我说不-敢-1 单

"我不敢说。"（荣红羌语）

（649） jõ31 jam55 a31 kam35 la35

她家不愿回

"她不愿意回家。"（波拉语）

　　这些语言都是 SOV 型语言，例（648）中的动力情态助动词都位于动词之后，但（649）中的 kam35 对应的"愿"并不属于情态助动词，而是情态动词。影响情态助动词分布的因素我们尚不清楚，而且每种语言中所有情态助动词的具体分布情形有待进一步研究。从跨语言的视角研究藏缅语中情态助动词的句法特征是本书研究延伸的另一重要方向。

　　话题之六：情态助动词的习得研究。

　　本书结论部分简要介绍了情态助动词的相关语言习得研究，情态助动词的习得顺序为：道义情态助动词和动力情态助动词先于认知情态助动词，表现出提升与控制结构在儿童语言习得中的难易度。汉语儿童情态助动词的提升与控制结构习得顺序表明就操作的经济性而言，控制要比提升更经济，因为后者涉及拷贝和合并，因此儿童更容易较早习得控制而不是提升操作。但相关习得研究的语料并不充分，控制动词比提升动词更容易较早获得在于句法操作的经济性假设有待通过设计行为实验，有针对性地考察儿童情态助动词的产出和理解，有待进一步论证。

附　录

缩略表

1	1st person（第一人称）
2	2nd person（第二人称）
3	3rd person（第三人称）
ABS	absolutive（通格）
Aux	auxiliary（助动词）
ACC	accusative（宾格）
ACT	activity（活动）
CCL	center for Chinese linguistics（中国语言学中心）
CL	classifier（单位词）
COMP	complementizer（标句词）
CON	conditional（条件句）
CP	complementizer phrase（标句词短语）
CV	converb（副动词）
DAT	dative（与格）
DEM	determiner（限定词）
DEF	default（缺省）
DP	determiner phrase（限定词短语）
e	empty category（空范畴）
EPP	extended projection principle（扩充投射准则）
ERG	ergative（作格）
EVID	evidential（证据型）
FEM	feminine（阴性）
FUT	future（将来时）

GEN　　　　genitive（属格）

IMP　　　　imperative（祈使）

IMPRF　　　imperfective（未完成体）

INF　　　　infinitive（不定式）

INFL/I　　　inflection（屈折）

LOC　　　　locative（方位格）

M　　　　　masculine（阳性）

Mod　　　　modality（情态）

NEG　　　　negation（否定）

NOM　　　　nominative（主格）

NP　　　　　noun phrase（名词短语）

P/E　　　　prosecutive/equative（状语的/等同的）

PL　　　　　plural（复数）

PRF　　　　perfect（完成体）

PRS　　　　present（现在时）

PRT　　　　particle（小品词）

PST　　　　past（过去时）

RFL　　　　reflective（反身代词）

S　　　　　Sentence（句子）

SG　　　　　single（单数）

SUBJ　　　　subjunctive（虚拟式）

T　　　　　tense（时态）

t　　　　　trace（语迹）

T_F　　　　functional T（功能 T）

TP　　　　　tense phrase（时态短语）

V　　　　　verb（动词）

v　　　　　light verb（轻动词）

VERS　　　　version（变体）

VP　　　　　verb phrase（动词短语）

v * P　　　　verb phrase with no deficiency（无缺陷动词短语）

参考文献

白晓红：《先秦汉语助动词系统的形成》，《语言研究论丛》1997 年第 7 辑。

北京大学中文系现代汉语教研室：《现代汉语》，商务印书馆 2012 年版。

贝罗贝、李明：《汉语意愿动词的历史演变》，《汉语史学报》2009 年第八辑。

蔡维天：《谈汉语模态词的分布于诠释之对应关系》，《中国语文》2010 年第 3 期。

蔡文兰：《带非名词性宾语的动词》，《中国语文》1986 年第 4 期。

曹逢甫：《汉语的提升动词》，《中国语文》1996 年第 3 期。

曹逢甫：《汉语的句子与子句结构》，北京语言大学出版社 2005 年版。

曹广顺：《近代汉语助词》，语文出版社 1995 年版。

陈承泽：《国文法草创》，商务印书馆 1982 年版。

陈光磊：《关于衡词的考察》，《复旦学报》增刊语言文字专辑，1980 年。

陈莉、李宝伦、潘海华：《汉语否定词"不"的句法地位》，《语言研究》2013 年第 4 期。

陈平：《试论汉语中三种句子成分与语义成分的配位原则》，《中国语文》1994 年第 3 期。

陈望道：《文法简论》，上海教育出版社 1978 年版。

陈勇：《"一定"的虚化及两种语义的分化》，《华中科技大学学报》（社会科学版）2011 年第 5 期。

陈振宇：《疑问系统的认知模型与运算》，学林出版社 2010 年版。

崔承恩：《现代汉语情态副词研究》，博士学位论文，中国社会科学院，2002 年。

崔希亮：《事件情态和汉语的表态系统》，载中国语文杂志社编《语法研究与探索》（十二），商务印书馆 2003 年版。

戴庆厦、邱月：《OV 型藏缅语连动结构的类型学特征》，《汉语学报》2008 年第 2 期。

戴耀晶：《论现代汉语的否定范畴》，《语言教学与研究》2000 年第 3 期。

丁声树等：《现代汉语语法讲话》，商务印书馆 1961 年版。

渡边丽玲：《助动词"能"与"会"的句法语义分析》，载陆俭明主编《面临新世纪挑战的现代汉语语法研究》，山东教育出版社 2000 年版。

段业辉：《中古汉语助动词研究》，南京师范大学出版社 2002 年版。

范开泰：《语义分析说略》，载中国语文杂志社编《语法研究和探索》（四），北京大学出版社 1988 年版。

傅雨贤、周小兵：《口语中的助动词》，载中国语文杂志社编《语法研究与探索》（五），语文出版社 1991 年版。

高更生、王红旗：《汉语教学语法研究》，语文出版社 1996 年版。

高名凯：《汉语语法论》，商务印书馆 1986 年版。

郭锐：《过程与非过程——汉语谓词性成分的两种外在时间类型》，《中国语文》1997 年第 3 期。

郭锐：《现代汉语词类研究》，商务印书馆 2002 年版。

胡波：《空主语 PRO 和现代汉语控制结构》，《语言学论丛》2010 年第 42 辑。

胡波：《汉语情态动词句的强制与非强制提升现象》，见于"第六届形式语言学国际研讨会"，清华大学，2014 年。

胡波：《汉语情态助动词的提升与控制研究》，《当代语言学》2015 年第 2 期。

胡波、文卫平：《A+I 主动词后名词短语的句法分析》，《现代外语》2007 年第 1 期。

胡建华：《论元的分布与选择——语法中的显著性与局部性》，《中国语文》2010 年第 1 期。

胡裕树：《现代汉语》，上海教育出版社 1981 年版。

胡裕树、范晓：《动词研究》，河南大学出版社 1995 年版。

黄伯荣、廖旭东：《现代汉语》，高等教育出版社 1991 年版。

黄和斌、戴秀华：《双重情态助动词的句法、语义特征》，《外语与外语教学》2000 年第 3 期。

黄锦章：《从助动词的句法功能看"中间状态"的归类问题》，《汉字文化》1989 年第 3 期。

黄天树：《殷墟甲骨文助动词补说》，《古汉语研究》2008 年第 4 期。

黄正德：《说"是"和"有"》，《中央研究院历史语言研究所集刊》1988 年第 59 期。

黄正德：《汉语动词的题元结构及其句法实现》，《语言科学》2007 年第 3 期。

蒋绍愚：《从助动词"解"、"会"、"识"的形成看语义的演变》，《汉语学报》2007 年第 1 期。

金立鑫：《"时""体"范畴的本质及其蕴涵共性》，载程工、刘丹青主编《汉语的形式与功能研究》，商务印书馆 2009 年版。

黎锦熙：《新著国语文法》，商务印书馆 1956 年版。

黎锦熙、刘世儒：《汉语语法教材》（第一编　基本规律），商务印书馆 1957 年版。

黎锦熙、刘世儒：《汉语语法教材》（第二编　词类和构词法），商务印书馆 1959 年版。

李京廉：《汉语控制的生成语法研究》，科学出版社 2008 年版。

李京廉、刘娟：《汉语的定式与非定式研究》，《汉语学习》2005 年第 1 期。

李京廉、朱玉山：《最简方案框架下的控制与移位》，《外国语》2006 年第 1 期。

李临定：《现代汉语句型》，商务印书馆 1986 年版。

李临定：《现代汉语动词》，中国社会科学出版社 1990 年版。

李明：《汉语助动词的历史演变研究》，博士学位论文，北京大学，2001 年。

李启群：《汉、土家语的接触对土家语的影响——龙山靛房土家语音系变化之分析》，《吉首大学学报》（社会科学版）2008 年第 2 期。

李英哲等：《实用汉语参考语法》，北京语言学院出版社 1990 年版。

梁式中：《关于助动词——兼评刘坚同志〈论助动词〉》，《中国语文》1960 年第 5 期。

刘丹青：《语法调查研究手册》，上海教育出版社 2008 年版。

刘丹青：《重温几个黎氏语法学术语》，《北京师范大学学报》（社会科学版）2010 年第 5 期。

刘丹青、徐烈炯：《话题的结构与功能》，商务印书馆 1998 年版。

刘坚：《论助动词》，《中国语文》1960 年第 1 期。

刘利：《先秦汉语助动词研究》，北京师范大学出版社 2000 年版。

卢甲文：《说"必须"的词性》，《汉语学习》1984 年第 5 期。

鲁晓琨：《现代汉语基本助动词语义研究》，中国社会科学出版社 2004 年版。

陆丙甫：《从心理学角度看汉语句型问题》，载中国社会科学院语言研究所现代汉语研究室编《动词和句型》，语文出版社 1987 年版。

陆丙甫：《基于宾语指称性强弱的及物动词分类》，《外国语》2009 年第 6 期。

陆俭明：《现代汉语副词独用刍议》，《语言教学与研究》1982 年第 2 期。

陆俭明：《副词独用考察》，《语言研究》1983 年第 2 期。

陆志韦等：《汉语的构词法》，科学出版社 1964 年版。

吕叔湘：《语法学习》，中国青年出版社 1953 年版。

吕叔湘：《中国文法要略》，商务印书馆 1957 年版。

吕叔湘：《汉语语法分析问题》，商务印书馆 1979 年版。

吕叔湘：《中国文法要略》，商务印书馆 1982 年版。

吕叔湘：《现代汉语八百词》，商务印书馆 2006 年版。

马建忠：《马氏文通》，商务印书馆 1983 年版。

马庆株：《能愿动词的连用》，《语言研究》1988 年第 1 期。

马庆株：《能愿动词的意义与能愿结构的性质》，《语言学通讯》1989 年第 3—4 期。

马庆株：《汉语动词和动词性结构》，北京大学出版社 2005 年版。

彭可君：《谓词性宾语补议》，《语言教学与研究》1990 年第 1 期。

彭利贞：《现代汉语情态研究》，中国社会科学出版社 2007 年版。

邵敬敏：《现代汉语通论》（第 2 版），上海教育出版社 2007 年版。

沈家煊：《不对称和标记论》，江西教育出版社 2004 年版。

石毓智：《汉语的定式动词和非定式动词之别》，《世界汉语教学》2001 年第 2 期。

宋永圭：《现代汉语情态动词否定研究》，中国社会科学出版社 2007 年版。

孙德金：《汉语助动词范围》，载胡明扬主编《词类问题考察》，北京语言学院出版社 1996 年版。

汤廷池：《汉语词法句法论集》，台湾学生书局 1988 年版。

陶炼：《现代汉语助动词新论》，载胡裕树、范晓主编《动词研究》，河南大学出版社 1995 年版。

王力：《中国语法理论》，商务印书馆 1984 年版。

王力：《中国现代语法》，商务印书馆 1985 年版。

《王力文集》，山东教育出版社 1989 年版。

王力：《汉语语法史》，商务印书馆 1990 年版。

王年一：《也谈助动词》，《中国语文》1960 年第 5 期。

文炼：《"会"的兼类问题》，《汉语学习》1982 年第 6 期。

吴福祥：《语法化演变的共相与殊相》，载沈家煊、吴福祥、马贝加主编《语法化与语法研究 2》，商务印书馆 2005 年版。

吴锡根：《动词带宾语情况的考察》，载胡裕树、范晓主编《动词研究》，河南大学出版社 1995 年版。

伍振玉：《西周金文助动词释论》，《殷都学刊》2008 年第 4 期。

相原茂：《汉语助动词的否定式》，载陆俭明主编《面临新世纪挑战的现代汉语语法研究》，山东教育出版社 2000 年版。

谢佳玲：《汉语的情态动词》，博士学位论文，台北清华大学，2002 年。

熊文：《助动词研究述略》，《汉语学习》1992 年第 4 期。

徐烈炯：《指称、语序和语义解释》，商务印书馆 2009 年版。

徐烈炯、沈阳：《题元理论与汉语配价问题》，《当代语言学》1998 年第 3 期。

许和平：《汉语情态助动词语义和句法初探》，载《第三届国际汉语教学讨论会论文选》，北京语言学院出版社 1991 年版。

阎勇：《汉语提升动词初探》，载程工、刘丹青主编《汉语的形式与功能研究》，商务印书馆 2009 年版。

杨贝：《汉语儿童认识型情态动词的早期习得》，《语言教学与研究》

2014 年第 1 期。

　　杨树达：《高等国文法》，商务印书馆 1955 年版。

　　叶斯柏森：《语法哲学》，商务印书馆 1988 年版。

　　语言学名词审定委员会：《语言学名词》，商务印书馆 2011 年版。

　　袁毓林：《汉语词类的认知研究和模糊划分》，上海教育出版社 2010 年版。

　　章士钊：《中等国文典》，商务印书馆 1907 年版。

　　张伯江：《认识观的语法表现》，《国外语言学》1997 年第 2 期。

　　张雪平：《非现实句和现实句的句法差异》，《语言教学与研究》2009 年第 6 期。

　　张云秋：《普通话儿童认识情态的早期习得》，"汉语中的量化：语言理论与语言获得"会议论文，2013 年。

　　张志公：《语法与语法教学》，人民教育出版社 1956 年版。

　　张志恒：《从制图理论探索汉语话题与焦点的分布》，《现代外语》2013 年第 1 期。

　　赵元任：《中国话的文法》，中文大学出版社 2002 年版。

　　郑贵友：《汉语助动词的研究刍议》，《汉语学习》1989 年第 6 期。

　　中国社会科学院语言研究所词典编辑室编：《现代汉语词典》，商务印书馆 2012 年版。

　　周小兵：《句法、语义、篇章》，广东教育出版社 1996 年版。

　　周有斌：《现代汉语助动词研究》，安徽大学出版社 2010 年版。

　　朱德熙：《语法讲义》，商务印书馆 1982 年版。

　　朱冠明：《〈摩诃僧祇律〉情态动词研究》，博士学位论文，复旦大学，2002 年。

　　朱冠明：《汉语单音情态动词语义发展的机制》，《解放军外国语学院学报》2003 年第 6 期。

　　朱冠明：《情态与汉语情态动词》，《山东外语教学》2005 年第 2 期。

　　Abraham，W. & E. Leiss, *Covert Patterns of Modality*, Cambridge：Cambridge Scholars Publishing, 2012.

　　Abraham W. & E. Leiss, *Modality-aspect Interfaces：Implications and Typological Solutions*, Amsterdam and Philadelphia, PA：John Benjamins Publishing Company, 2008.

Aelbrecht, L., *You have the Right to Remain Silent: The Syntactic Licensing of Ellipsis*, Ph. D. Dissertation, Catholic University of Brussels, 2009.

Alexiadou, A., E. Anagnostopoulou, G. Iordachioaia and M. Marchis, "No Objections to Backward Control", In N. Hornstein and M. Polinsky (eds.), *Movement theory of control*, Cambridge: CUP, 2010.

Asarina, A. & A., Holt, "Syntax and Semantics of Tagalog Modals", *UCLA Working Papers in Linguistics*, Vol. 12, 2005.

Anderson G. D. S., *Auxiliary Verb Constructions*, Oxford: OUP, 2006.

Barbiers, S., "Modality and Polarity", In S. Barbiers en F. Beukema (eds.), *Modality in generative grammar*, Amsterdam: John Benjamins, 1999.

Barbiers, S., "The Syntax of Modal Auxiliaries", In E. Martin and H. V. R. Malden, (eds.), *The Blackwell Companion to Syntax*, Vol. V, Blackwell, 2006.

Benincà, P. & C. Poletto, "Bisogna and its Companions: The Verbs of Necessity", In G. Cinque, J. -Y. Pollock, L. Rizzi & R. Zanuttini (eds.), *Paths Towards Universal Grammar*, Georgetown: Georgetown University Press, 1994.

Boeckx, C. & N. Hornstein, Reply to "control is not movement", *Linguistic Inquiry*, Vol. 34, 2003.

Boeckx, C. & N. Hornstein, "Movement Under Control", *Linguistic Inquiry*, Vol. 35, 2004.

Boecks, C. & N. Hornstein, "Control in Lcelandic and Theories of Control", *Linguistic Inquiry*, Vol. 37, 2006.

Boeckx, C., N. Hornstein & J. Nunes, *Control as Movement*, Cambridge: CUP, 2010.

Bower, J., "On Reducing Control to Movement", *Syntax*, Vol. 11.

Brennan, V., *Root and Epistemic Modal Auxiliary Verbs*, Ph. D. Thesis, Philadelphia: University of Pennsylvania, 1993.

Bresnan, J., *Theory of Complementation in English Syntax*, Ph. D. Dissertation, MIT, 1972.

Bulter, J., "A Minimalist Treatment of Modality", *Lingua*, Vol. 113, 2003.

Bybee, J. L. & S. Fleichman, "Modality in Grammar and Discourse: An Introductory Essay", In J. Bybee and S. Fleischman (eds.), *Modality in Grammar and Discourse*, Amsterdam: John Benjamins, 1995.

Bybee, J. L., R. D. Perkins and W. Pagliuca, *The Evolution of Grammar: Tense, Aspect and Modality in the Languages of the World*, Chicago: University of Chicago Press, 1994.

Chomsky, N., *Syntactic Structures*, Mouton: The Hague, 1957.

Chomsky, N., *Aspects of the Theory of Syntax*, Cambridge, MA.: MIT Press, 1965.

Chomsky, N., *Lectures on Government and Binding*, Dordrecht: Foris, 1981.

Chomsky, N., *Barriers*, Cambridge, MA.: MIT Press, 1986.

Chomsky, N., *The Minimalist Program*, Cambridge, MA.: MIT Press, 1995.

Chomsky, N., "Minimalist Inquiries: the Framework", In R. Martin, D. Michaels, and J. Uriagereka (eds.), *Step by Step: Essays on Minimalist Syntax in Honor of Howard Lasnik*, Cambridge, MA.: MIT Press, 2000.

Chomsky, N., "Derivation by Phase", In M. Kenstowicz (ed.), *Ken Hale: A life in language*, Cambridge, MA.: MIT Press, 2001.

Chomsky, N., "Beyond Explanatory Adequacy", In A. Belletti (ed.), *Structure and Beyond. The Cartography of Syntactic Structure*, Oxford: OUP, Vol. 3, 2004.

Chomsky, N., "Three Factors in Language Design", *Linguistic Inquiry*, Vol. 36, 2005.

Chomsky, N., "Approaching UG from Below", In U. Sauerland & H. M. Gärtner (eds.), *Interfaces + Resursion = Language?* Chomsky's minimalism and the view from syntax-semantics, Berlin: Mouton de Gruyter, 2007.

Chomsky, N., "On Phases", In C. Otero et al. (eds.), *Foundational Issues in Linguistic Theory, Essays in Honor of Jean-Toger Vergnaud*, Cambridge MA.: MIT Press, 2008.

Chomsky, N. & H. Lasnik, "The Theory of Principles and Parameters", In J. Jacobs, A. Von Stechow, W. Sternefeld and T. Vennemann (eds.), *Syntax: An International Handbook of Contempory Research*, Berlin: Mouton de Gruyter, 1993.

Cinque, G., *Adverbs and Functional Heads. A Cross-linguistic Perspective*, Oxford: OUP, 1999.

Coates, J., *The Semantics of the Modal Auxiliaries*, Longon: Croom Helm, 1983.

Culicover, P. W. & R. Jackendoff, "Control is not Movement", *Linguistic Inquiry*, *Vol.* 32, 2001.

Culicover, P. W. & R. Jackendoff, "Turn over Control to Semantics", *Syntax*, Vol. 9, 2006.

Dalmi, G., *The Role of Agreement in Non-finite Predication*, Amsterdam: John Benjamins Publishing Company, 2005.

Davidsen-Nielsen, N., "Auxiliaries in English and Danish", *Papers and Studies in Contrastive Linguistics*, Vol. 25, 1990.

Davies W. D. & S. Dubinsky, *The Grammar of Raising and Control: A Ccourse in Syntactic Argumentation*, Malden, MA.: Blackwell, 2004.

Davies W. D. & S. Dubinsky, *New Horizons in the Analysis of Control and Raising*, Dordrecht: Springer, 2008.

Drubig, H., *On the Syntactic form of Epistemic Modality*, Tübingen: University of Tübingen, 2001.

Dyvik, H., "The Universality of f-structure: Discovery or Stipulation? the Case of Modals", In M. Butt, & T. H. King, (eds.), *Proceedings of the LFG conference*, Stanford, CA: CSLI Publications, 1999.

Eide, K. M., *Norwegian Modals*, Ph. D. Dissertation, Norwegian University of Science and Technology, 2002.

Eide, K. M., "The Syntax of Indonasian Modals", On *Proceeding of The 19th Annual Meeting of the Austronesian Formal Linguistics Association*, Taipei, Taiwan, 2012.

Fortin, C. R., "The Syntax of 'standard' Indonesian Modals", On *Proceeding of the 22nd Annual Conference of the Southeast Asian linguistics Society*, Agay, France, 2012.

Heine, B., *Auxiliaries: Cognitive Forces and Grammaticalization*, New York: OUP, 1993.

Hornstein, N., "Movement and Control", *Linguistic Inquiry*, Vol. 30, 1999.

Hornstein, N., *A Theory of Syntax: Minimal Operations and Universal Grammar*, Cambridge: CUP, 2009.

Hornstein, N. & P. Pietroski, "Obligatory Control and Local Reflexives:

Copies as Vehicles for De se Readings", In N. Hornstein & M. Polinsky (eds.), *Movement Theory of Control*, Amsterdam: John Bengamins, 2010.

Hornstein, N., J. Nunes & K. K. Grohmann, *Understanding Minimalism*, Cambridge: CUP, 2005.

Hu, J. -H. & H. -H. Pan & L. -J. Xu, "Is There Afinite vs. Nonfinite Distinction in Chinese?", *Linguistics*, Vol. 39, 2001.

Huang, C. -T. James, *Logical Relations in Chinese and the Theory of Grammar*, New York: Garland, 1982.

Huang, C. -T. James, "On the Distribution and Reference of Empty Pronouns", *Linguistic Inquiry*, Vol. 15, 1984.

Huang, C. -T. James, Y. -H. Audrey Li & Y. -F. Li, *The Syntax of Chinese*, Cambridge: CUP, 2009.

Huang, X. -Y. Kevin, *Multiple-modal Constructions in Mandarin Chinese: A View from Catography and MP*, Masters thesis, Taiwan: National Tsinghua University, 2009.

Huddleston, R., "Further Remarks on the Analysis of Auxiliaries as Main Verbs", *Foundations of Language*, Vol. 11, 1974.

Huddleston, R., "On Palmer's Defence of the Distinction Between Auxiliaries and Mian Verb", *Lingua*, Vol. 50, 1980.

Jackendoff, R., *Semantic Interpretation in Generative Grammar*, Cambridge, MA.: MIT Press, 1972.

Jackendoff, R. & P. W. Culicover, "The Semantic Basis of Control in English", *Language*, Vol. 79, 2003.

Jespersen, O., *The Philosophy of Grammar*, London: Allen and Unwin, 1988.

Klinge, A. & H. H. Müller, *Modality in form and Function*, London: Equinox, 2005.

Kratzer, A., "Modality", In A. Von Stechow & D. Wunderlich (eds.), *Semantics: An International Handbook of Contemporary Research*, Berlin: Walter de Gruyter, 1991.

Landau, I., *Elements of Control: Structure and Meaning in Infinitival Constructions*, Dordrecht: Kluwer Academic Publishers, 2000.

Landau, I., "Control and Extraposition: the Case of Super-Equi", *Natural*

Language and Linguistic Theory, Vol. 19, 2001.

Landau, I., "Movement out of Control", *Linguistic Inquiry*, Vol. 34, 2003.

Landau, I., "The Scale of Finiteness and the Calculus of Control", *Natural Language and Linguistic Theory*, Vol. 22, 2004.

Landau, I., "Serving the Distribution of PRO from Case", *Syntax*, Vol. 9, 2006.

Landau, I., "Two Routes of Control: Evidence from Case Transmission in Russian", *Natural Language and Linguistic Theory*, Vol. 26, 2008.

Landau, I., *Control in Generative Grammar*, Cambridge: CUP, 2013.

Lehmann, C., *Thoughts on Grammaticalization*, *Second Edition*, Erfurt: Seminar für Sprachwissenschaft der Universität, 2002.

Li, C. N. & A. S. Thompson, "Subject and Topic: A New Typoloty of Language", In Li, C. (ed.), *Subject and Topic*, New York: Academic Press, 1976.

Li, C. N. & A. S. Thompson, *Mandarin Chinese: A Functional Reference Grammar*, Los Angeles: University of California Press, 1981.

Li, Y. -H. A., *Abstract Case in Chinese*, Ph. D. Dissertation, University of Southern California, 1985.

Li, Y. -H. A., *Order and Constituency in Mandarin Chinese*, Dordrecht: Klumer, 1990.

Li, R. -Z., *Modality in English and Chinese: A Typological Perspective*, Ph. D. Dissertation, Universitaire Instelling Antwerpen, 2003.

Lightfoot, D., "Rule Classes and Syntactic Change", *Linguistic Inquiry*, Vol. 10, 1979.

Lightfoot, D., *The Language Lottery: Toward a Biology of Grammars*, Cambridge, MA: MIT Press, 1982.

Lin, J. -W. & C. -C. Tang, "Modals as Verbs in Chinese: A GB Perspective", *Collection of Sinica Academia*, Vol. 66, 1995.

Lin, T. -H. Jonah, "Finiteness of Clauses and Raising of Arguments in Mandarin Chinese", *Syntax*, Vol. 14, 2011.

Lin, T. -H. Jonah, "Multiple-modal Constructions in Mandarin Chinese and their Finiteness Properties", *J. Linguistics*, Vol. 48, 2012.

Lyons, J., *Semantics*, Cambridge: CUP, 1977.

LØdrup, H., "Properties of Norwegian Auxiliaries", In Ott Ósson, K. G. (eds.), *Proceedings of the 9th International Conference of Nordic and General Linguistics*, Oslo: Novus, 1996.

Madigan, S., *Control Constructions in Korean*, Ph. D. dissertation, University of Delaware, 2008.

Manzini, M. & A. Roussou, "A Minimalist Theory of A – movement and Control", *Lingua*, Vol. 110, 2000.

Marrano, A. M., *The Syntax of Modality: A Comparative Study of Epistemic and Root Modal Verbs in Spanish and English*, Ph. D. dissertation, Washington, DC.: Georgetown University, 1998.

Martin, R., *A Minimalist Theory of PRO and Control*, Ph. D. dissertation, University of Connecticut, 1996.

Martin, R., "Null Case and the Distribution of PRO", *Linguistic Inquiry*, Vol. 32, 2001.

Martins, A. M. and J. Nunes, "Raising Issues in Brazilian and European Portuguese", *Journal of Portuguese Linguistics*, Vol. 4, 2005.

Mayshark, D., *Modality, Aspect, and Negation in Russian: A Minimalist Syntactic Analysis*, Senior thesis, Claremont Mckenna College, 2010.

McCawley, J. D., "Tense and Time Reference in English", In C. J. Fillmore, D. E. Langendoen (eds.), *Studies in Linguistic Semantics*, New York: Holt, Rinehart, and Winston, 1971.

Miller, D. G., *Nonfinite Structures in Theory and Change*, Oxford: OUP, 2002.

Mohanan, K. P., "Infinitival Subjects, Government and Abstract Case", *Linguistic Inquiry*, Vol. 13, 1982.

Mortelmans, T., K. Boye & J. van der Auwera, "Modals in the Germanic languages", In B. Hansen & F. de Haan (eds.), *Modals in the Languages of Europe*, Berlin: Mouton de Gruyter, 2009.

Nunes, J., "Inherent Case as a Licensing Condition for A–movement: The Case of Hyper–raising Constructions in Brazilian Portuguese", *Journal of Portuguese Linguistics*, Vol. 7, 2008.

Palmer, F. R., "Why Auxiliaries are not Main Verbs", *Lingua*, Vol.

47, 1979.

Palmer, F. R., *Modality and the English Modals*, *Second Edition*, Essex: Longman Group UK Limited, 1990.

Palmer, F. R., *Mood and Modality*, *Second Edition*, Cambridge: CUP, 2001.

Paul, W., "Low IP and Left Periphery in Mandarin Chinese", *Recherches Linguistiques de Vincennes*, Vol. 33, 2005.

Perkins, M. R., *Modal Expressions in English*, Norwood: Ables Publishing Co., 1983.

Picallo, M. C., "Modal Verbs in Catalan", *Natural Language and Linguistics Theory*, Vol. 8, 1990.

Polinsky, M. & E. Potsdam, "Expanding the Scope of Control and Raising", *Syntax*, Vol. 9, 2006.

Portner, P., *Modality*, New York: OUP, 2009.

Pullum, G. & D. Wilson, "Autonomous Syntax and the Analysis of Auxiliaries", *Language*, Vol. 53, 1977.

Quirk, R., S. Greenbaum, G. Leech and J. Svartvik, *A Comprehensive Grammar of the English Language*, London: Longman, 1985.

Rappaport, G. C., "Aspect and Modality in the Contexts of Negation", In M. Flier & A. Timberlake (eds.), *The Scope of Slavic Aspect*, Columbus: Slavica Publishers, 1985.

Rizzi, L., "The Fine Structure of the Left Periphery", In L. Haegeman (ed.), *Elements of Grammar*, Dordrecht: Kluwer Academic Publishers, 1997.

Roberts, I., "Agreement Parameters and the Development of the Englsih Modal Auxiliaries", *Natural Language and Linguistic Theory*, Vol. 3, 1985.

Ross, J. R, "Auxiliaries as Main Verbs. In W. Todd (ed.)", *Studies in Philosophical Linguistics*, 77-102. Evanston: Great Expectations Press, 1969..

Runner, J. T., "Lingerring challenges to the raising-to-object and object-control constructions", *Syntax*, Vol. 9, 2006.

Sato, Y., "Cyclic Spell-out and Modal Complement Ellipsis in Javanese", *Linguistic Analysis*, Vol. 38, 2014.

Sigurðsson, H., "Icelandic Case Marked PRO and the Licensing of Lexical Arguments", *Natural Language and Linguistic Theory*, Vol. 9, 1991.

Sigurðsson, H., "The Case of PRO", *Natural Language and Linguistic Theory*, *Vol*. 26, 2008.

Stassen, L., *Intransitive Predication*. Oxford: OUP, 1997.

Sundaresan, S. & T. Mcfadden, "Subject Distribution in Tamil and Other Languages: Selection vs. Case", *Journal of South Asian Linguistics*, Vol. 2, 2009.

Sweetser, E., "Root and Epistemic Modality: Causality in two Worlds", *Berkeley Linguistic Papers*, Vol. 8, 1982.

Szczegielniak, A., *Relativization and Ellipsis*, Ph. D. Dissertation, Harvard University, 2004.

Tang, T. −C., "Finite and Nonfinite Clauses in Chinese", *Language and Linguistics*, Vol. 1, 2000.

Takano, Y., "Scrambling and Control", *Linguistic Inquiry*, Vol. 41, 2010.

Thráinsson, H. & S. Vikner, "Modals and Double Modals in the Scandanavian Languages", In Vikner et al. (eds), *Working Papers in Scandinavian Syntax*, Vol. 55, 1995.

Tóth, I., "Va and Van Participles in Hungarian. In I. Kenesei (ed.) ", *Approaches to Hungarian*, Vol. 7, 2000.

Tsang, C. −L., *A Semantic Study of Modal Auxiliary Verbs in Chinese*, Ph. D. dissertation, UMI, 1981.

Vander, K., *Tense, Aspect, and Modal Markers in Paciran Javanese*, Ph. D. dissertation, McGill University, 2012.

Von Wright, G. H., *An Essay in Modal Logic*, Amsterdam: North − Holland, 1951.

Wang Y. −Y., "The Multiplicity of the V − qi − lai Construction", *UST Working Papers in Linguistics* , Vol. 1, 2005.

Warner, A. R., *English Auxiliaries: Structure and History*, Cambridge: Cambridge University Press, 1993.

Wurmbrand, S., "Modal Verbs Must be Raising Verbs", In Bird, S., A. Carnie, J. Haugen, and P. Norquest (eds.), *The Proceedings of WCCFL*, Somerville, MA: Cascadilla, 1999.

Wurmbrand, S., "Tense in Infinitives. Paper Presented at the LSA Linguistic Institute Workshop", *New horizons in the grammar of raising and control*, Harvard

University, 2005.

Xu L. -J., "Towards a Lexical-semantic Theory of Control", *Linguistic Review*, Vol. 5, 1985-1986.

Yanti, "The Modal Auxiliary Biso 'can' in Jambi Malay", In *Proceedings of the international Workshop on TAM and Evidentiality in Indonesian Languages*, Tokyo: Tokyo University, 2011.

Yip, P. C. & D. Rimmington, *Chinese: An Essential Grammar*, London: Routledge, 1997.

Zubizarreta, M. L., *On the Relationship of the Lexicon to Syntax*, Ph. D. Dissertation. Cambridge, MA: MIT Press, 1982.

后　记

本书基于我的博士论文整理而成。虽然相关研究告一段落，但书中所涉话题的研究却只能说是刚刚起步，并将成为我今后十年甚至更长一段时间关注的焦点。此书即将付梓，饮水思源，良师益友的热情帮助和亲人的无私付出让我感激不已。

感谢我的博士导师吴平教授和师母。三载学成，得益于老师的远见卓识。入学不久，老师与我长谈，引导我确定了研究目标，让我能有的放矢地开展研究。老师心胸宽广，无门户之见。他并非专攻形式句法的学者，却鼓励我继续我的形式句法研究，并在主题讨论中不断给予我新的启发。老师不仅教我做学问，还对我一家人关爱有加。我和妻子同时求学北语，并将儿子小哲带在身边。老师和师母深知我们一家在北京生活不易，尽量给我寻找不耽误学习、又能挣些生活费的工作，并且时不时邀请我们去家里吃饭。无微不至的关心和爱护，让身处异乡的我们时刻能感受到家的温暖。

感谢我的硕士导师文卫平教授。文老师将我引入形式语言学殿堂，教我学习策略和研究方法，也教我许多做人的道理。她一直非常关心我的学习和工作，支持我参加语言学暑期班和研讨会，乐见我的点滴成长与进步，并在生活上给予我很多帮助。

感谢在本书写作过程中给予我诸多指导和帮助的学界前辈。黄正德教授和潘海华教授不仅给我们开设了形式语言学课程，还参加了我的博士论文开题。他们的前沿研究和深邃的思想给我很多启发。他们对论文选题的肯定和宝贵意见，坚定了我写好本书的信心。问学期间，我亦有幸到中国社会科学院语言所跟随胡建华教授完成两门课程的学习。胡教授的耐心指导和宝贵建议让我受益匪浅、感佩难忘。作为中国语言学书院班的首届学员，我系统全面地接受了三个暑假的语言学专业训练，从李行德教授、李亚非教授等学者处学习了理论语言学的核心内容与前沿思想，让我对形式句法中的相关问题有了更新的认识。

　　本书的完成还离不开同窗学友的帮助和鼓励。感谢安丰科、郝向丽、安胜昔、孙洪波、张弛、王晓娜等。读博三年，大家在一起学习讨论，分享最新的研究资料和各自读书的心得体会，对论文的写作启发很大。在论文写作的艰难时期的相互鼓励如今已成了最美好的回忆。

　　感谢我的妻子和儿子小哲。与妻携手人生，一同求学，共同进步，实是人生一大幸事。妻子兼顾学业与育儿，承受了巨大的压力，却不忘在生活上关心我，并全力支持我的研究和写作。活泼可爱的小哲是我们的开心果。他嘴里时不时蹦出一些富含哲理的句子，让我们在紧张的学习之余能够开怀大笑。我们见证了彼此的成长，陪伴是我们送给对方最珍贵的礼物。

　　感谢我的岳父母、妻弟和弟妹。他们无条件的关爱与支持，是我们一家求学京城的坚实后盾。感谢母亲对我的支持和理解。读博期间时间紧张，回家次数较少。母亲总是表示理解，让我们好好照顾自己。同时，此书亦献给我已经过世的父亲。父亲曾用"书中自有黄金屋"勉励我，希望我能认真学习、积极进取。攻读博士学位学成，是对父亲在天之灵的告慰。

胡　波

2016 年 10 月于澳门城市大学